UMBANDA
DE TODOS NÓS

Dados Internacionais de Catalogação na Publicação (CIP)
(Câmara Brasileira do Livro, SP, Brasil)

Silva, W. W. da Matta e

Umbanda de Todos Nós / W. W. da Matta e Silva (Mestre Yapacani). — 18. ed. — São Paulo: Ícone, 2018.

ISBN 978-85-274-1027-4

1. Umbanda (Culto) I. Título.

96-4343   CDD-299.60981

Índice para catálogo sistemático:

1. Umbanda : Religião afro-brasileira 299.60981

W. W. da MATTA e SILVA
(Mestre Yapacani)

UMBANDA
DE TODOS NÓS

Compêndio Hermético

18ª EDIÇÃO

© Copyright 2018
Ícone Editora Ltda.

Capa
Richard Veiga

Ilustrações
W. W. da Matta e Silva

Revisão
Jonas de Amaral Medeiros Negalha
Antônio Carlos Tosta
Paulo Teixeira

Projeto gráfico, Composição e Diagramação
Suely Danelon

Proibida a reprodução total ou parcial desta obra, de qualquer
forma ou meio eletrônico, mecânico, inclusive por meio de
processos xerográficos, sem permissão expressa do editor
(Lei nº 9.610/98).

Todos os direitos reservados desta edição para:
ÍCONE EDITORA LTDA.
Rua Javaés, 589 – Bom Retiro
CEP: 01130-010 – São Paulo/SP
Fone/Fax.: (11) 3392-7771
www.iconeeditora.com.br
iconevendas@iconeeditora.com.br

APRESENTAÇÃO DA EDITORA

É com grande júbilo e honra que editamos a obra *Umbanda de Todos Nós*, do saudoso ***W. W. da Matta e Silva***, talvez o médium que mais serviços tenha prestado ao Movimento Umbandista em seus cinquenta anos de militância no meio. Escritor erudito e com um estilo ímpar e fiel depositário da Antiga Sabedoria da Umbanda, mostrou a real face deste caminho espiritual, levantando pela primeira vez véus ainda hoje desconhecidos pela maior parte dos Umbandistas e dos praticantes das chamadas ciências ocultas.

Durante sua vida, batalhou incessantemente pelo resgate do bom nome da Umbanda nas sagradas areias de Itacurussá, onde mantinha sua Escola de Iniciação. Escreveu nove livros que revelam seu profundo conhecimento da Umbanda, justificando seu grau de Mestre.

SUMÁRIO

Parabéns! Umbanda de Todos Nós | Quarenta anos de Luzes!	09
W.W. da Matta e Silva, Um Arauto do Além	11
A Yoshanan	20
Apresentação – Panorama da Situação – Nossos Objetivos – Cultos Africanos: Inexistência da Palavra Umbanda em seu meio – Considerações sobre a Palavra Umbanda	21
Carta do Capitão Álvares Pessoa	31
Aparelhos Umbandistas, Alerta!	35
As Sete Lágrimas do Pai Preto	39
Aos aparelhos Umbandistas	41

PRIMEIRA PARTE

Definindo "Umbanda"	45
Os Sete Orixás – Linhas ou Vibrações	57
Introdução ao Mapa da Numerologia da Lei de Umbanda	93
Considerações	97

SEGUNDA PARTE

Forma e Apresentação dos Espíritos na Umbanda	113
A Mediunidade na Lei de Umbanda	123
Ritual	135
Banhos de Ervas – Defumadores	149
"Guias"	159
Os Sinais Riscados – Lei de Pemba	165
A Iniciação na Lei de Umbanda	185

TERCEIRA PARTE

Espírito – Lei e Magia – Os Elementos e os Elementares	219
Os Sete Planos Opostos da Lei de Umbanda	227
Adendo Especial	240
Mística à Umbanda	245
Bibliografia	246
Obras Sequenciais	248

RELAÇÃO DOS MAPAS

Mapa nº 1	Encarte
Mapa nº 1-A	Encarte
Mapa nº 2	Encarte
Mapa nº 3	Encarte
Mapa nº 4	187
Mapa nº 5	Encarte
Mapa nº 5-A	202
Mapa nº6	203

Parabéns!
Umbanda de Todos Nós
Quarenta anos de Luzes!

Homens, umbandistas ou não, contemplai quarenta anos de Luz Espiritual Revelada... Sim, foi nos idos de 1956 que esta magnífica e antológica obra veio à luz, descortinando inéditos fundamentos da Filosofia Umbandista. Após quarenta anos, na nona edição, esta obra continua atualizadíssima e, quiçá, futurista...

É motivo de lisonja, mais uma vez, podermos introduzir uma obra de nosso saudoso e insigne Mestre. E seremos muito sucintos, pois ela fala por si, não necessitando de nossas palavras fleumáticas.

Estendamos, sim, nossos parabéns à Editora Ícone, que teve a sensibilidade de editá-la, e aos ilustres leitores beneficiados por esta obra de singular manancial da Gnose Umbandista.

Como um de seus iniciados, pois há outros que também poderiam introduzir esta obra, e o fazemos em obediência a uma consciência e a um pedido irrecusável da Família Matta e Silva, sentimo-nos recompensados, pois assim como nossas obras literárias, a de nosso Mestre terá um tratamento seleto, marca registrada da Editora Ícone, que vem sendo pioneira em levar aos seus leitores obras sérias, do porte da *Umbanda de Todos Nós*.

A você, leitor, entregamos mais uma edição e temos plena certeza de que estará de posse de uma valiosa e rara joia de revelações, conhecimentos e luzes espirituais.

Parabéns, Umbanda de Todos Nós!
Parabéns, Leitor Amigo!

F. Rivas Neto – Mestre Arapiaga

W. W. DA MATTA E SILVA:
UM ARAUTO DO ALÉM
(1917-1988)

A pedido da **família Matta e Silva**, que muito nos honra, estamos introduzindo esta portentosa e valiosa obra.

Queremos ressaltar que a família Matta e Silva, liderada por seu **filho carnal** Ubiratan da Matta e Silva, guiada pelas luzes do astral superior e, não temos a menor dúvida, por **Pai** Guiné, não pouparam esforços para que esta e outras obras do **Mestre Matta e Silva** fossem editadas pela Editora Ícone, deveras conhecida pelos serviços prestados em favor da educação e cultura de nosso país. Assim, **reiteramos** que só aceitamos a tarefa de introduzir esta e outras obras de nosso Pai, Mestre e Amigo Matta e Silva por **dois motivos:**

O primeiro deveu-se à insistência por parte da família Matta e Silva, principalmente de seu filho carnal, Ubiratan, ao qual dispensamos profunda amizade e o queremos como a um irmão. Igualmente, não poderíamos nos furtar em aquiescer a um pedido de um grande Irmão e Amigo, o **Sr. Fanelli**, diretor-presidente da Editora Ícone.

O segundo, e principal, deveu-se aos **sinais** do astral superior. Sim, as obras de **meu Pai** serão editadas **na mesma editora que edita nossas obras** há vários anos. Por que será?!?

Sim, tudo é um sequencial e quiseram os desígnios superiores que duas gerações unidas dessem seguimento a um trabalho iniciado há mais de quarenta anos.

Com isso, esperamos responder a **todos os incautos e mal-intencionados** de que a justiça sempre se expressa cedo ou tarde. Eis aí, pois, a sua manifestação...

Após estas ligeiras explicações, pedimos ao leitor amigo, simpatizante e interessado nas obras e na pessoa de **Matta e Silva**, que leia atentamente o que se seguirá,

Umbanda de Todos Nós

pois será demonstrado de forma insofismável os porquês de estarmos introduzindo estas e outras obras que virão.

Conheçamos um pouco sobre o homem Matta e Silva e também sobre o **Mestre Espiritual Yapacani**, verdadeiro Mensageiro do Além.

Nascido em Garanhuns, Pernambuco, em 28.06.1917, talvez tenha sido o médium que maiores serviços prestou ao Movimento Umbandista durante os seus 50 anos de mediunidade. Não há dúvidas, hoje, após oito anos de sua passagem para outras dimensões da vida, de que suas nove obras escritas constituem as bases e os fundamentos do **puro e real Umbandismo**.

Sua tarefa na literatura umbandista, que fez milhares de simpatizantes e seguidores, iniciou-se no ano de 1956. Sua primeira obra foi *Umbanda de Todos Nós* – considerada por todos a *Bíblia da Umbanda,* pois transcendentais e avançados eram e são seus ensinamentos. A l.ª edição veio à luz por meio da Gráfica e Editora Esperanto, a qual situava-se, na época, à rua General Argolo, 230 – Rio de Janeiro.

O volume n.º 1 desta fabulosa e portentosa obra encontra-se em nosso poder, presenteados que fomos pelo insigne Mestre. Em sua dedicatória consta:

Rivas, este exemplar é o nº 1. Te dou como prova do grande apreço que tenho por você, Verdadeiro filho de Fé do meu Santuário – do Pai Matta – Itacurussá, 30.07.86.

Desta mesma obra temos em mãos as promissórias que foram pagas por Ele à Gráfica Esperanto, que facilitou o pagamento dos 3.500 exemplares em 180 dias ou 6 parcelas. Com isso, verifica-se que a l.ª edição de *Umbanda de Todos Nós*, para ser editada, teve seu autor de pagá-la.

Umbanda de Todos Nós agradou a milhares de umbandistas, que encontraram nela os reais fundamentos em que poderiam se escudar, mormente nos aspectos mais puros e límpidos da doutrina umbandista. Mas, se para muitos foi um impulso renovador de fé e convicção, para outros, os interessados em iludir, fantasiar e vender ilusões, foi um verdadeiro obstáculo às suas funestas pretensões, tanto que começaram a combatê-la por todos os meios possíveis e até à socapa.

Realmente, foi uma luta astral, uma demanda, em que as sombras e as trevas utilizaram-se de todos os meios agressivos e contundentes que possuíam, arrebanhando para suas fileiras do ódio e da discórdia tudo o que de mais nefasto e trevoso encontrassem, quer fosse encarnado ou desencarnado.

Momentos difíceis assoberbaram a rígida postura do Mestre, que, muitas vezes, segundo ele, sentiu-se balançar. Mas não caiu!

E os outros? Ah! Os outros...

Decepcionado com a recepção destes verdadeiros opositores, renhidos e fanáticos à sua obra, Matta e Silva resolveu cruzar suas armas, que eram sua intuição, sua visão astral, calcada na lógica e na razão, e sua máquina de escrever... Embora confiasse no astral, obteve Agô. para um pequeno recesso, onde encontraria mais forças e **alguns raros e fiéis aliados** que o seguiriam no desempenho da missão que ainda o aguardava.

Na época, não fosse por seu astral, Matta e Silva teria desencarnado... Várias vezes disse-nos, só não tombou porque Oxalá não quis... Muitas vezes ,precisou dormir com sua gira firmada, pois o ameaçavam de levá-lo durante o sono... Imaginem, leitores amigos, os assaltos que devem ter assoberbado o nobre Matta e Silva...

Pai Cândido, que logo a seguir denominou-se como **Pai Guiné**, assumiu toda responsabilidade pela manutenção e reequilíbrio astrofísico de seu filho, para, em seguida, orientá-lo na escrita de mais um livro. Sim, aí se lançou, por meio da Editora Esperanto, *Umbanda – Sua Eterna Doutrina*, obra de profunda filosofia transcendental. Até então, jamais haviam sido escritos os conceitos esotéricos e metafísicos expostos. Brilhavam, como ponto alto em sua doutrina, os conceitos sobre o Cosmo Espiritual ou Reino Virginal, as origens dos Seres Espirituais etc. Os Seres Espirituais foram ditos como sendo incriados e, como tal, eternos...

Por ser muito técnica, *Umbanda – Sua Eterna Doutrina* agradou aos estudiosos de todas as correntes. Os intelectuais sentiram peso em seus conceitos, e para dizer a verdade, passaram, até certo ponto, despercebidos pela grande massa de crentes e mesmo pelos ditos dirigentes umbandistas da época.

Ainda não se esgotara a primeira edição de *Sua Eterna Doutrina* e Pai Matta já lançava outra obra clássica, que viria a enriquecer ainda mais a Doutrina do Movimento Umbandista. Complemento e ampliação dos conceitos herméticos esposados por *Sua Eterna Doutrina*, o novo livro, *Doutrina Secreta da Umbanda*, agradou mais uma vez a milhares de pessoas.

Não obstante suas obras serem lidas não só por adeptos umbandistas, mas também por simpatizantes e mesmo estudiosos das ditas Ciências Ocultas, seu Santuário, em Itacurussá, era frequentado pelos simples, pelos humildes, que sequer desconfiavam ser o *velho Matta* um escritor conceituado no meio umbandista. Em seu santuário, Pai Matta guardou o anonimato por vários anos, em contato com a natureza e com a pureza de sentimentos dos simples e humildes. Ele merecera esta dádiva, e nesta doce Paz de seu *"terreirinho"*, escreveria mais outra obra, também potente em conceitos.

Assim nasceu *Lições de Umbanda e Quimbanda na Palavra de um Preto-Velho*, obra mediúnica que apresenta um diálogo edificante entre um Filho de Fé (ZiCerô) e a Entidade Espiritual que se diz Preto-Velho. Obra de nível, mas de fácil entendimento, sem dúvida, foi um marco para a doutrina do Movimento Umbandista.

Após quatro obras, Matta e Silva tornou-se por demais conhecido, sendo procurado por simpatizantes de todo o Brasil. Embora atendesse a milhares de casos, como em geral são atendidos em tantos e tantos terreiros por este Brasil afora, havia em seu atendimento uma diferença fundamental: as dores e mazelas que as humanas criaturas

Umbanda de Todos Nós

carregavam eram retiradas, seus dramas equacionados à luz da Razão e da Caridade, fazendo com que a **Choupana** do **Velho Guiné** quase todos os dias estivesse lotada... Atendia também aos oriundos de Itacurussá – na ocasião, uma cidade sem recursos que, ao necessitar de médico, e não havendo nenhum na cidade, recorria ao *Velho Matta*. Ficou conhecido como curandeiro, e sua fama ultrapassou os limites citadinos, chegando às ilhas próximas, onde acorreram centenas de sofredores de vários matizes.

Como se vê, é total iniquidade e falta de conhecimento atribuir a Matta e Silva a pecha de elitista. Suas obras são honestas, sinceras, reais, e revelam em suas causas o **hermetismo** desta Umbanda de Todos Nós.

Continuando com sua jornada missionária, Pai Matta escreveu mais uma obra: *Mistérios e Práticas da Lei de Umbanda*. Logo a seguir viria *Segredos da Magia de Umbanda e Quimbanda*. A primeira, ressalta de forma bem simples e objetiva as raízes míticas e místicas da Umbanda. Aprofunda-se no sincretismo dos cultos afro-brasileiros, descortinando o panorama do atual Movimento Umbandista. A segunda, aborda a magia etéreo Física, revela e ensina de maneira simples e prática certos rituais seletos da Magia de Umbanda. Constitui obra de cunho essencialmente prático e muito eficiente.

Prosseguindo, chegamos à *Umbanda e o Poder da Mediunidade*. Nessa obra, entenderemos como e por que ressurgiu a Umbanda no Brasil. Ela aponta as verdadeiras origens da Umbanda. Fala-nos da magia e do médium-magista. Conta-nos, em detalhes, ângulos importantíssimos da magia sexual. Nesse livro, há uma descrição dantesca sobre as zonas cavernosas do baixo astral, revelando covas com seus magos negros que, insistentemente, são alimentados em suas forças por pensamentos, atos e até por oferendas grosseiras das humanas criaturas.

Após sete obras, atendendo a numerosos pedidos de simpatizantes, resolveu o Mestre lançar um trabalho que sintetizasse e simplificasse todas as outras já escritas. Assim, surgiu *Umbanda do Brasil*, seu oitavo livro. Agradou a todos e, em seis meses, esgotou-se. Em 1978, lançaria o Mestre sua última obra: *Macumbas e Candomblés na Umbanda*. Esse livro, é um registro fidedigno de vivências místicas e religiosas dos chamados cultos afro-brasileiros. Constitui um apanhado geral das várias unidades-terreiros, as quais refletem os graus de consciência de seus adeptos e praticantes. Ilustrado com dezenas de fotografias explicativas, define de maneira clara e insofismável a Umbanda popular, as Macumbas, os Candomblés de Caboclo e dá noções sobre Culto de Nação Africana etc.

O leitor atento deve ter percebido que, durante nossos 18 anos de convivência iniciativa, e mesmo de relacionamento Pai-Filho com o Pai Matta, algumas das fases que citamos nós presenciamos *in loco*... Conhecemo-lo quando, após ler *Umbanda de Todos Nós*, tivemos forte impulso de procurá-lo. Na ocasião, morávamos em São Paulo. Fomos procurá-lo em virtude de nosso astral casar-se profundamente com o que estava escrito naquele livro, principalmente sobre os conceitos relativos às 7 linhas, modelo de ritual e a tão famosa Lei de Pemba. Assim é que nos dirigimos ao Rio de Janeiro, sem saber se o encontraríamos. Para nosso regozijo, encontramo-lo na livraria da rua 7 de Setembro.

Quando nos viu, disse que já nos aguardava e por que havíamos demorado tanto?!

Realmente ficamos perplexos, deslumbrados... Parecia que já o conhecíamos há milênios. E, **segundo Ele, conhecíamo-nos, mesmo, há várias reencarnações...**

A partir desta data, mantivemos um contato estreito, frequentando, uma vez por mês, a famosíssima *Gira de Pai Guiné* em Itacurussá – verdadeira Terra da Cruz Sagrada, onde Pai Guiné firmou suas raízes, as quais iriam espalhar-se, difundindo-se por todo o Brasil. Mas, voltando, falemos de nosso convívio com o insigne Mestre.

Conhecer Matta e Silva foi realmente um privilégio, uma dádiva dos Orixás, que guardo como sagrado no âmago de meu ser. Nesta hora, muitos podem estar perguntando:

– Mas como era este tal de Matta e Silva?

Primeiramente, **muito humano**, fazendo questão de ressaltar este fato. **Aliás, era avesso ao endeusamento, mais ainda à mitificação de sua pessoa.** Como humano, era muito sensível e de personalidade firme, acostumado que estava a enfrentar os embates da própria vida... Era inteligentíssimo!

Tinha os sentidos aguçadíssimos, mas era um profundo solitário, apesar de ter vivido cercado por centenas de pessoas, **muitas delas convivendo com Ele por vários anos, não o compreenderam...** Seu Espírito voava, interpenetrando e interpretando em causas o motivo das dores, sofrimentos e mazelas várias...

A todos tinha uma palavra amiga e individualizada. **Pai Matta** não tratava casos; tratava almas. E, como tal, tinha para cada pessoa uma forma de agir, segundo o seu próprio grau de consciência!

Sua cultura era exuberante, mas sem perder a simplicidade e a originalidade. De tudo falava, era muito atualizado nos mínimos detalhes... Discutia ciência, política, filosofia, arte, ciências sociais com tal naturalidade que parecia ser Mestre em cada disciplina. E era! Quantas e quantas vezes discutíamos medicina, e eu, como médico, confesso, tinha de me curvar aos seus conceitos, simples, mas avançados...

No mediunismo era portentoso. Seu pequeno copo da vidência parecia uma televisão tridimensional! Sua percepção transcendia! Na mecânica da incorporação, era singular o seu desempenho! Em conjunto simbiótico com **Pai Guiné** ou **Caboclo Jurema**, trazia-nos mensagens relevantes, edificantes e reveladoras, além de certos fenômenos mágicos, que não devemos citar...

Umbanda de Todos Nós

Assim, caro leitor, centenas de vezes participamos como médiuns atuantes da Tenda de Umbanda Oriental, verdadeira **Escola de Iniciação à Umbanda Esotérica de Itacurussá**. A Tenda de Umbanda Oriental (T.U.O.) era um humilde prédio de 50 m². Sua construção, simples e pobre, era limpa – e rica em Assistência Astral. Era a verdadeira **Tenda dos Orixás...** Foi aí, nesse recinto sagrado, onde se respirava a doce Paz da Umbanda, que, em 1978, **fomos coroados como Mestres de Iniciação de 7º grau e considerados representantes diretos da Raiz de Pai Guiné em São Paulo**. Antes de sermos coroados, já havíamos passado por rituais que antecedem a "Coroação Iniciática".

É necessário frisar que, desde 1969, tínhamos nossa humilde choupana de trabalhos umbandistas em São Paulo, onde atendíamos centenas de pessoas, muitas das quais enviadas por Pai Matta. Muitos deles – os que vieram – tornaram-se médiuns de nossa choupana, a **Ordem Iniciática do Cruzeiro Divino.**

Muitas e muitas vezes tivemos a felicidade e a oportunidade ímpares de contarmos com a presença de Pai Matta em nossa choupana, fosse em rituais seletos ou públicos e mesmo em memoráveis e inesquecíveis palestras e cursos. Uma delas, aliás, constitui o acervo do arquivo da Ordem Iniciática do Cruzeiro Divino: uma fita de videocassete em que seus "netos de Santé" lhe fazem perguntas sobre sua vida, doutrina e mediunidade. Constam ainda em nossos arquivos centenas e centenas de fotos tiradas em São Paulo, Rio de Janeiro e em outros e vários locais.

Para encerrar esta longa conversa com o prezado leitor, pois se continuarmos, um livro de mil páginas não seria suficiente, relatemos a última vez que Pai Matta esteve em São Paulo, isso em dezembro de 1987.

Em novembro de 1987, estivemos em Itacurussá, pois nosso astral já vinha nos alertando que a pesada e nobre tarefa do Velho Mestre estava chegando ao fim... Surpreendeu-nos, quando lá chegamos, que ele nos chamou e, a sós e em tom grave, disse-nos:

– **Rivas, minha tarefa está chegando ao fim. O Pai Guiné já me avisou... Pediu-me que eu vá a São Paulo e lá, no seu terreiro, ele baixará para promover, em singelo ritual, a passagem, a transmissão do Comando Vibratório de nossa Raiz...**

Bem, caro leitor, no dia 2 de dezembro, um domingo, nosso querido Mestre chegava do Rio de Janeiro. Hospedou-se em nossa residência, como fazia sempre que vinha a São Paulo, pediu-nos que o levássemos a um oftalmologista de nossa confiança, já que havia se submetido sem sucesso a três cirurgias paliativas no controle do glaucoma (interessante é que desde muito cedo começou a ter estes problemas devido a...). Antes disso, foi submetido a rigoroso exame clínico cardiológico, em que foi diagnosticada uma hipertensão arterial acompanhada de uma angina de peito, porém estável. Tratamo-lo e levamo-lo ao colega oftalmologista. Sentíamos que ele estava ansioso e, na ocasião, **disse-nos que o Pai Guiné queria fazer o mais rápido possível o ritual**. Disse-nos também que a responsabilidade da literatura ficaria ao nosso cargo, já que lera *Umbanda – A Proto-Síntese Cósmica e Umbanda Luz na Eternidade*, vindo a prefaciar as duas obras. Pediu-nos que fizéssemos o que o **Sr. 7 Espadas havia nos orientado, isto é, que lançássemos primeiro** *Umbanda – A Proto-Síntese Cósmica.* **Segundo Pai Matta, este livro viria a revolucionar o meio Umbandista e os que andavam em paralelo, mormente os ditos estudiosos das ciências esotéricas ou ocultas. Mas, para não divagarmos ainda mais, cheguemos ao dia 7 de dezembro de 1987.**

A **Ordem Iniciática do Cruzeiro Divino**, com todo seu corpo mediúnico presente, se engalanava, vibratoriamente falando, para receber nosso querido Mestre e, muito especialmente, **Pai Guiné**. Às 20 horas em ponto, adentramos o recinto sagrado de nosso santuário esotérico. Pai Matta fez pequena exortação, dizendo-se feliz de estar mais uma vez em nosso humilde terreiro e abriu a gira. Embora felizes, sentíamos em nosso *Eu* que aquela seria a última vez que, como encarnado, nosso Mestre pisaria na areia de nosso Congá. Bem, Pai Guiné, ao baixar, saudou a todos e promoveu um ritual simples, mas profundamente vibrado e significativo. Num determinado instante do ritual, na apoteose do mesmo, em tom baixo, sussurrando ao nosso ouvido, disse-nos:

– Arapiaga, meu filho, sempre fostes fiel ao meu cavalo e ao astral, mas sabeis também que a tarefa de meu cavalo não foi fácil, e a vossa também não será. Não vos deixeis impressionar por aqueles que querem usurpar e só sabem trair; lembrai-vos de que Oxalá, o Mestre dos Mestres, foi coroado com uma coroa de espinhos... Que Oxalá abençoe vossa jornada, estarei sempre convosco...

Em uma madeira de cedro, deu-nos um ponto riscado, cravou um ponteiro e, ao beber o vinho da Taça Sagrada, disse-nos:

– Podes beber da taça que dei ao meu cavalo. Ao beberes, seguirás o determinado. Que Oxalá te abençoe sempre!

A seguir, em voz alta, transmitiu-nos o **comando mágico vibratório de nossa raiz...**

Caro leitor, em poucas palavras, foi assim o ritual de transmissão de comando, que, com a aquiescência de **Pai Guiné, temos gravado em videocassete e em várias fotografias.**

Alguns dias após o ritual, Pai Matta mostrou-nos um documento com firma reconhecida, no qual declarava que nós éramos seus representantes diretos, em âmbito nacional e internacional. Sinceramente, ficamos perplexos! Na ocasião, não entendíamos o porquê de tal precaução, mesmo porque **queríamos e queremos ser apenas nós mesmos, ou seja, não ser sucessor de ninguém, quanto mais de nosso Mestre.**

Talvez, por circunstância astral, ele e Pai Guiné não pudessem deixar um hiato, onde **usurpadores vários** poderiam, como **aventureiros**, aproveitarem-se para destruir o que eles haviam construído! Sabiam que, como sucessor do grande Mestre, eu não seria nada mais que um fiel depositário de seus mananciais doutrinários!

Umbanda de Todos Nós

Quem nos conhece a fundo sabe que somos desimbuídos da tola vaidade! Podemos ter milhares de defeitos, e realmente os temos, mas a vaidade não é um deles, mormente nas coisas do espiritual. Não estaríamos de pé, durante 34 anos de lutas e batalhas, se o astral não estivesse conosco. Assim, queremos deixar claro a todos que, nem ao Pai Guiné ou ao Pai Matta, em momento algum, solicitamos isto ou aquilo referente à nossa Iniciação e muito menos **à sua sucessão**... Foi o astral que nos pediu (o **videocassete mostra**) e, como sempre, o fizemos, a ele obedecemos.

Mas o que queremos, em verdade, é ser aquilo que sempre fomos: **nós mesmos. Não estamos atrás de** *status*; queremos servir. Queremos ajudar, como outros, a semeadura, pois quem tem um pingo de esclarecimento sabe que amanhã...

No mesmo dia que alhures citamos, Pai Guiné pediu-nos que deixássemos em nosso Congá, por um período de sete anos após a passagem de nosso Mestre para outras dimensões da vida, os "Sinais de Pemba", as Ordens e Direitos que dera ao seu aparelho.

Após este período de sete anos, recolocássemos os **Sinais Riscados** das nossas **Ordens e Direitos** estendidas por **Velho Payé** (Urubatão da Guia) em perfeita incorporação sobre nós há mais de vinte anos. Sim, disse-nos que ele, Pai Guiné, havia preparado o **Advento do "Velho Payé"**, detentor da Tradição Cósmica velada pela raça vermelha, a primeira a habitar o orbe terreno.

Nas obras de Matta e Silva, ele deixa claro que a verdadeira tradição estava de posse da raça vermelha, e, como sabemos, Pai Guiné era um dos condutores da raça negra, a qual vinha preparando o ressurgimento, a restauração da Síntese Perdida, que é patrimônio da raça vermelha (a raça cósmica).

Assim, após nossas elucidações, reiteramos que não somos seu sucessor. Continuamos, sim, de onde parou. Transcendemos, segundo suas próprias palavras, no prefácio da obra *Umbanda – A Proto-Síntese Cósmica*.

Seguimos a raiz de Velho Payé, que afirmamos preconizar **os fundamentos cósmicos de Umbanda**, de uma **Umbanda universal, aplicada, vivenciada e ensinada em qualquer região do planeta e não apenas no Brasil.**

Quanto aos outros irmãos de fé iniciados que se mantiveram ortodoxos, sectários e estacionários nos fundamentos preconizados pelo Mestre, pouco ou nada temos a lhes dizer... Eles, já escolheram o caminho. A Eles, nosso profundo e sincero respeito e aceitação pelos seus graus de consciência.

Os Fundamentos, por nós atualmente seguidos, são os da **raiz de Velho Payé**, que é a **raiz de Pai Guiné revigorada, atualizada, com fundamentos próprios. Isso se deve à dialética Umbandista que, como sabemos, é uma marcha, um processo sem fim.**

Quando conclamamos a todos os irmãos de raiz para uma aproximação, para discutirmos quais os novos, atualizados e revigorados fundamentos de nossa raiz, infelizmente, **muitos deles "encolheram-se"**. Outros disseram que iriam reativar a raiz de Guiné, que, segundo os **"Filhos do Mestre"**, havia ficado parada por sete anos; aliás, então, é bom corrigir, oito anos. Pode?!?

É óbvio que o bom senso refuta tal absurdo. É um acinte aos bons princípios da lógica e luz que norteiam os mentores espirituais de Umbanda. Portanto, cremos que tal aberração é escatológica, destituída de qualquer sentido de sanidade e higidez mento-espiritual. Infelizmente, falta-lhes sustentação dialética... o que fazer?!! Paciência, compreensão...

Não podemos confundir leis espirituais sérias, como são as da Umbanda, com vaidades pessoais, inveja, despeito e despreparo para o diálogo calcado na lógica e na razão. Mas, a todos: respeitamos e achamos justo que sigam os antigos Fundamentos, pois, para muitos, serão novos.

Estamos nos pórticos do III Milênio, o milênio da Grande Confraternização Universal. Urge, pois, que assumamos uma posição madura e não pueril perante a Umbanda. Nós, a pedido do astral, do próprio Pai Guiné, assumimos a nossa, que queríamos fosse de todos, mas?!?

Por fim, mais uma vez queremos agradecer a honra a nós concedida pela família de Matta e Silva, enviando um fraternal Saravá a "Senhora no Santé", Carolina Corrêa, pela sua dignidade, lucidez, profunda simpatia e carinho para com nossa pessoa.

Assim, esperamos ter deixado claro e patente do por quê as obras de W.W. da Matta e Silva terem sido reeditadas na mesma editora para a qual escrevemos. As obras portentosas e altamente dignificantes e esclarecedoras de Pai Matta foram a base para a nossa formação de cunho universalista. É de lamentar-se que outros tidos como **filhos do Mestre** não tenham adentrado no âmbito interno de seus ensinamentos de vida, atendo-se apenas a "Umbanda de Terreiro".

A verdadeira Umbanda preconizada por Matta e Silva transcendia o visível e sensível, penetrava no âmago, na essência, no templo do *eu* espiritual que hoje e sempre será cósmico.

Com um fraternal e sincero Saravá a todos do

**RIVAS NETO
(ARAPIAGA)**

A YOSHANAN
(A Transfiguração de Pai Preto)

Senhor dirigente das almas! Eis-me aqui, diante de TI, humilde, beijando o pó do plano terra...

Senhor!, Este pequenino "eu", como bem sabes, deu cumprimento às Tuas Ordens...

Outrora, quando em alertas Tua VOZ lancei, de advertência Teus conselhos espalhei, somente o VAZIO de um silêncio tumular foi a resposta que senti, de Tuas almas chegar...

Mestre meu!, o campo que mandaste semear é o mais agreste de todos os campos...

Senhor! Lidei com as ferramentas que deste: Verdade - Lógica - Razão e, quantas vezes, ao vibrá-las sem desfalecimento, senti-as "vergar o gume" nas rochas da vaidade e da premeditada incompreensão...

E, muito embora as sementes espalhadas tenham dado seus frutos, pressinto que bem poucos queiram, realmente, provar-lhes o sabor...

Senhor!... Eu confesso e TU bem o sabes, tenho minh'alma desiludida e cansada pelo entrechoque dos sub-planos... no entanto, aguardarei contrito as Tuas Ordens.

Que determinação o amanhã trará a mais, a um pobre "eu", que geme na penumbra da forma e muito sabe do que foi e pouco do que possa vir a ser?

Senhor - Yoshanan - Mestre meu! Dê-me forças!

Sinto "aquelas" mesmas causas do passado, geradoras da razão de ser do meu presente, precipitarem as mesmas circunstâncias... e terrível dilema do "querer e não poder - poder e não querer", desafiar, tirânico, minhas próprias forças... mas que importa?

Senhor! Talvez que visse Jesus martirizado na cruz de sua infinita dor... e haurisse assim, nesta visão, o alento que me sustém numa missão - ordena, portanto, aqui estou.

Senhor! Vejo panoramas celestes descortinarem regiões do futuro, e, como conter a ansiedade, quando estas coisas fazem sentir a impaciência do presente? Esperar?

Sim... Porque esperando vive "quem foi, é e será"...

W.W. da Matta e Silva
(Yapacani)

APRESENTAÇÃO

Jamais nos passou pela ideia, até certo tempo, escrever algo sobre Umbanda. Muito menos um livro. No entanto, de repente, uma "voz" nos incentivou a isto e sabemos que, assim procedendo, estamos no complemento de um carma, para onde viemos com certos esclarecimentos e princípios, indistintamente, sem julgarmos a quem quer que seja que neles não se situe, com o intolerante personalismo dos que não compreendem a "razão de ser" das afinidades de "plano a plano".

Assim, desejamos frisar o fato de nada termos, pessoalmente, com as formas religiosas, pelas quais os indivíduos situam estas ditas afinidades, de acordo com as "concepções viventes em seus evolutivos". Simplesmente, no imperativo de uma missão é que resolvemos sair de silenciosa posição para lançar estes esclarecimentos no meio da chamada Umbanda da atualidade. Estas informações não são monopólio do autor, que não se julga "iluminado" nem tampouco pretende arvorar-se em mentor de uma coletividade. Outros já o precederam com estes mesmos desígnios superiores, constatados na literatura existente em livros, revistas e jornais do gênero.

Essa literatura, todavia, em sua maior parte constando de uma descrição heterogênea de expressões, deu origem à multiplicação dos "terreiros" e respectivos "pais de santo", infiltrados por esquinas e vielas, capacitados, exclusivamente, nesta mesma literatura que, misturando as interpretações pessoais, errôneas e deficientes que leram, propagaram ensinamentos esdrúxulos e ridículos, incutindo nas multidões as mais bizarras formas de concepções sobre esta mesma corrente astral de Umbanda, que somente um **DOM** de fato qualifica aparelhos dentro de um carma missionário, evolutivo ou de provação.

Em consequência disso, surgiram os "conhecidos" babás e babalaôs que, com histórias da carochinha e lendas infantis, passaram a imperar, como pontos básicos, como, por exemplo, a crença comum, em dezenas e dezenas de "terreiros", de que Ogum traiu Xangô, raptando-lhe a mulher e, por isso, "não se dão"... Sendo *então*

Umbanda de Todos Nós

visto o "cavalo" que é de Ogum não "recebê-lo" quando Xangô está no reino e vice-versa. Isso causa, assim, um incessante gargalhar nos sensatos observadores, provocando críticas injustas sobre uma religião, vista de conformidade com as interpretações dadas talvez nem em subplanos, mas nos ambientes mascarados que usam o nome de Umbanda apenas como fachada ou isca.

No entanto, sabemos que esta Umbanda de Todos Nós estende os braços e acolhe, no seio, os aflitos e desesperados de todos os planos e subplanos, amparando, equilibrando e guiando aqueles que anseiam achar o caminho e recebendo os que já passaram por ele. Jamais deixa, entretanto, que sua luz seja confundida nas brumas ilusórias onde ainda se adora o "bezerro de ouro".

Todavia, espalhando daqui aos "quatro ventos"; não estarem generalizados a todo meio umbandista, certos conceitos e comparações existentes neste livro.

Não! Felizmente existem inúmeras Casas, onde seus Diretores e Aparelhos- -Chefes pautam suas diretrizes espirituais dentro dos Sagrados Princípios que se refletem nas práticas e sistemas sérios, moldados que o foram pelas Entidades que, em verdade, lá são militantes.

Nesses, sabemos encontrar essa Fraternidade, essa Consciência Una aos desígnios superiores de uma Era que se aproxima veloz, já prevista pelos clarividentes, quando anunciam "os tempos serem chegados"...

Não que "o mundo" vá se acabar. Não que forças cosmogônicas vão modificar a crosta terrestre, e sim o advento de uma fase de **LUZ** e de **VERDADE**, pressentida e ansiosamente procurada pelas multidões quando desfilam pelas Tendas e Cabanas, cujos cânticos se exprimem em nome da **SENHORA DA LUZ VELADA, ESTA UMBANDA DE TODOS NÓS...**

Temos ainda a dizer que a dissertação deste livro não é sobre os "galhos de uma árvore e suas ramificações". Outros já o fizeram e muito bem. Escrevemos sobre sua Raiz. Falaremos, não, das "águas do rio que correm em seu leito", mas que, por aqui e por ali, se bifurcaram, gerando canais, lagoas, pântanos, sofrendo a influência da "terra" onde estas águas, por meio de enormes distâncias vão penetrando, entre barro, areia, lama, tomando até o gosto e a turvação destes" ...

Dissertaremos a respeito da "água deste rio" em sua fonte original, isto é, onde é encontrada naquele estado imediato, em sua pureza – enfim, da água cristalina –, ou seja, da água da fonte que não levou preparos químicos, não passou pelos encanamentos, não tomou contato com a "ferrugem", que não precisa ser filtrada para uso.

Em suma, não escrevemos sobre os cultos africanos e suas práticas, que classificaram dentro de um só termo – Candomblé – e que, há vários séculos, na própria África, perderam o contato direto com sua "fonte original", que a tradição iniciática de seus primitivos sacerdotes conservavam, originárias do povo de raça vermelha, dentro de uma sequência de Princípios, Fundamentos, Sistemas e Regras inerentes a uma só Lei, que sempre se chamou UMBANDA.

Desse passado, pode-se constatar ainda a preservação de vários "elos"; inclusive o termo Kimbanda, ou seja, qualificativo de "Ki-mbanda Kia Kusaka", para determinar sacerdote, feiticeiro, o que cura doenças etc., e os cinco termos litúrgicos, sagrados, vibrados, de Orixalá, Yemanjá, Xangô, Oxossi, Ogum e outros mais.

Sim, o Candomblé, isto é, os cultos de várias nações de raça negra, que passaram a generalizar com este vocábulo, jamais, em suas expressões reais, conheceram ou usaram a palavra Umbanda. Degeneraram deste conhecimento primitivo e, segundo informações fidedignas, os remanescentes destes cultos, em suas práticas, continuavam desconhecendo Umbanda como sinônimo de Candomblé ou culto africano.

Somente há poucos anos é que começaram a sentir certa ligação entre uma e outra coisas.

Assim, vamos apoiar-nos em vários autores estudiosos dos costumes e dos cultos que os africanos trouxeram para o Brasil, por onde demonstraremos que, de fato, esta palavra, Umbanda, mormente traduzida em si uma lei, era desconhecida até certo tempo.

Raimundo Nina Rodrigues[1], que serve de "ponto de apoio" a quase todos os escritores do gênero, em **L'animisme Fetichiste Des Negres De Bahia,** ano de 1900, obra com 72 páginas, não cita uma só vez a palavra Umbanda.

Do mesmo autor, em **Os Africanos no Brasil**[2], edição de 1945, conta um "Prefácio assinado por Homero Pires e datado de 1933" (1ª edição, 1934), no qual revela ter achado no **Instituto Nina Rodrigues** a documentação e "o próprio índice do livro", dizendo mais que o recolheu "com a grande alegria de quem salva um trabalho precioso", impossível mais de se reconstituir ou refazer no Brasil com a extinção dos negros africanos, os quais Nina Rodrigues ainda conheceu, estudando-os fundamente sob todos os aspectos, dentro de "quinze dilatados anos" (p. 11-12).

Pois bem, por meio das 435 páginas desta obra, o professor Nina Rodrigues também não cita uma só vez a palavra Umbanda, e mesmo a dita Embanda, somente o faz por intermédio de uma pastoral (ver p. 402) de D. João Nery, que diz significar "chefe de mesa", espécie de chefe de confraria a que ele diz chamar-se CABULA[3]. Dessa maneira, tiremos logo as primeiras deduções. Nina Rodrigues foi o primeiro no Brasil que abordou esta questão, dedicando-se durante "15 dilatados anos" ao

---

1 Ver a obra L'animisme Fetichiste, de Nina Rodrigues

3 Ver os Africanos no Brasil, de Nina Rodrigues.

Umbanda de Todos Nós

estudo e pesquisas entre os africanos, abordando até pela parte científica as suas práticas em relação com o psíquico, emocional, anímico, digamos, deixaria passar sem registro um termo existente com forte significado religioso, conforme o fez com todos os termos que estão discriminados em seus livros, mesmo que tivesse a terça parte do valor que lhes dão hoje em dia, como, é o de Umbanda?

Poderiam os modernos escritores e estudiosos do gênero, em pesquisas no chamado "meio umbandista da atualidade", deixar de registrar a palavra Umbanda? Jamais! E não se diga que Nina Rodrigues cometeu um lapso, pois pormenorizou tudo o que existia em sua época, esgotando o assunto, e depois dele nada se revelou a mais nessa questão. Quase todos o repetem e citam.

Convenhamos que a literatura moderna sobre os cultos africanos não deixa de ser uma cópia de cópias, colorida e interpolada com interpretações pessoais (emitidas em relação com o que foi observado nesses últimos anos: um misto de africanismo, catolicismo, kardecismo e fantasias), que, de tanto ser repisada, vem aparentando um caráter de tradição. Mas prossigamos...

João do Rio (Paulo Barreto), em sua obra **As Religiões no Rio**[3], 1904, das páginas 1 a 64, que tratam dos Candomblés, feitiços etc., não faz nenhuma referência aos termos Umbanda ou embanda.[4]

Manoel Querino em A Raça Africana e seus Costumes na Bahia[4], 1917 (já publicado no vol. 1 dos Anais do 5º Congresso Brasileiro de Geografia, realizado na Bahia em 1916[5]), NÃO cita uma única vez os termos Umbanda e Umbanda.

Convém ressaltar a opinião deste, quando diz, à página 147, que "O Culto religioso aqui professado pelos africanos era uma variante do **SABEÍSMO**, com adições extravagantes de objetos e sinais tão confusos quanto bizarros"... e ainda diz mais que "a magia era reservada aos reis e sacerdotes".

Supomos ter feito esta referência em relação aos ditos primitivos...

Verifica-se, portanto, que até os anos de 1900, 1904, 1916 e 1917, esses autores, em pesquisas e apurados estudos, na época em que os Candomblés conservavam-se mais puros, **NÃO CONSEGUIRAM ENCONTRAR O VOCÁBULO UMBANDA SIGNIFICANDO COISÍSSIMA ALGUMA. ERA INEXISTENTE.**

No entanto, pelas alturas de 1934, o ilustre Prof. Arthur Ramos, em seu livro **O NEGRO BRASILEIRO,** averiguou já existir a palavra Umbanda, e na página 102 o faz da seguinte forma: "Registrei os termos Umbanda e Embanda (do mesmo radical mbanda), nas macumbas cariocas, mas de significações mais ampliadas. Umbanda pode ser feiticeiro ou sacerdote". (Acrescenta ainda: "ou ter

---

4 Ver As Religiões no Rio, de João do Rio (Paulo Barreto).

5 Ver a Raça Africana e seus costumes na Bahia, de Manoel Querino.

a significação de arte, lugar de macumba ou processo ritual". Isto cabe dentro do estudo que H. Chatelain fez sobre a palavra Umbanda (Ver p. 89).

Todavia, o Prof. Arthur Ramos, quando fez esse "registro" sobre a palavra Umbanda, não o fez com a convicção de tê-la *POSITIVAMENTE* encontrado com o significado de feiticeiro ou sacerdote etc., tanto que se baseia no radical "mbanda", porque havia robustecido o seu conceito, louvado mais no que diz o Sr. *HELI CHAITLAIN* em *FOLK TALES OF ANGOLA, 1894*[6], página 268, sobre o mesmo radical MBANDA em relação com os termos Quimbanda (Ki-mbanda) e Umbanda (Umbanda). Para isso, na mesma página 102, faz a transcrição do texto original (em inglês) no qual se arrimou.[7]

E para que se verifique que este autor não encontrou o vocábulo Umbanda com seus significados claros e positivos nas "macumbas" por onde pesquisou, isto é, que o **SIGNIFICADO VERDADEIRO** *desta palavra* **ERA DESCO-NHECIDO**, observe-se a maneira vaga e imprecisa das informações que obteve quando, na mesma página, diz que: "'Linha de Umbanda' dizem ainda os negros e mestiços cariocas, no sentido de prática religiosa, embora outros me afirmassem que Umbanda era uma 'nação' e alguns, um espírito poderoso da 'nação de Umbanda'"...

Está claro, portanto, que nem nos candomblés, nem nas "Ma-cumbas cariocas", ninguém sabia até aquela época, o *VALOR REAL* da palavra Umbanda. Apenas foi constatada sua existência súbita nos "meios", pois que, quando interrogados, não sabiam dar mais do que *VAGAS EXPLICAÇÕES...*

É ainda Arthur Ramos que confessa (p. 146): "Em suma, já não existem, no Brasil, os Cultos Africanos puros de origem (nunca existiu no Brasil e há séculos que deixaram de existir, em sua pureza original, no seu próprio *habitat*).[8] Em alguns Candomblés, principalmente na Bahia, a tradição gêge-nagô é mais ou menos conservada. Mas não se pode deter a avalanche de sincretismo. Os vários cultos africanos se amalgamaram a princípio entre si, e depois, com a s religiões brancas: o catolicismo e o espiritismo. De modo que temos, em ordem crescente de sincretismo:

    1.º – gêge-nagô
    2.º – gêge-nagô-muçulmi
    3.º – gêge-nagô-baniu
    4.º – gêge-nagô-muçulmi-baniu
    5.º – gêge-nagô-muçulmi-baniu-caboclo

---

6 Ver Folk Tales of Angola, de Heli Chatelain.

7 "Ver como o assunto é elucidado, no 1º capítulo.

8 O parêntese é nosso.

Umbanda de Todos Nós

6.º – gêge-nagô-muçulmi-baniu-caboclo-espírita
7.º – gêge-nagô-muçulmi-baniu-caboclo-espírita-católico."

O Sr. **EDISON CARNEIRO,** em sua obra Religiões Negras, 1936, corrente com o Sr. Arthur Ramos, na página 96, diz: "Num Candomblé de Caboclo, consegui registrar as expressões umbanda e embanda, sacerdote, do radical **mbanda**", dando apenas num cântico a "fonte" desse registro:

> **Ké ke min ké umband**
> **Todo mundo min ké**
> **umbanda[9]**

Mas, por estranho que pareça, o mesmo autor, em seus CANDOMBLÉS DA BAHIA, quer na edição de 1948, quer nesta última 2.ª edição, de 1954, revista e ampliada, com suas 239 páginas [10] não faz uma única referência ao termo **UMBANDA** nem tampouco a EMBANDA e, note-se, contém um **"VOCABU-LÁRIO DE TERMOS USADOS NOS CANDOMBLÉS DA BAHIA** com mais de **200 DESTES TERMOS E RESPECTIVOS SIGNIFICADOS**. Nessa obra, o autor esmiúça crenças, costumes, práticas etc.".

Gonçalves Fernandes, em XANGÔS DO NORDESTE, edição de 1937, com 158 páginas[11], que descreve os Candomblés ou os chamados Xangôs do Estado de Pernambuco, não faz referência aos termos *UMBANDA* e EMBANDA, não obstante dar dezenas e dezenas de toadas ou "pontos cantados"...

Waldemar Bento, em sua excelente obra A Magia no Brasil, edição de 1939,[12] faz um estudo sobre concepções, práticas, orixás, inclusive do sincretismo existente na época nos Candomblés, e apenas faz ligeiras e imprecisas referências às "linhas da Umbanda".

Donald Pierson, em seu livro Brancos e Negros na Bahia, edição de 1945, no Capítulo XI (p. 337 - 387) [13], em que trata dos candomblés, estuda também os Orixás, divindades, crenças, práticas, apresentando até um mapa completo dos "Principais Orixás do Culto Afro-Brasileiro gêge-nagô, na Bahia, em 1937" com: Nome, Sexo, Personificação, Fetiche, Insígnia, Alimentos Sagrados, Cor

---

9 Ver Religiões Negras, de Edison Carneiro

10 Ver Candomblés da Bahia, de Edison Carneiro.

11 Ver Xangôs do Nordeste, de Gonçalves Fernandes.

12 Ver a Magia no Brasil, de Waldemar Bento.

13 Ver Brancos e Negros na Bahia, de Donald Pierson.

de vestidos, Cor de contas, Pulseiras, Dias sagrados, Gritos etc. Tudo isso muito bem particularizado. Pois bem, é inexistente, nessa obra, a palavra Umbanda ou embanda.

ROGER BASTIDE, em IMAGENS DO NORDESTE MÍSTICO, edição de 1945, em suas 247 páginas [14], não registra uma só vez as palavras Umbanda e embanda. Esse ilustre professor fez penetrações e observações em inúmeros candomblés, descrevendo ritos e costumes, divindades, concepções etc. Para comprovar isso, apresenta uma lista de 86 terreiros, positivando em 55 deles, 13 modalidades de cultos ou práticas diferentes.

E, ainda, a título de observação, em Estudos Afro-Brasileiros, trabalho apresentado ao 1º Congresso Afro-Brasileiro reunido no Recife, em 1934, por **GILBERTO FREYRE** e outros[15]; na página 248, consta um "apêndice" com 150 termos africanos e respectivos significados, muitos de uso corrente nos candomblés. Aí, também não se encontra a menor referência às palavras Umbanda e embanda.

Conforme afirmamos, os cultos africanos perderam, há milênios, o contato com os princípios reais em que seus primitivos sacerdotes beberam na verdadeira tradição iniciática, originária do povo de raça vermelha, esta mesma tradição que conjuga a **RELIGIÃO** que o próprio **RAMA** *d*ifundiu pela África, índia, Egito, Mongólia etc.

Revelam, melancolicamente, conhecimentos interiores dessas VERDA-DES, certos propagadores desses cultos, nos tempos atuais, quando, desejosos de elevá-los ou situá-los como o 1º Plano da Lei de Umbanda, afirmam que "A verdade, que muita gente desconhece, ainda os que se julgam portadores de grande cultura, é a existência, na Umbanda, dos conhecimentos transcendentes do ocultismo iniciático".

A iniciação umbandista segue as grandes linhas da doutrina secreta dos iniciados, transmitida há milênios, sob um sigilo que constitui sua própria razão de ser.

Da Pérsia, o mazdeísmo de Zaratustra passou para o Egito dos Faraós e dos Grãos-Sacerdotes de ÍSIS com o nome de Ciências Herméticas. Do Egito, irradiou para as tribos africanas e para os seus reinos de adiantada civilização na época.[16]

---

14 Ver Imagens do Nordeste Místico, de Roger Bastide.

15 Ver Estudos Afro-Brasileiros, de Gilberto Freyre e col.

16 Biron Torres de Freitas – Tancredo da Silva Pinto, em As Impressionantes Cerimônias Da Umbanda, pág. 59 e 60.

Umbanda de Todos Nós

Não sabemos qual o objetivo de alguns quando teimam desesperadamente em extrair a Umbanda do "ventre" dos cultos africanos, tal como uma filha caçula nascida de fatigante "cesariana". No entanto, esta operação deu-se ao contrário.

Verdadeiramente, do Seio da Religião Original, isto é, desta Lei que se identifica como de **UMBANDA**, é que nasceram todas as demais expressões religiosas, inclusive os cultos africanos do passado e os seus remanescentes, que foram e são chamados Candomblés...

Esclarecemos, desde já, que quando usamos o termo Candomblé "sem aspas", estamos nos referindo a uma expressão religiosa séria, a um culto uniforme, com seus sistemas, práticas etc.

Porém, como expressão consequente, está classificada no Terceiro Plano ou Sétimo Grau da Lei de Umbanda. Quando o fazemos "entre aspas", estamos nos referindo a essas confusas encenações existentes, que não sabemos nem como classificar, tal a "mistura de expressões".

E assim é que podemos afirmar vir se processando, nos últimos anos, um movimento de reconstituição, por intermédio dos Espíritos Militantes da Lei de Umbanda, isto é, da Fonte Original que como "pontas-de-lança", se foram infiltrando por todos os setores, onde a mediunidade ou as manifestações espíritas se processam desta ou daquela forma, inclusive nos chamados "candomblés" e ambientes kardecistas, por onde a palavra mágica **Umbanda** começou a ser lançada, a princípio, em uma frase, em uma referência, em um cântico ou "ponto" etc.

As próprias Entidades desta Umbanda começaram a despertar nos "meios" a atenção para uma certa direção de ideias, para certa coordenação de princípios, e, em consequência, surgiram as primeiras concepções sobre "uma linha branca de umbanda", em oposição a uma "linha negra, a magia negra, interpretação exclusiva dos que chamam de Quimbanda" ...

Porque **UMBANDA** é, em realidade, a Lei, expressão e regra da chamada "Palavra Perdida", que Swedenborg[17], talvez o maior médium vidente dos últimos tempos, disse para ser procurada entre os sábios do Tibete e da Tartária. Não estamos interpretando Umbanda apenas como uma "palavra perdida" no sentido literal de um termo, de um nome, porém, muito mais no que ela traduz como a primitiva Lei, a Religião Original, primeira manifestação do Verbo que tudo produziu pelos Números; o Verbo, sendo a palavra ou a Revelação de Deus, é a própria Lei, a Via, o Caminho.

E a Umbanda, revelando seus Princípios, Fundamentos, Sistemas e Regras ou expressando seus valores com sua própria Numerologia, apresenta a rubrica

---

17 Ver a Escritura Santa, de Swedenborg

desse mesmo Verbo. E, de fato, a Palavra – o Verbo – não mais perdida e sina, **REDIVIVO...** Podemos afirmar e adiante o demonstraremos que traduz em SI *"A FONTE VIVA DA VERDADEIRA LUZ"*. Essa Fonte Viva já foi citada, embora veladamente, por meio da palavra *AGARTHA* que Ossendowski[18] declara significar o Inviolável, o Impalpável, o Inacessível, e nós acrescentamos: o **Fogo Intangível das Almas.**

Agartha, como "centro", é um lugar que fica na direção do Himalaia, pelas bandas da Tartária, segundo revelações do mesmo autor e de Saint-Yves d'Alveydre. Segundo ainda "referências que se assemelham", feitas por João, em Apocalipse; Paulo, em sua Epístola aos Filipenses, quando este último cita: Agartha – *al Ephesim*, Agartha – al Galatim etc., em hebraico.

Sim, não é mais preciso procurá-la em outro lugar. *UMBANDA sintetiza a "palavra perdida". ELA É VIVENTE pela magia do próprio som, pela fascinação do seu Verbo, que exprime, por meio de seus Orixás, Guias e Protetores, a **VERDADEIRA LUZ**, que já vem coordenando as multidões nas terras brasileiras...*

*E estes Orixás revelam que, pela aproximação "dos tempos que são chegados", esta Palavra, que encerra a Religião Original, foi permitida revelar-se de sua fonte primitiva e já começou a expandir suas Verdades no presente, e, **em futuro próximo, outras surgirão,** também no imperativo de uma Missão, para situá-la mais ainda* **EM SUA PLENITUDE.**

Revelam ainda que este vocábulo – *UMBANDA* – vem do "alfabeto divino", existente neste mesmo centro chamado Agartha que, como letras de fogo, está predestinada a despertar consciências. (Vide Adendo Especial...)

---

18 Vide *Homens, Bestas e Deuses*, de Ossendowski.

Carta do Capitão José Alvares Pessoa a
W. W. da Matta e Silva

N esta página o mais sincero dos meus "saravá" para o digno confrade e amigo capitão **JOSÉ ÁLVARES PESSOA,** Presidente e Diretor de Doutrinada Tenda S. Jerônimo.

A esse umbandista de fibra, pela sinceridade com que emitiu o conceito a seguir sobre esta obra, quando por ocasião do lançamento da 1.ª Edição – o mais fraterno dos meus "saravá"...

Sendo o primeiro que, desassombradamente e por escrito assim procedeu, me causou singular satisfação, visto que em sã consciência ninguém lhe pode negar autoridade, fruto dos profundos conhecimentos que tem sobre o movimento exterior e interior da Umbanda, revestidos pela sua cultura e pela experiência de mais de 30 anos como militante nesse meio.

Portanto, aproveito para fundir no seu conceito as opiniões de centenas e centenas de **OUTROS IRMÃOS,** que recebemos também, em contatos pessoais e por meio de cartas, telegramas, revistas etc. (os quais não podemos transcrever aqui, por falta de espaço), porque, realmente, o conceito do prezado irmão Pessoa sintetiza e traduz, essencialmente, os demais.

Assim, de modo que possam as Vibrações de Xangô iluminarem sempre o coração, a mente e o espírito deste sincero Umbandista.

Eis o conceito:

"Meu ilustre e prezado confrade Sr. W.W. da Matta e Silva...

A leitura de *Umbanda de Todos Nós* – o magnífico livro que faltava ser escrito – proporcionou-me um grande prazer espiritual e é com a mais viva satisfação que venho trazer-lhe os meus parabéns pela sua obra, que será como um marco na história de nossa religião, e expressar-lhe os meus sentimentos de sincera gratidão pela gentileza com que me distinguiu, enviando-me um precioso exemplar.

Umbanda de Todos Nós não é só um grande livro; é o melhor que até hoje (1956) foi escrito sobre o assunto. Em cada uma de suas páginas revelam-se a inteligência, a cultura e a erudição de seu autor, que teve a felicidade maior entre todas, de jazer falar a "Senhora da Luz Velada"... tão incompreendida até mesmo pelos seus próprios adeptos que certamente se congratularão pela sua atitude de descerrar o véu que a ocultava.

Até hoje, quase nada se escreveu sobre a verdadeira Umbanda.

Na realidade, muito se tem escrito, mas apenas sobre Candomblés e Macumbas, e os próprios antropologistas, constantemente, citados, como Nina Rodrigues, Edson Carneiro e outros, que se preocuparam com o assunto, escreveram sobre o que viram na Bahia, isto é, sobre o africanismo importado pelos escravos nos tempos da colônia, que nada tem a ver com a maravilhosa obra espiritual que se realiza nos terreiros de Umbanda do Rio de Janeiro, obra que data de mais ou menos 30 anos, empreendida pelo admirável espírito que dá o nome humilde de Caboclo das Sete Encruzilhadas, que reformou os trabalhos da magia que comumente se faziam nos terreiros, purificando-os e transformando a magia negra, que então imperava quase absoluta, nesta magia que os Mestres Divinos classificam como a **Ciência da Vida e da Morte.**

O prezado confrade, com o seu admirável livro, conseguiu realizar uma obra de divulgação como nenhum outro escritor que o precedeu ainda havia feito. *Umbanda de Todos Nós* será como a Bíblia, o livro clássico que todo Umbandista de fé consultará. As minhas palavras são inexpressivas para dar testemunho de uma obra de tão grande valor, que veio preencher uma lacuna, porque realmente um espírito altamente elucidado pôde, afinal, fixar em letra de forma as verdades eternas sobre a mais bela e a mais doce de todas as religiões, porque a mais humilde e a mais humana (...)

Só quanto a um ponto estou em desacordo com o ilustre autor de *Umbanda de Todos Nós.* É sobre a questão das imagens, as quais, a seu ver, deveriam ser abolidas dos nossos terreiros.

O ideal deveria realmente ser o cumprimento das palavras do Evangelho, "Deus deve ser amado em espírito e verdade", mas raras são as criaturas que no atual estado de civilização materialista poderão – como os verdadeiros Yoguis indianos e Lamas tibetanos – concentrar a sua mente no Absoluto sem forma. Os homens comuns têm necessidade imperiosa de uma representação da divindade. O próprio povo da Índia e do Tibete não prescinde das imagens, e, nos seus templos, a divindade representa-se por formas que nos parecem às vezes bizarras.

Os primitivos cristãos tentaram essa grande reforma e fracassaram. Nos primeiros séculos do Cristianismo não havia imagens representativas do Cristo, nem dos santos (que ainda não existiam), que ora são adorados nas igrejas romanas e cujo aparecimento tomou maior impulso no alvorecer da Renascença.

Antes os cristãos só tinham como símbolo de sua devoção a humilde cruz. As imagens são rigorosamente uma imposição das necessidades de que falei e o seu culto foi divulgado pela Igreja Católica Apostólica, que, como todos nós sabemos, desvirtuou, o mais que lhe foi possível, os ensinamentos do Divino Nazareno.

De forma que estou convencido das imagens nos nossos terreiros; não das imagens da Igreja Católica, e sim as dos nossos Orixás. Foi por isso mesmo que, há uns dois anos, mais ou menos, dei início a um movimento de reforma e substituição daquelas imagens nos terreiros de Umbanda, tendo mesmo idealizado e mandado realizar em telas (que foram expostas as figuras dos nossos Orixás, divulgando a ideia pelas páginas do *Jornal de Umbanda*, como o prezado confrade poderá verificar).

Concluindo, quero congratular-me com todos os Umbandistas pela felicidade que lhes veio bater à porta, trazendo-lhes um verdadeiro livro sobre Umbanda – a sua Bíblia – e com meu prezado amigo, que teve a rara ventura de ser o escolhido para escrevê-lo.

Aproveito a oportunidade para reiterar-lhe os meus protestos da mais alta estima e apreço, com que me subscrevo...

Amo. at. e admirador
José Álvares Pessoa

APARELHOS UMBANDISTAS... ALERTA!

A parelhos umbandistas que o forem de fato e em verdade desta **UMBANDA DE TODOS NÓS!** Companheiros nesta silenciosa batalha de todas as noites, imperativo de uma Missão, legado de nossos próprios Carmas.

FILHOS DE ORIXÁS, de FÉ, alma e coração – **ALERTA!**

ALERTA contra esta onda pululante de "mentores" que, jamais ouvindo as vozes dos verdadeiros Guias e Protetores, vivem amoldando, diariamente, dentro de suas conveniências pessoais, uma "Umbanda à revelia", convictos de que podem arvorar-se em dirigentes do meio, não obstante serem sabedores da existência, em seu seio, de veículos reais, que sabem traduzir, em verdade, as expressões desta mesma Lei!

ALERTA contra esta proliferação de "babás" e "babalaôs" que, por esquinas e vielas, transformam a nossa Umbanda em cigana corriqueira, enfeitada de colares de louça e vidro, e ao som de tambores e instrumentos bárbaros, vão predispondo mentes instintivas e excitações, geradoras de certas sensações, que o fetichismo embala das selvas africanas aos salões da nossa metrópole.

ALERTA contra essas ridículas histórias da carochinha, assimiladas e "digeridas" em inúmeros "terreiros" que se dizem de Umbanda, as quais podemos "enfeixar" num simples exemplo na crença comum (entre eles), de que Xangô "não se dá" com Ogum, porque este, em remotas eras, traiu aquele, raptando sua mulher, e, por consequência, vê-se os que se dizem "cavalos" de Xangô não recebê-lo, quando "Ogum está no reino", e vice-versa... Até nos setores que se consideram mais elevados, esta vã superstição ainda tem guarida...

ALERTA contra este surto de idolatria-fetichista, incentivado pelas incontáveis estátuas de bruxos e bruxas, e, particularmente, de uns que asseveram ser dos Exus tais e tais, de chifres e espetos em forma de tridentes que pretendem assemelhar à mitológica figura do DIABO, mas TODAS, fruto do tino comercial dos "sabidos", IDEALIZADAS NAS FÁBRICAS DO GÊNERO, já compondo ou "firmando" Congás, cultuadas entre "comes e bebes" em perfeita analogia com os antigos adoradores do "bezerro de ouro" que tanto provocou as iras de Moysés.

ALERTA, irmãos sensatos na Fé pela Razão! ALERTA contra esta infindável barafunda oriunda da apelidada "linha de santé", quando identificam, a esmo, Santos e Santas dentro da Umbanda, ao ponto de cada Tenda criar uma "similitude" própria...

E não é *só* isso. Quem se dispuser a dar um "giro na umbanda" que certos terreiros apresentam (não nessa minoria de Tendas mais conhecidas, já constituídas em baluartes da Religião), ficará simplesmente desolado. Terá oportunidade de ver indivíduos fantasiados com cocares de penas de espanador, tacapes, arcos e flechas, externarem maneiras esquisitas, em nome do Guia A ou B, consultando, dando passes e quantas mais... santo Deus que não podemos dizer aqui...

Verificará ainda o animismo e a autossugestão suprirem uma mediunidade inexistente, quando certos gritinhos identificarem elementos do sexo feminino, que, em "transe", dizem personificar "Oguns, Xangôs e Oxossis...". Continuando, verá outros caracterizados de "Kimbanda Kia Kusaka", tal a profusão de amuletos, colares e patuás que ostentam. Todos eles, se interrogados sobre Umbanda, largam a mesma cantilena dos outros, arrematando sempre com a já famosa frase: "Umbanda tem milonga ou milonga de Umbanda quem diz é congá" e, na sequência desse arremate, tomam ares misteriosos, "insondáveis" e fecham com "chave de mestre", dizendo: "tem milonga, si sinhô... mas congá num diz...".

Aparelhos-Chefes! Presidentes de Tendas! Por que ficarmos indiferentes diante deste "estado de coisas"? Por que silenciarmos, se esta atitude pode dar margem a que qualifiquem todos os umbandistas como de uma só "panelinha"!?

Por que passarmos, em nós mesmos, um suposto atestado de incapacidade, quando deixamos de defender os legítimos Princípios da Lei de Umbanda, pela separação do "joio do trigo", dentro de um mal-interpretado espírito de tolerância?

Sim, somos e devemos ser TOLERANTES com TODAS as formas de expressão religiosa. RESPEITAMOS as concepções de cada um, em seus respectivos planos, mas daí a colocarmos dentro DELES, levados por uma tolerância prejudicial, o bom nome da Umbanda que praticamos, é simplesmente tomarmos real este "atestado de incapacidade", se não houver coragem e idealismo para separarmos "os alhos dos bugalhos".

Sim, mormente na atualidade, quando se vê num crescente assustador, charlatães arvorarem-se em "pais de santo" e, invariavelmente, usarem o nome da Umbanda como **fachada** ou **isca**.

Por que, sabedores como somos dessas coisas, não externarmos em CON-JUNTO uma RESSALVA para que fique patente nossa repulsa?

Somos ou não, VEÍCULOS dos Orixás, Guias e Protetores de uma só LEI com UMA só coordenação de sistemas e regras, princípios e fundamentos?

Se o somos, por que tememos situar os esclarecimentos que virão tirar dúvidas dos que anseiam por eles? O que nos impede afirmarmos **A UMA SÓ VOZ, as verdades** que estes mesmos Orixás, Guias e Protetores, **fazem questão** de esclarecer? Será por excessiva modéstia, humildade? Talvez seja.

Todavia, desconfiamos de uma outra causa, de uma causa mater, que faz todo movimento tendente a esse fim morrer no nascedouro, pelo "pavor" que incute. Existe uma entidade, tremendamente forte, que impera na Umbanda, maior que todos os Exus juntos, que gera a vacilação dos umbandistas, aparelhos ou não, mola real que tolhe a consciência nas horas necessárias. Esta "entidade" chama-se **"CABOCLO SUBCONSCIENTE"**.

É ele quem causa o maior embaraço a qualquer união de pontos de vista, quando se quer situar diretrizes de "cima para baixo", porque se faz acompanhar do irmão gêmeo, que também não lhe fica atrás, conhecido como **"CABOCLO VAIDADE"**.

Mas é imperioso que, nos tempos atuais, haja uma unificação de PONTOS DE VISTA e se coordene uma defesa comum aos ideais e aos Princípios da Religião de Umbanda, que não deve continuar sendo chafurdada, sob pena de considerar-se como tibieza o "comodismo" de inúmeros de seus filhos diletos, perfeitamente capacitados a externarem a orientação das Entidades superiores militantes da Lei.

Urge que se faça uma "Declaração de princípios" a todo MEIO Umbandista, firmada pelos expoentes das Tendas e Cabanas interessadas, onde se exponham, com clareza e precisão, certas regras e sistemas que venham a servir como "pontos de identificação" a uma verdadeira Casa da Lei de Umbanda.

É necessário que se processem estes esclarecimentos aos de boa-fé, simpatizantes, adeptos; enfim, a todos, para que se fique sabendo que todas essas coisas podem continuar "acontecendo ou não"; nada temos pessoalmente com elas, desde que o façam em seus nomes próprios, inerentes aos subplanos em que estão atuantes, porém, **JAMAIS DEVEM SER CONFUNDIDAS COM AS REAIS EXPRESSÕES DA LEI DE UMBANDA.**

NOTA: Conclamamos, assim, em 1956. Até hoje, nada fizeram para isso. Continua tudo como dantes.

Umbanda de Todos Nós

"AS SETE LÁGRIMAS DO PAI-PRETO"

Foi uma noite estranha aquela noite queda. Estranhas vibrações afins penetravam meu Ser Mental e me faziam ansiado por algo, que pouco a pouco se fazia definir... Era um quê desconhecido, mas sentia-o como se estivesse em comunhão com minha alma e externava a sensação de um silencioso pranto... Quem do mundo Astral emocionava assim um pobre eu?

Não o soube até adormecer e "sonhar".

Assim, vi meu "duplo" transportar-se, atraído por cânticos que falavam de Aruanda, Estrela Guia e Zambi. Eram as vozes da **SENHORA DA LUZ-VELADA,** dessa **UMBANDA DE TODOS NÓS** que chamavam seus filhos de fé.

E fui visitando Cabanas e Tendas, onde multidões desfilavam, mas surpreso fiquei com aquela "visão" que em cada um eu "via"; invariavelmente, num canto, pitando, um triste Pai-Preto chorava. De seus "olhos" molhados, esquisitas lágrimas desciam-lhe pela face e não sei por que contei-as... Foram sete. Na incontida vontade de saber, aproximei-me e interroguei-o:

— Fala Pai-preto, diz a teu filho, por que externas assim uma tão visível dor?

E Ele, suave, respondeu:

— Estás vendo essa multidão que entra e saí? As lágrimas contadas distribuídas são a cada uma delas. A primeira eu a dei a esses indiferentes que aqui **vêm** em busca de distração, na curiosidade de ver, bisbilhotar, para saírem ironizando daquilo que suas mentes ofuscadas não podem conceber. Outra, a esses eternos duvidosos que acreditam, desacreditando, na expectativa de um "milagre" que os faça alcançar aquilo que seus próprios merecimentos negam. E mais outra foi para esses que creem, porém, numa crença cega, escrava de seus interesses estreitos.

Umbanda de Todos Nós

São os que vivem eternamente tratando de "casos" nascentes uns após outros... E outra mais que distribuí aos maus, àqueles que somente procuram a Umbanda em busca de vingança, desejam sempre prejudicar a um seu semelhante. Eles pensam que nós, os Guias, somos veículos de suas mazelas, paixões, e temos obrigação de fazer o que pedem... Pobres almas que das brumas ainda não saíram.

Assim, vai lembrando bem: a quinta lágrima foi diretamente aos frios e calculistas – não creem, nem descreem: sabem que existe uma força e procuram se beneficiar dela de qualquer forma. Cuida-se deles, não conhecem a palavra gratidão, negarão amanhã, até que conheceram uma casa da Umbanda... Chegam suaves, têm o riso e o elogio à flor dos lábios, são fáceis, muito fáceis; mas se olhares bem seus semblantes, verás escrito em letras claras: creio na tua Umbanda, nos teus Caboclos e no teu Zambi, mas somente se vencerem o "meu caso", ou me curarem "disso ou daquilo"...

A sexta lágrima eu a dei aos fúteis que andam de Tenda em Tenda, não acreditam em nada, buscam apenas aconchegos e conchavos; seus olhos revelam um interesse diferente, sei bem o que eles buscam.

E a sétima, filho, notaste como foi grande e como deslizou pesada. Foi a **ÚLTIMA LÁGRIMA**, aquela que "vive" nos "olhos" de todos os "preto-velhos". Fiz doação dessa aos vaidosos, cheios de empáfia, para que lavem suas máscaras e todos possam vê-los como realmente são...

"Cegos, guias de cegos" andam se exibindo com a Banda, tal e qual as mariposas em torno da luz; essa mesma LUZ que eles não conseguem VER, porque só visam à exteriorização de seus próprios "egos"... "Olhai-os" bem, vede como suas fisionomias são turvas e desconfiadas; observai-os quando falam "doutrinando"; suas vozes são ocas, dizem tudo de "cor e salteado", numa linguagem sem calor, cantando loas aos nossos Guias e Protetores, em conselhos e conceitos de caridade, essa mesma caridade que não fazem, aferrados ao conforto da matéria e gula do vil metal. Eles não têm convicção.

Assim, filho meu, foi para esses todos que viste cair, uma a uma, AS SETE LÁGRIMAS DO PAI-PRETO! Então, com minha alma em pranto, tornei a perguntar: não tens mais nada a dizer, Pai-Preto? E daquela "forma velha", vi um véu caindo e num clarão intenso que ofuscava tanto, ouvi mais uma vez...

"Mando a luz da minha transfiguração para aqueles que esquecidos pensam que estão... **ELES FORMAM A MAIOR DESSAS MULTIDÕES**"...

São os humildes, os simples. Estão na Umbanda pela Umbanda, na confiança pela razão... SÃO OS SEUS FILHOS DE FÉ.

São também os "aparelhos", trabalhadores silenciosos, cujas ferramentas chamam-se DOM e FÉ, e cujos "salários" de cada noite são pagos quase sempre com uma só moeda, que traduz o seu valor numa única palavra – a **INGRATIDÃO**.

AOS APARELHOS UMBANDISTAS

Filhos de Orixá! Aparelhos que o forem de fato desta Umbanda de Todos Nós!!! Muito se tem escrito sobre a Lei de Umbanda. Uns fizeram-na oriunda dos cultos africanos – cujo Panteão extraíram lendas que coloriram em "quadrinhos infantis", semeando, no mercado da ingenuidade, frutos esquecidos da árvore do fetichismo... Outros criaram uma genealogia de Tribos e Pajés em ritmo de "candomblé" (a chamada macumba, pelo vulgo), e por meio dos tambores, atabaques e palmas, revivem, pela invocação dos espíritos afins, eras que os séculos deixaram nas noites do passado... E ainda outros conservaram e ampliaram a dita Linha dos Santos e, entre preces do Kardecismo, Ave-Marias e credo em cruz, vão praticando o que dizem ser Umbanda verdadeira.

Tudo isso deve estar certo, porque tudo tem sua razão de ser, isto é, a concepção é inerente ao plano de cada um... No entanto, tentarei demonstrar, neste livro, que essas coisas estão dentro, porém não são ainda a Umbanda em SI, na sua plenitude. Então, convido todos, principalmente a esses que estudam e pesquisam, "pensam raciocinando" e sabem discernir, a acompanhar o autor nesse ligeiro retrospecto às fontes religiosas primitivas.

Comecemos pela China, onde vamos encontrar o **YIKING**, livro sagrado do mais antigo sábio que a história chinesa constata. FO-HI[19], há 5.500 anos, já se referia a outros sábios, dos quais aprendera as verdades que desejava legar às gerações. Ensina as relações do homem com a criação por meio de sinais e figuras em forma de círculos e linhas, horizontais e verticais, deixando o lado esotérico cuidadosamente velado. Porém, em seus Trigramas, definia o vértice de toda ciência iniciática referente ao Cosmos, isto é, a Magia e suas forças que para o vulgo se traduziam numa espécie de Tarô como arte adivinhatória.

---

19 Henri Durville, *A Ciência Secreta*, 1.º Vol.

Olhemos rapidamente o Egito, nas páginas de seus livros sagrados, e verificamos logo que antiquíssima tradição conservava, por sinais secretos e imagens (desenhos simbólicos), as mesmas verdades eternas somente alcançadas e compreendidas por Iniciados de uma **ORDEM**.

Assim, vemos que adoravam forças e tinham especial respeito ao Sol (RÁ), que, para eles, refletia um Deus único em sua forma trinitária.

Conheciam e praticavam a Magia, faziam invocações às Divindades ou Espíritos Superiores e os fenômenos espíritas eram conhecidos desde as manifestações e comunicações, dentro de certos ritos com cânticos vibrados, dirigidos a determinada Entidade, quando desejavam que sua força se fixasse numa imagem, objeto etc.

Reportemo-nos à Índia, no que consta como mais antigo, os livros sagrados dos Vedas. Compilados por VYASA há 3.400 anos[20] e que, segundo Paul Gibier (*Do Faquirismo Ocidental*), têm uma antiguidade impossível de precisar, pois, diz ele, Shouryo-Shiddanto, astrônomo hindu em suas observações sobre o percurso e posição das estrelas que se reportam há 58.000 anos[21] já citava os Vedas como obras veneradas desde um passado longínquo.

Podemos penetrar mais ainda, há uns 8.600 anos, quando vamos encontrar a fundação do ciclo de RAMA, segundo as provas que nos dão Fabre d'Olivet, Edouard Schuré e o insigne Saint-Yves d'Alveydre.[22]

Já então Rama (o Primeiro Patriarca da Ordem desse nome) tinha também deixado um livro em LÍNGUA HERMÉTICA (esta mesma que contém o alfabeto Ariano ou Adâmico) com caracteres secretos, com SINAIS e TRIÂNGULOS, representados em uma Esfera ou Círculo, onde os PRINCÍPIOS E AS VERDADES ORIGINAIS estavam definidas...

E fiquemos por aqui, pois já é suficiente para o leitor guiar-se.

Elas traduziam para o homem essas revelações, conhecimentos, práticas, símbolos, ritos, formas, cânticos, **SINAIS SECRETOS**, invocações místicas, fenômenos ditos espíritas, **DESDE OS DIAS DA ETERNIDADE? VERDADES** que o homem não criou, apenas constatou de sua Existência, e essas Verdades vieram ao seu raciocínio desde o momento em que começou a sondar o **DESCONHECIDO** pelas forças que sentia viventes em si e na própria Natureza.

Qual, então, o impulso primitivo que o fez pesquisar, descobrir e conceber essas ditas verdades? Cremos que, em primeiro lugar, o temor oriundo da própria ignorância,

---

20 Ref. Ext. da Obra, *Afinal, Quem Somos?*. Pedro Granja, tirada de (*Do Faquirismo Ocidental*) – Paul Gibier.

21 Idem.

22 Ver as obras: *Histoire Philosophique du Genre Humain*, de Fabre d'Olivet; *Os Grandes Iniciados,* de Ed. Shuré; e L'Archeomètre, *Teogonia des Patriarches*. Mission des Juifs e Mission de l'Inde en Europe, de Saint-Yves d'Alveydre.

que, por sua vez, lhe ativou o espírito no qual já vinha imantado o Sentimento Religioso, ou seja, a necessidade da relação do seu próprio **EGO** com o sobrenatural. E foi, então, que se provocou, em sua consciência, a Revelação Divina, pela Religião, berço de todas as ciências, pois trata-se da própria **MAGIA DE DEUS**.

Assim, chegamos a uma conclusão: tudo já existia antes mesmo que o Espírito animasse a forma humana. Esse Todo Existente não é **ACASO**, obedece a uma **LEI** que coordena o movimento evolutivo dentro da Unidade, que é a manifestação básica desse mesmo Deus. E essa Lei, essa Religião Original, que conjuga Forças de qualquer plano, é o **ELO EMPOEIRADO** da Raça Vermelha à Negra e dessas até nós que a tradição embaralhou...

Basta lembrar que Moisés, grande Iniciado, aprendeu-a de **JETRO**, sábio negro de pura raça e deixa visível em sua Gênese que, "no princípio, era uma só fala e uma só religião".

No entanto, mais ou menos há 5.200 anos, deu-se o Cisma de Yrschu [23-24], consequência das ambições, pressões e conveniências políticas que se fizeram sentir, principalmente sobre Krisna, que concordou em alterar sólidos princípios que a tradição esotérica vinha conservando ciosamente por meio das "Academias ou Colégios de Deus". [25]

Dessa época aos nossos dias, esse ELO – não obstante ter sido ocultado por MELCHISEDEC (Millik-Saddai-Ka, que significa "REI DE JUSTIÇA", último Pontífice da Ordem de Rama) – veio à Luz nos tempos presentes, dentro dessa mesma Lei que chamamos de Umbanda, que se prova, pela ciência dos números, com sua própria **NUMEROLOGIA**, a qual será encontrada neste despretensioso trabalho.

---

23 Descrito no Livro Védico (Skanda-Purana), citado por inúmeros autores.

24 "O princípio da dissolução da Ordem Espiritual que regia os povos da antiguidade, o trono devia pertencer ao seu irmão mais velho chamado Tarak'ya, provocou um cisma, com o fim de apoderar-se do poder. Tal cisma tinha a finalidade de reformar, ou antes, dividir as opiniões filosóficas, religiosas, políticas e sociais daqueles tempos. Proclamava que se devia antes venerar a Natureza, como princípio feminino, do que Deus, o princípio masculino da Criação. Embora os sábios tivessem declarado que Deus unia em si ambos os princípios, masculino e feminino, Yrschu não se deu por vencido e continuou com sua doutrina de reformismo social. Daí originou-se a doutrina filosófica denominada 'JÔNIA' ou naturalista, em oposição à filosofia 'DÓRIA' ou espiritualista. Tendo reunido grande número de adeptos, Yrschu declarou a revolta armada, sendo, porém, vencido e expulso do território da Índia. Os remanescentes desse famosa cisma vieram se estabelecer na Ásia menor, Arábia e Egito, combatendo por toda parte a ordem espiritual estabelecida e implantando o seu sistema de governo, do qual originaram todas as formas de governos absolutos ou tirânicos até hoje conhecidos". – Ver página 73 de Forças Ocultas, Luz e Caridade – J. Dias Sobrinho.

25 Estes termos – Academias ou Colégios de Deus – são postos em relevo também por inúmeros autores, em várias obras, quando querem fazer referência às antigas "Escolas" que, de fato, seguiam e ensinavam a verdadeira "Tradição esotérica"...

Umbanda de Todos Nós

1.º CAPÍTULO
DEFININDO "UMBANDA"

UMBANDA é a Lei Mater que regula os fenômenos das manifestações e comunicações entre os Espíritos do Mundo Astral e o Mundo da Forma. É a **RELIGIÃO ORIGINAL**, o próprio. **ELO VIVENTE** revelado pelo **VERBO CRIADOR** que os Sacerdotes e Iniciados das antigas Escolas em parte ocultaram e em parte ensinaram, perdendo-se depois no emaranhado das ambições e perseguições, confundindo-se, em ramificações, as poucas verdades que se conservam ainda, por meio de vários setores, ditos espiritualistas; filosóficos e religiosos.

É ainda a **CIÊNCIA MÃE**, ou seja, **A MAGIA GERADORA** a que muitos dão o nome de Teurgia, de onde se originaram as demais, em grande adiantamento, nos tempos presentes. Assim, **UMBANDA** é um **TERMO** místico, litúrgico, sagrado, vibrado, cuja origem se encontra naquele alfabeto primitivo de que os próprios **Brahmas** desconheciam a essência (a palavra é o som articulado – transcende à própria Sonometria), mas que está dentro da **própria KABALLA**[26] (o **mais** oculto, **o** mais **secreto**), o qual deram o nome de Arvano, Adâmico ou Vatan, e deve ter vindo da pura Raça Vermelha, cujas letras – em conjunto, obedecendo a certas regras e posições – formam imagens reveladoras, semelhantes

---

26 KA-BA-LA, tem como número, o 22, traduzindo KA = 20, BA = 2, e LA significa: A Potência dos 22.

aos **VERDADEIROS SINAIS RISCADOS**, conhecidos, simbolicamente, pelo nome de PONTOS DE PEMBA.

Este termo Umbanda perdeu seu significado REAL nas chamadas línguas mortas, desde o citado "cisma" de Yrschu, quando tudo foi ocultado. Em REALI-DADE, UMBANDA significa "CONJUNTO DAS LEIS DE DEUS".

Somente as raças africanas, por intermédio de seus Sacerdotes e Iniciados, como dominadores que o foram da raça branca, **GUARDARAM, MAIS OU MENOS, SUA ORIGEM E VALOR**. Porém, com o transcorrer dos séculos, foram dominados e seus ancestrais, que guardavam a **CHAVE MESTRA** desse **VOCÁBULO TRINO**, desapareceram, deixando uma parte **VELADA** e outra **ALTERADA** para seus descendentes que, em maioria, só aferiam o **SENTIDO MITOLÓGICO,** perdendo no **FETICHISMO** o pouco que lhes foi legado.

Assim, encontramos na **CORRESPONDÊNCIA FONÉTICA** do vocábulo MBANDA a CORRUPTELA DA PALAVRA **UMBANDA**, que os africanos deturparam da SONÂNCIA ORIGINAL que, por sua vez, foi novamente corrigida pelos próprios ORIXÁS mais elevados, que militam num plano evoluído da Lei de Umbanda.

E a conclusão axiomática desta assertiva está no fato de que os próprios Espíritos dizem Umbanda e não mbanda.

Como apoio a essa conclusão, vamos provar, começando pelo estudo do Prof. Heli Chatelain (Folk Tales of Angola)[27], que dentro da raça negra se conserva ainda, como dissemos, algo do sentido original.

Diz ele: "Umbanda is derived from ki-mbanda, by prefix U, as u-ngana is from ngana. (A) Umbanda is: the faculty, science, art, office, business: a) of healing by means of natural medicine (remedies) or supernatural medicine (charms); b) of divining the unknow by consulting the shades of deseased, or the genii, demons, who are spirits neither human or divine; c) of inducing these human and not human spirits to influence men and nature for human weal or woe. (B) The forces at works in healing, divining and in the influence of spirits. (C) The objects (charms) which are supposed to establish and determine the connection between the spirits and the physical world."

Traduzindo[28]: "Umbanda, deriva-se de Ki-mbanda pela aposição do prefixo 'U', como u-ngana vem de ngana. (A) A Umbanda é a faculdade, ciência, arte,

---

27 Ver *Folk Tales of Angola*, de Heli Chatelain.

28 O autor pede vênia ao Com. Cícero Santos para usar a tradução do seu excelente trabalho, publicado no *O Caminho*, de Março-Abril-Maio de 1955, pela afinidade de ideias e, ainda, quando diz "trabalhemos juntos para reconduzir a religião dos nossos remotíssimos antepassados, ao pedestal de onde foi tão sacrilegamente apeada".

profissão, ofício de: a) curar por meio de medicina natural (plantas, raízes, folhas, frutos) ou da medicina sobrenatural (sortilégios, encantamentos); b) adivinhando o desconhecido pela consulta às almas dos mortos ou aos gênios ou demônios, que são espíritos, nem humanos nem divinos; c) induzindo estes espíritos, humanos ou não, a influir sobre os homens e sobre a natureza, de maneira benéfica ou maléfica. (B) As forças agindo na cura, na adivinhação e na influência dos espíritos. (C) Finalmente, Umbanda é o conjunto de sortilégios que estabelecem e determinam a ligação entre espíritos e o mundo físico."

Verifica-se, então, que o ilustre prof. e etnólogo Heli Chatelain encontrou no idioma Banto o termo Ki-mbanda significando Sacerdote, curandeiro, adivinho, invocador de espíritos, ou seja, um homem que tinha conhecimentos, inclusive de magia etc., e averiguou que o radical (ou parte inflexível) desta palavra era MBANDA e o prefixo, "K". Por associação de ideias, "assim como u-ngana vem de ngana", diz ele, deu o prefixo "U" à **"MBANDA"**, e achou parte da verdade nos significados da palavra que traduzimos acima.

Esqueceu-se, porém, de uma coisa: é que sendo KIMBANDA, o nome que designa o Sacerdote Banto e sendo esse o que usava conhecimentos, ritos, artes de curar, invocações etc., é porque tudo isso traduzia um princípio religioso, é lógico, portanto, que tinha uma Religião. E, como verificamos que o citado professor deu Umbanda como sendo um conjunto de atributos, muitos até transcendentais, lógico, mais um vez, é que Ki-mbanda é que se originou de Umbanda.

É interessante notar que essa é uma das fontes que robustecem os conceitos do Sr. Arthur Ramos, cujos livros servem de protótipo aos "escritores" do assunto, inclusive ilustrado kardecista que chegou até a expor a "Umbanda em Julgamento"... e fazer ironias, à francesa, esquecendo que seu mestre, Allan Kardec, repôs algumas verdades por intermédio dos próprios espíritos.

Assim, devemos reconhecer que o Sr. Chatelain procurou a origem da palavra Umbanda, nesse sistema africano que é relativamente moderno, porquanto a original palavra remonta a épocas pré-históricas, das quais apenas civilizações com um tradicionalismo bastante acentuado conseguiram, por meio de herança familiar, fazer chegar até nós.

Por uma ordem natural de evolução filológica, mesmo quando essa evolução não é constituída por uma gramática formada, é perfeitamente natural e indiscutível que a transformação dos costumes e de raças, por meio de gerações, influa, de maneira direta na sonância, interpretação e mesmo transformação de qualquer vocábulo. A história filológica outra coisa não é, senão, a história da transformação desses mesmos vocábulos.

Umbanda de Todos Nós

Sendo M-BANDA considerada como o vértice religioso africano pelo Sr. H. Chatelain, descobrimos que facilmente com a anteposição do simples prefixo "U", se transformou completamente o significado da palavra, ou seja, de um substantivo puramente personalista e individual (sacerdote feiticeiro), passou a ser um substantivo absoluto e eclético (faculdade, ciência, arte, ofício etc.).

Cremos que não se faz necessário entrar em maiores dissertações para descobrir, claramente, que existe certa ingenuidade na asserção "daqueles" que querem ensinar Umbanda como representando feiticeiro ou sacerdote; ingenuidade essa que se pode traduzir até por precipitação.

Assim, passamos a expor a causa original, básica, científica, histórica, transcendental e, até o presente, INDISCUTÍVEL, dentro de uma ciência que se prova por si mesma (a matemática e a geometria), a **ORIGEM REAL E VERDADEIRA** do termo UMBANDA.

Não nos apegamos a "coisas" que vimos superficialmente, sabendo, de antemão, que *errare humanum* est e, portanto, incapazes de nos fornecerem a luz singela da verdade que procuramos. Nossas bases, como já dissemos, são fundamentadas na gênese dos tempos, no vértice fundamental, na origem **ÚNICA** das coisas.

Todos os termos mencionados pelos autores citados e outros, são termos adquiridos *in loco*, assim como os prefixos que os "deformam" são consequências locais e não comuns a um termo universal.

Não podemos **jamais** afirmar que o francês deriva do alemão, ou o chinês do português, mas, se pretendermos encontrar um significado absoluto universal, não nos resta outro recurso senão o de beber em fonte comum à base de todas as línguas e dialetos existentes: o alfabeto dito Ariano que originou o Adâmico ou Vatan.

NOTA: Esse alfabeto adâmico é, não resta dúvida, um alfabeto primitivo, porém, já trabalhado, isto é, fonetizado. Porém, sendo ele básico, não deixou de sair de sua fonte original. Ele foi derivado de outro conjunto de signos ou sinais, ainda mais primitivos e mais profundamente esotéricos. Deixamos que o tempo corresse e essa obra fosse sendo assimilada (como foi), e, em 1967, lançamos nossa sentenciada obra *Doutrina Secreta da Umbanda*, onde reproduzimos, relacionamos e comprovamos que foi, realmente, da "Escrita pré-histórica do Brasil" – uma escrita raiz – que ele derivou.

ORIGEM REAL, CIENTÍFICA E HISTÓRICA DA PALAVRA UMBANDA

Alfabeto Adâmico ou Vatan, que originou todos os outros, tem sua própria base nas cinco (5) figuras geométricas fundamentais, ou seja: o PONTO, a LINHA, a CIRCUNFERÊNCIA, o TRIÂNGULO e o QUADRADO, que, em suas correspondências essenciais, FORMAM ou SIGNIFICAM: ADAM – EVA – ADAMA ou Adão-Eva-Lei ou Regra, de acordo com os valores e a própria expressão fonética destas cinco figuras no dito alfabeto Adâmico, que são pronunciadas precisamente como se formam, da seguinte maneira, em linha horizontal (ou em linha vertical, lendo-se de baixo para cima, conforme era escrita a língua):

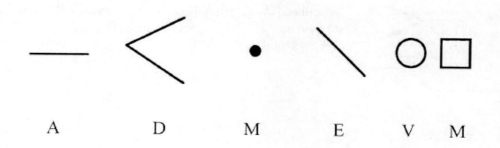

Isto é, o mesmo que ADÃO – EVA – LEI ou REGRA, ou seja, ainda, por analogia, PAI – MÃE – FILHO, ou mais explicitamente: o Princípio Absoluto (ADÃO) que atuou na Natureza (EVA) gerando o Mundo da Forma (REGRA).

Essas citadas figuras fundamentais dão a base para formação de **TRÊS (3) CONJUNTOS GEOMÉTRICOS:**

1.º) Esta figura geométrica é a correspondência fonética de AUM (ÔM) ou UM (que significa Deus ou o Supremo Espírito) assim subdivididas:

o círculo correspondente a U ou V no alfabeto Adâmico; a inserir figura (linha singela), corresponde ao A simples e o (ponto), corresponde ao M ou O no citado alfabeto;

2.º) A linha encerrada no círculo, servindo-lhe de diâmetro (que é a forma gráfica do B ou BA no Adâmico ou no Ariano), cuja correspondência é A ou AN ou BAN, significa, originalmente, CONJUNTO – PRINCÍPIO – LIGAÇÃO;

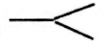

3.º) (linha singela e ângulo), que corresponde à A e D ou ADAM ou ADÃ ou AD, por metátese, DA, que significa LEI no sentido de Lei Universal.

Formaremos, então, a seguinte figuração geométrica:

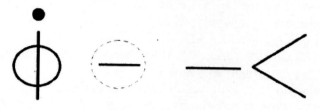

que é igual a DEUS – CONJUNTO – LEIS, ou seja, CONJUNTO DAS LEIS DE DEUS ou ainda ADAM-EVALEI.

Essa figuração é a representação MORFOLÓGICA e GEOMÉTRICA ORIGINAL DO VOCÁBULO UMBANDA, cujos sinais se aglutinam em sentido vertical ou horizontal e traduzem a forma real da palavra "perdida", UMBANDA, *que a tradição e os Iniciados falam, mas que não dizem como "perdeu-se"; isto é, foi esquecida a sua grafia, origem e significado. Assim, representemos melhor as suas correspondências fonéticas.*

UMBANDA

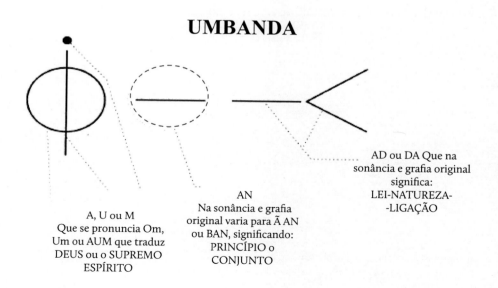

A, U ou M
Que se pronuncia Om, Um ou AUM que traduz DEUS ou o SUPREMO ESPÍRITO

AN
Na sonância e grafia original varia para Ã AN ou BAN, significando: PRINCÍPIO o CONJUNTO

AD ou DA Que na sonância e grafia original significa: LEI-NATUREZA--LIGAÇÃO

Umbanda de Todos Nós

51

Esses caracteres são encontrados ainda no alfabeto Ariano e nos sinais védicos (os Brahmas, conservaram apenas a primeira representação gráfica, o AUM, que dizem ser a "palavra impronunciável" que invocam nos mistérios dos seus cânticos litúrgicos, sagrados) e SÃO EXATAMENTE como estão formados anteriormente a mesma palavra UMBANDA na GRAFIA DOS ORIXÁS – os Sinais Riscados da Lei de Pemba[29] (Ver o ponto anexo).

A verificação da eufonia desses caracteres pode ser feita também por meio do Arqueômetro, quer no próprio aparelho, quer na figura, bem como na própria lexiologia que é dada no livro. [30]

Na Federação Espírita Brasileira deve existir um aparelho arqueométrico doado por A. Leterre, onde os estudiosos e duvidosos poderão comprovar a veracidade de nossas asserções.

Devemos, desde já, avisar a todos os leitores e pesquisadores que desejarem investigar este aparelho, fazerem-no munidos de conhecimentos hermenêuticos ou de alguém portador desses conhecimentos, pois assim procedemos quando procuramos averiguar esta Revelação que originalmente nos foi feita pelo Astral Superior da Lei de Umbanda.

OBS.: o som original do "B" sempre existiu em sua origem, com sua própria representação gráfica.

Esta, no Vatan ou no Ariano, mudava de posição de acordo com a vogal que lhe desse o som; era BA ou BE etc., quando a vogal dava sons labiais. Porém, quando a vogal que lhe desse o som formasse uma sílaba ou fonema nasal, era, de conformidade com a Lei do Verbo, representado em uma esfera ponteada e assim traduzia exatamente o som de BAN.

---

29 Ver no 6.º Capítulo como explanamos o assunto.

30 Ver *L'Archeomètrc*, de Saint-Yves d'Alveydre.

Traduzindo-se o vértice deste ponto identifica-se as 4 letras vatânicas (ver fig. ao lado) que significam em Vatan ou Adâmico: EU, A VIDA ABSOLUTA. Traduzindo-se o "ponto total": EU, A VIDA ABSOLUTA, ordeno o TERNÁRIO que manifesta o CONJUNTO DAS LEIS DO SUPREMO ESPÍRITO A UMBANDA.

PONTO DE IMANTAÇÃO DE FORÇAS – ORIXALÁ, YEMANJÁ E YORI NA GRAFIA DOS ORIXÁS

Essa sonância constituía a ligação fonética da verdadeira pronúncia, representada pela junção de três sons em uma só palavra, que expressava, por si só, a própria Regra do Verbo (a forma de aglutinar esses sinais, sons ou fonemas – do termo Umbanda – era guardado hermeticamente e de uso exclusivo dos magos e sacerdotes primitivos). Dentro dessa aglutinação, a linha singela e o triângulo se pronunciavam também como ADA ou DA.

Mais tarde, quando dos últimos cataclismos históricos e naturais, houve necessidade de transmitir esse som às gerações vindouras, e, para isso, impôs-se nova criação gráfica que o representasse, isoladamente, a criação, esta traduzida, mais tarde, pelo advento das línguas greco-latinas, para a grafia moderna, na letra que conhecemos como o "B".

Cremos, e nada nos contesta, que o maior depositário desses conhecimentos teria sido JETRO, sábio sacerdote de pura raça negra, sogro de Moisés, conhecedor profundo das quatro ciências hierárquicas[31], e onde o dito Moisés bebeu os conheci-

---

31 Segundo Ed. Schuré (os Grandes Iniciados), esta hierarquia era assim constituída:
    1.º) A Ciência Teogônica ou dos princípios absolutos, idêntica à Ciência dos Números, aplicada ao universo ou às matemáticas sagradas.

mentos mágicos e religiosos, inclusive o significado real dessa palavra UMBANDA, que mais tarde, na sua Gênese, traduziu por ADÃO – EVA – LEI, que nada mais são que os princípios fundamentais da própria Lei de Deus.

Antes de prosseguirmos em nossa dissertação, devemos mencionar também o "X", como letra oculta ou Hermética, de uso dos sábios e iniciados, cuja designação identificava, para eles, a Revelação da Verdade. Temos, assim, que as quatro hierarquias das ciências originais eram representadas pelas QUATRO LETRAS DO NOME DE DEUS:

IEVE (segundo a pronúncia, IEOA), ou seja, JEHOVAH, que, por sua vez, era representado pelo "X" algébrico, que constituía a VERDADE OCULTA. Este SINAL era a CHAVE de identificação entre si de uma Lei (Karmânica), que ligava as Causas aos Efeitos entre as Sete Variantes da Unidade, ou seja, o chamado Setenário.

Com mais uma prova, vamos então demonstrar o TRIGRAMA PERDIDO que a LEI DE UMBANDA REVELOU dentro de suas SETE VIBRAÇÕES OU LINHAS, que se traduzem da seguinte forma:

O Y Y X O O Y que é igual a **O X Y,** que ainda é o próprio **PRINCÍPIO DO CÍRCULO CRUZADO.**

Ora, todos os estudiosos sabem que, nas antigas Academias, a letra inicial era a que tinha correspondência mais direta nas figuras geométricas originais e davam a base para a composição dos termos litúrgicos e sagrados. Essas sete letras ou caracteres são as primeiras nos termos que identificam as sete Linhas da Lei de Umbanda que se reduzem a três, por serem somente estas as diferentes entre si.

Assim, temos o "O" como Círculo, o "X" como Linhas Cruzadas (como a cruz deu a vibração principal na era cristã), e o "Y" como Triângulo aliado à Linha

---

2.º) A Cosmogonia, realização dos princípios eternos no espaço e no tempo, ou envolvimento do espírito na matéria; períodos do mundo.

3.º) A Psicologia, constituição do homem; evolução da alma por meio da cadeia das existências.

4.º) A Física, ciência dos reinos da natureza terrestre e das suas propriedades. Estas ciências ainda traduzem:

1.º) A Teurgia, arte suprema do mago, põe em relação consciente a alma com as diferentes classes de espíritos e pode agir sobre eles.

2.º) A Genetlíaca Celeste ou Astrologia, arte de descobrir a relação entre os destinos dos povos ou dos indivíduos e os movimentos do Universo, marcados pelas revoluções dos astros.

3.º) As Artes Psicúrgicas, situando-se pelas forças da alma: magia e adivinhação.

4.º) Medicina especial, baseada no conhecimento das propriedades ocultas dos minerais, das plantas e dos animais. Nesta, incluía-se também a Alquimia.

vertical, o que, por assimilação, ou seja, por transposição de sinais ou figuras representativas, dá a seguinte composição:

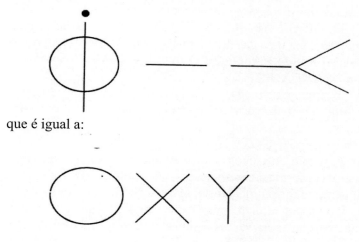

que é igual a:

Temos assim, exatamente, as mesmas figuras que no diagrama original: um Círculo, três Linhas, um Ângulo e um Ponto.

Agora, figuremos melhor a dita correspondência num simples esquema:

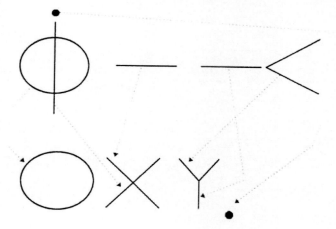

Devemos esclarecer mais ainda ao leitor que O-X-Y são as três figuras ou os três caracteres ou LETRAS que dão a BASE (como dissemos antes) para a formação dos termos litúrgicos, sagrados, vibrados, místicos, que identificam as SETE VIBRAÇÕES ORIGINAIS ou as SETE LINHAS em relação com os SETE ORIXÁS que chefiam cada uma das ditas Linhas. Isso será bem compreendido no mapa n.º 2 da NUMEROLOGIA, que PROVA pelos NÚMEROS como estes se correlacionam na DIVINDADE.

Assim, verão também no mapa n.º 1, do Princípio do Círculo Cruzado, como a Unidade se manifesta pelo Ternário e daí gera o Setenário, de acordo com o cruzamento do círculo.

Devemos chamar atenção dos estudiosos que o dito mapa da Numerologia é inédito, e o do Princípio do Círculo Cruzado, apesar de haver aproximação na literatura do gênero, conforme o apresentamos, não é conhecido. Isso posto, leitor irmão, principalmente se fores umbandista, lê e relê, compara e torna a comparar, pensa e medita; não passes essas páginas "ao corrido", como se a "coisa" fosse muito complicada, porque agora vamos demonstrar como os 7 Orixás aferem nas Vibrações ou linhas e como se desdobram na Lei, principalmente na mediunidade dita incorporativa.

Antes, porém, vamos identificar o dia da Umbanda como o 22 de Março, data altamente esotérica, pois a própria KABALLA tem como potência o número 22.[32]

---

32 Para os que se interessarem sobre um trabalho profundo do assunto, procurar um exemplar da 1.ª Edição, p. 91.

2.º CAPÍTULO
OS SETE ORIXÁS
LINHAS OU VIBRAÇÕES

o iniciar este capítulo, faço uma interrogação: Os Orixás das Linhas da Lei de Umbanda poderão ser, de fato, TODOS identificados com os Santos da Igreja Católica Apostólica Romana?

Nós, meus irmãos, respondemos:

NÃO, NÃO e NÃO! Porque, se assim fosse, teríamos de admitir, pelo mais comezinho princípio de lógica, que os Orixás teriam de ser tantos quantos fossem os ditos Santos da Igreja, inclusive os últimos canonizados, e a Umbanda seria, apenas, simples apêndice desta Religião.

Antes de penetrarmos na parte principal deste capítulo, desejamos que o leitor siga com atenção os esclarecimentos seguintes:

As diferentes nações da raça negra que chegaram ao Brasil pelo tráfico da escravatura vieram de diferentes partes da África Central, Meridional, Ocidental etc. Esta fusão de nações com línguas parecidas, mas diferentes, adotaram com maior facilidade a "Nagô ou Yorubano", que, por sua vez, já estava profundamente influenciada pela dos Haussas[33] que eram, em maioria, monoteístas e até combatiam os ditos fetichistas. Tinham noções da escrita árabe[34] e, notem bem, eram muçulmanos, possuíam e usavam o Alcorão e escreviam mandingas (o que nós chamamos de patuás), assemelhando-se à "escrita cúfica", tal como foi usado, há séculos, pelos povos do Sudão e da Arábia...

---

33 Ver *Os Africanos no Brasil*, de Nina Rodrigues.

34 Idem.

Umbanda de Todos Nós

Estes povos, sem citar outros mais, tinham seus livros litúrgicos nessa língua. Somente depois é que a modificaram. Assim, podemos compreender que uma minoria de remanescentes da raça negra procurava guardar farrapos de uma tradição ou de uma religião, muito embora sofressem a influência religiosa de outras raças que os dominaram através dos séculos.

Para termos uma ideia quanto a esta afirmativa, é importante que nos reportemos à história da conquista da Índia (antigamente Indostão), que era o centro capital dos negros, quando foi invadida e conquistada pelo grande RAMA e os seus auxiliados, também por um exército de negros.[35] Fortaleçamos, então, essa disposição, pela pena de Ed. Schuré, quando diz: "Ninguém ignora que nos tempos pré-históricos não havia escrita vulgarizada. O seu uso vulgarizou-se apenas com a escrita fonética, ou arte de figurar, por meio de letras, o próprio som das palavras. A escrita hieroglífica, ou arte de representar as coisas por meio de quaisquer sinais é, porém, tão velha como a civilização humana, tendo sempre sido, nesses tempos primitivos, privilégios do sacerdócio, considerada coisa sagrada, como função religiosa e, primitivamente, como inspiração divina".

Ora, como afirmamos que a Religião foi revelada ao homem e, com certeza, o foi primeiramente ao da raça vermelha e desta, de alguma forma, chegou à raça negra, continuemos dando a palavra a Ed. Schuré:

"O continente austral, engolido pelo último grande dilúvio, foi o berço da raça vermelha primitiva de que os índios da América não são senão os restos procedentes de trogloditas, que, ao afundar do seu continente, se refugiaram nos cumes das montanhas. A África é a mãe da raça-negra, denominada etiópica pelos gregos. A Ásia deu à luz a raça amarela que se mantém com os chineses. A última a aparecer, a raça branca, saiu das florestas da Europa, dentre as tempestades do Atlântico e os sorrisos do Mediterrâneo.

Todas as variedades humanas resultam de misturas, de combinações, de degenerescências ou de seleções destas quatro grandes raças. A vermelha e a negra reinaram sucessivamente, nos ciclos anteriores, por poderosas civilizações, cujos traços ainda hoje se descobrem em construções ciclópicas como as da arquitetura do México. Os templos da Índia e do Egito encerravam acerca dessas civilizações desaparecidas cifras e tradições restritas. No nosso ciclo, é a raça branca que domina e, se se medir a antiguidade provável da Índia e do Egito, far-se-á remontar a sete ou oito mil anos a sua preponderância.

A raça vermelha, como já dissemos, ocupa o continente austral, hoje submergido, chamado Atlântida, por Platão, segundo as tradições egípcias. Um grande cataclismo o destruiu em parte, dispersando-lhes os restos. Várias raças polinésias, assim como os índios da América do Norte e os Astecas, que Francisco Pizarro

---

35 Ver *Le Ramayana*, de H. Fauché – 1864.

encontrou no México, são os sobreviventes da antiga raça vermelha, cuja civilização, para sempre perdida, teve seus dias de glória e esplendor material.

Todos esses pobres retardatários trazem na alma a melancolia incurável das velhas raças que se consomem sem esperança.

Empós da raça vermelha, É A NEGRA QUE DOMINA O GLOBO[36]. É necessário procurar o seu tipo superior não no negro degenerado, mas, sim, no abissínio e no núbio, nos quais se conserva o caráter dessa raça chegada ao seu apogeu. Os negros invadiram o sul da Europa em tempos pré-históricos, tendo sido dali repelidos pelos brancos.

A sua recordação apagou-se completamente das nossas tradições populares, deixando, todavia, nela, duas impressões indeléveis: o horror ao dragão, que constituiu o emblema dos seus reis, e a ideia de que o diabo é negro.

Por seu turno, os negros devolveram o insulto à raça, sua rival, fazendo o seu diabo branco. Nos tempos longínquos da sua soberania, os negros possuíam centros religiosos no Alto Egito e na Índia. As suas povoações ciclópicas ameaçavam as montanhas da África, do Cáucaso e da Ásia Central. A sua organização social consistia numa teocracia absoluta.

No vértice, sacerdotes temidos como deuses; na base, tribos irrequietas, sem família reconhecida, as mulheres escravas. Esses sacerdotes possuíam conhecimentos profundos, o princípio da unidade divina do universo e o culto dos astros que, sob o nome de SABEÍSMO, se infiltrou nos povos brancos.[37] Entre as ciências dos sacerdotes negros e o fetichismo grosseiro dos povos não existia, porém, ponto intermediário, de arte idealista, de mitologia sugestiva".[38]

Estudos e pesquisas de outros escritores também abalizados os induziram a semelhantes conclusões sobre o poderio e a civilização da antiga raça negra, quando reconhecem que os seus sacerdotes possuíram uma ciência e conhecimentos profundos, que, dentro da própria tradição iniciática da raça, se foram apagando, de geração em geração, restando apenas, mesmo entre os remanescentes desse sacerdócio, pálidos reflexos daqueles Princípios que, por certo, ficaram soterrados na poeira dos seus primitivos templos religiosos do Alto Egito e da lendária Índia.

Essa tradição que era transmitida por via oral tinha de sofrer grande transformação ou malversação, por força das circunstâncias, que fez de seus depositários, de senhores de um ciclo, escravos em outro... Mas recorramos ao brilhante estudo de Waldemar Bento[39]

---

36 O tipo em maiúsculas é nosso.

37 Ver, segundo Ed. Schuré, os historiadores árabes, assim como Abul Ghazi, História Genealógica dos Tártaros e Mohamed-Moshen, historiador dos persas. William Jones, Asiatic Researches I.. Discurso sobre os Tártaros e os Persas.

38 Ver *Os Grandes Iniciados,* de Ed. Schuré, pág. 42-43.

39 Ver p. 24 -25 de *A Magia no Brasil,* de W. Bento.

Umbanda de Todos Nós

para mostrarmos como essa transmissão era feita: "Devido à sua prodigiosa memória, o negro transmite oralmente os mais antigos conhecimentos de sua tribo, proezas de grandes personagens, crenças, tradições e noções de história africana.

Assim, de geração em geração, a palavra transmite a história dos primórdios da raça. Nisto os negros seguem o princípio iniciático. A tradição somente pode ser difundida por meio da palavra, isto é, "Dos lábios do Mestre para os ouvidos do Adepto".

Os personagens que assim agem, verdadeiros "conteurs", tornam-se, pois, necessários para a vida grupal.

Geralmente o "conteur" é denominado Ologbô. O Ologbô é, pois, o chefe, isto é, o especialista nesse gênero. Existem narradores menores que assumem o nome de Arokin. Os Arokins são verdadeiros depositários, das tradições e possuidores de uma memória prodigiosa, que são tidos como verdadeiras bibliotecas cerebrais.

Existe também o "conteur" de histórias, lendas e fatos populares, que possui o nome de Akpalô. O conto ou Alô é rápido e, geralmente, encerra um sentido moral ou filosófico. É uma espécie de parábola onde entram como personagens principais seres místicos e fantásticos, como nas antigas lendas medievais.

O Akpalô, uma espécie de trovador, viaja de região em região, de tribo em tribo, colhendo e contando suas histórias que, cada vez mais, se mesclam com as lendas de outras tribos. Os Akpalôs, que vivem deste comércio, armam outra esfera que assume o nome de Akpalô-kipatita.

Os "conteurs" formam uma espécie de casta e transmitem oralmente, auxiliados pelo prodígio de sua memória, os fatos que mais interessam às massas. As antigas tradições iniciáticas contam que era esta a forma pela qual eram transmitidas as noções esotéricas de casta para casta.

Essa literatura oral possui suas subdivisões, as quais passaremos a enumerar:

Adágios ou provérbios: **Jisabu**
Enigmas e adivinhações: **Jinongonongo**
Cânticos e narrações históricas: **Mabundá**
Ditos populares e sátiras: **Jiselengenia**
Contos populares: **Misóro**

No entanto, da pureza original dos cultos africanos, ou seja, da primitiva religião da raça negra, pouco ou quase nada resta.[40] Não estamos nos referindo às interpretações mitológicas que seus sacerdotes e iniciados espalhavam na concepção do povo,

---

40 O autor refere-se ao ano de 1945 em sua obra *Imagens do Nordeste Místico,* p. 62 - 65.

adequadas às suas tendências fetichistas, mas que, mesmo assim, conservavam um sentido mais real, daqueles mesmos Princípios herdados da Religião Original, que lhes veio do povo de raça vermelha, isto é, da civilização Lemuriana ou da Atlantiana.

E o pesquisador que busca princípios não deve apenas louvar-se em subsequências deturpadas, mormente quando já vêm mescladas às práticas religiosas de outros povos, que é o caso das expressões religiosas as quais os africanos trouxeram para o Brasil e que, conforme dissemos em nossa apresentação, generalizaram como candomblés, isto é, criou-se um termo que enfeixa vários cultos africanos.

Esses cultos ofereceram e oferecem distinções entre si aos que, paciente e criteriosamente, fizeram tudo para estudá-los e analisá-los. Como apoio, vamos recorrer ao Sr. Roger Bastide[41]:

"Historicamente, duas ações contraditórias agiram sobre os negros escravizados do Brasil: por um lado, os navios traziam indistintamente membros das mais diversas tribos, daí uma solidariedade nova, a do sofrimento suportado em comum, substituindo-se assim, à comunhão clânica (a famosa sociedade dos negros que faziam parte da mesma carga); a escravidão, em seguida, concluía esse trabalho de destribalização, disseminando as famílias ao acaso das necessidades agrícolas, nas fazendas dispersas. Por outro lado, foi política dos governadores e do clero, para impedir uma revolta geral da mão de obra servil, para destruir a solidariedade de todos os homens de cor, quer nas festas profanas, quer por meio de confrarias religiosas, manter unidas as 'nações' separadas e hostis.

Desse duplo movimento, resultou de um lado, o sincretismo religioso entre os cultos 'Yorubá' e 'dahomeano'; a assimilação dos bantos à mitologia 'nagô-gêge', e de outro lado, o fato de o candomblé atual continuar a ser, em grande parte, um candomblé étnico.

Sem dúvida, à primeira vista, nada se parece mais a um culto fetichista, do que o culto de um outro terreiro. Mas, quando se começa a penetrar melhor na intimidade dessas místicas, as distinções aparecem.

Na Bahia, hoje, existem terreiros Ijesha, descendentes dos Ijesha yorubanos, mais ou menos em número de cinco; terreiros 'quete', dependentes dos negros 'ketu' e que reúnem quase tudo que se convencionou chamar de cultura 'nagô' (são mais numerosos, cerca de quinze); terreiros 'gêge', que seguem a tradição dahomeana, em número de seis; terreiros angola (três); terreiros congo (um); terreiros de caboclos, ou seja, que reúnem a cultura dos espíritos indígenas às divindades africanas (uma dezena) e, por fim, terreiros sincréticos: 'gueto-ijesha' (dois); 'gueto-gêge' (um); 'angola-ijesha' (dois); 'congo-angola' (um); 'caboclo-Angola'

---

41 Idem.

Umbanda de Todos Nós

(sete) e mesmo 'gueto-caboclo', o que é mais surpreendente, pois os negros da Guiné são mais impermeáveis que os bantos à influência do meio índio (um).

Não há mais nação muçulmana; apenas uma 'linha' muçulmana, isto é, o Islam não subsiste senão como leitmotiv litúrgico. Existe, por fim, um lugar cheio de terreiros diversos que tem o nome de Bogun; seria, por acaso, uma corruptela do termo 'fanti-ashanti' que Nina Rodrigues encontrou em seu tempo, 'Bosun' e que significa divindade? Se essa hipótese fosse fundamentada, o lugar em questão seria a última testemunha de uma cultura que quase desapareceu ou antes, que só subsiste através de seus elementos que foram integrados ao sincretismo 'gêge-nagô'.

Todos esses terreiros se encontram fora do centro da cidade. Na época em que visitei a Bahia, só havia um no centro e era um antigo círculo espírita, composto quase exclusivamente de brancos, que caminhava do espiritismo para um africanismo; sua presidente não estava ainda 'feita', mas ia se fazer iniciar para dar a seu culto uma nova orientação".

E mais adiante, continua: "Cada um desses candomblés tem sua vida própria, sua história e seu espírito. Não são apenas os dos Bantos que se distinguem dos "gêge-nagô" por serem mais espetaculares, ter música mais alegre, ao mesmo tempo mais leve e mais entusiasta, enquanto os terreiros dos Guineanos são mais tradicionais, mais fiéis à sua cultura nativa, mais nostalgicamente voltadas para a África; é verdade que sua música é menos festiva, mas ela, por sua vez, tem qualquer coisa de pesado, de arrastado e, às vezes mesmo, de surdo. Ela é infinitamente mais religiosa. A diferença das nações se manifesta também pela maneira com que se toca o atabaque, às vezes (ijesha), tamborilando com as mãos, às vezes (gêge), com uma pequena vara afilada. Ao lado de um estoque comum de ritmos e cânticos, cada qual tem suas danças, seus cânticos e seus segredos próprios!!"

Mas estes Princípios e segredos próprios ressaltam logo em nossa mente intuitiva, quando vemos o OLORUM que significa MESTRE DO CÉU ou SENHOR DO CÉU, considerado a Entidade suprema nas Religiões Africanas, não ser "adorado em ídolos e fetiches de espécie alguma", isto é, não ser representado por nenhuma forma material, demonstrando com isto, que um "ensinamento básico" persiste em suas concepções quanto à noção de um Deus único em Espírito e Verdade.

O vocábulo **OLORUM**, que é a junção de duas palavras, **OLOR** e **UM**, é uma correspondência da fonética primordial de **AOR** e **OM**, que, por sua vez, é o mesmo **RUAH** e **AUM**.

De onde vem e qual o significado dessas palavras? Pode-se verificar que a palavra AOR, que é a mesma RUAH invertida, tem um significado fundamental na própria Gênese de Moisés[42] (vamos lembrar que Moisés foi iniciado nos mistérios por Jetro, sacerdote de Midiam, de pura raça negra, depositário da tradição esotérica), quando no terceiro versículo, se lê: "Haja luz. E houve luz", que está de acordo com o texto hebreu **"wa, iaômer Eloim jêhi, – aôr, wa iêhi aôr"**, cuja tradução literal, segundo Fabre d'Olivet, é: "E ele diz, ele, o Ser dos Seres: será feita a luz; e foi feita".

A palavra AÔR significa luz, em sentido de astralidade, e vemo-la no segundo versículo como – RUAH – que significa o SOPRO DIVINO que, voltando-se sobre si mesmo, criou a LUZ INTELIGÍVEL. Vemos, então, que a palavra AÔR se duplica em sentido; ora é a luz, como astralidade, ora é o Sopro Divino que gerou essa mesma luz.

Quanto à palavra AUM (ÔM) ou UM, já demos os significados que o dito Moisés traduziu nesta mesma Gênese, no início do capítulo e todos os estudiosos sabem que esta palavra, na iniciação bramânica, quer dizer: O DEUS SUPREMO, O DEUS ESPÍRITO.

É simples compreendermos que os vocábulos AÔR ou RUAH tinham em sua pureza original uma sonância UNA, isto é, ligada, pois que traduzia a Magia do Verbo Criador.

Constatando-se então que significam LUZ INTELIGÍVEL, SOPRO DIVINO, ESPÍRITO DE DEUS, é fácil também constatar que a raiz de O MESTRE DO CÉU ou SENHOR DO CÉU, o OLORUM dos africanos, É A MESMA.

Isso posto, verifica-se que vários estudiosos das religiões da raça negra, inclusive os já citados atrás, encontraram nas práticas religiosas desses povos concepções que por certo não lhes vieram ao conhecimento nos últimos séculos, pois são tão antigas como a própria humanidade.

A prova disso é a crença corrente entre os Nagôs sobre Obatalá e Odudua; na concepção de Obatalá, o céu-Deus, o rei dos Orixás, a quem coube promover a fecundidade, a criação, torna-se mais claro o reflexo de uma tradição quando dão o mesmo nome de Odudua a Obatalá, para significar o céu e a terra tocando-se, juntando-se no horizonte para gerar, isto é, a compreensão do "dois em um" (divindade andrógina), o mesmo que Obatalá (o Princípio ativo, o Eterno Masculino), e Odudua (o Princípio passivo, o Eterno Feminino).

Simbolizavam ainda essa junção, ora pela justaposição dos dois órgãos em funcionamento, ora por duas meias cabaças em forma de prato ou de cuia superpostas.[43]

---

42 Ver a Gênese, de Moisés.

43 Ver Nina Rodrigues: *Os Africanos no Brasil* (p. 348).

Umbanda de Todos Nós

A junção, dos termos Obatalá-Odudua é um reflexo de "Schua-Y-Am-B'uva", que significa o "Ser que existe por si próprio", que passou para a Etiópia da primitiva raça vermelha. E se ainda consultarmos Michel Manzi[44], verificamos que ele demonstra a existência de um continente submerso (Atlântida), que possuía uma civilização e uma Religião, que, se compararmos, vamos encontrar a mesma de RAMA, difundida pela índia, África, Egito etc.

Assim, chegaremos a compreender que uma Lei, uma Religião Original, foi a fonte de cuja água beberam os antigos sacerdotes negros que conheciam o valor integral da "palavra", depois "perdida", que sintetizava essa mesma Religião, essa mesma Lei e suas manifestações, ou seja, por suas Vibrações.

Vamos começar, portanto, demonstrando que SETE são realmente as Vibrações Originais ou Linhas e de SETE em SETE são os Orixás de cada uma. Antes, porém, vamos dar uma definição do que sejam VIBRAÇÕES: São as Manifestações de uma LEI em harmonia, que afere o Número, o Peso, a Quantidade e a Medida, do Átomo aos Turbilhões, emanadas em origem pelos SETE Seres de pura luz espiritual, ou seja, os SETE Espíritos de Deus ...

São as "exteriorizações" do ABSOLUTO; não é "Ele em si", vêm Dele, são Dele, mas ainda não são ELE, PRÓPRIO... porque a Luz Indefinida, Indivisível, não é "somada, nem subtraída, nem multiplicada".

Os Sete Espíritos de Deus coordenam essas vibrações que regem o movimento no Cosmos para todos os sistemas planetários, ou seja, do original, o Universo Mater (essa definição está "clara e hermética". Depende do evolutivo de quem a leia).

Quanto à palavra Orixá, queremos que fique bem claro ao leitor e umbandista, que identifica realmente o espírito que tem UMA CHEFIA. Assim, admitiam também os próprios africanos que viveram no Brasil e têm dado margem às mais disparatadas opiniões, por desconhecerem o significado real da palavra, pois, para os africanos, o Orixá podia ser, também, um espírito superior (um guia) que invocavam com cânticos e palmas, até a sua" manifestação", isto é, sua incorporação nos "médiuns" dos seus terreiros ou candomblés. Esse Orixá era expoente de uma força da natureza, de uma divindade.

Vamos recorrer, mais uma vez, a Nina Rodrigues (p. 376): "Mostrei, no 'Animisme Fetichiste', que a missa do sétimo ou do trigésimo dia do falecimento de uma 'filha de santo' ou melhor, de 'pai ou mãe de terreiro', constitui um misto de práticas africanas e católicas. À missa católica, segue-se o candomblé funerário, em que se invoca o morto para conhecer suas deliberações últimas. A manifestação

---

44 Ver *Le livre de l´Atlantide.*

do espírito, ou é a do próprio morto, ou a do Orixá a que ele era votado e reproduz um dos 'estados de santo' comuns.

Se o Orixá não encontra quem aceite as responsabilidades de prosseguir no culto que dirigia o morto, ou se não acha, nos presentes, alguém digno dessa honra, as insígnias e ornamentos, os ídolos e seus altares são levados, a horas mortas, em misteriosa procissão, a uma água corrente, a fim de que o regato, rio ou maré vazante os conduzam à África, onde, estão certos, os negros, infalivelmente irão ter..." [45]

Cremos que, pelo exposto, a concepção sobre Orixá não era, exclusivamente, a de um Deus. ou a própria força divinizada da natureza que vinha se "manifestar, incorporar".

Agora que situamos bem o que são Vibrações, Linhas e Orixás, vamos determinar o sentido real da palavra Orixá. Essa palavra, que é ORISHÁ ou ORISA, foi por contração, extraída da primitiva ORISHALÁ ou ORISA-NLÁ e tem sua origem nas línguas Árabes, Persa, Egípcia, Sânscrita, Vatan ou Adâmica etc., que havia chegado à raça negra, de outros povos, especialmente dos Árabes... Assim, ela foi abreviada para melhor aferir na pronúncia (o S yorubano ou nagô tem o som de CH ou X), e vejamos então o que ela traduzia pela original ORISHALÁ ou ORISA-NLA ou ainda suas variações ORINCHAMALLAH ou ORICHALAH, que gerou ORIXALÁ, da maneira que pronunciamos...

Façamos a divisão em sílabas desse termo sagrado: a primeira, ORI, que é a mesma ORIN, vem de ILORIN e esta, de ELOHIM[46], que significa a mesma ORI e interpreta-se como divindade, mas em sentido de astralidade. Exemplo: Luz-Reflexo.

A segunda, SHA ou SAN ou ainda CHAM ou CHA, que gerou CHA ou XÁ, que é igual ao SA sibilante do nago, traduz-se como Fogo-Senhor-Dirigente.

A terceira, ALLAH ou ALAH ou NLA ou LA, que os árabes chamam Deus e, nos alfabetos primitivos, tem o mesmo significado... Até na língua Kanúri, dos ditos africanos, ALÁ quer dizer o CÉU, em sentido místico.

Juntando-se essas sílabas falantes, verificamos que os africanos e nós também, a pronunciamos assim: ORIXALÁ, que significa A LUZ DO FOGO DIVINO ou LUZ DO SENHOR DEUS, que corresponde a Iluminados pela Divindade, pelo Conhecimento, pelo Saber etc.

---

45 Ver *Os Africanos no Brasil*, de Nina Rodrigues.

46 A palavra AELOHIM do hebraico, que traduziram como Deuses, na Gênese, de Moisés, tem o seu "sentido real" de LUZ, ASTRALIDADE etc.

Isso tudo bem compreendido, começamos por afirmar que SETE são realmente as LINHAS DA LEI DE UMBANDA, porque o 7 sempre foi, é e será cabalístico.

É o número de "expansão e centralização" da UNIDADE. Todas as Escolas assim o consideram desde a antiguidade: Vejamos: as 7 forças fenomênicas, as 7 vogais, as 7 cores do espectro solar, as 7 notas musicais, os 7 Princípios do homem, os 7 dias de duração do dilúvio, as 7 Qualidades do Divino, os 7 dias da semana, as 7 Maravilhas do Mundo, os 7 Sábios da Grécia, os 7 Pães do cesto de Cristo, os 7 passos mais penosos de Jesus, as 7 palavras pronunciadas no alto da cruz, os 7 pedidos do Pai-Nosso, as 7 cabeças da Hidra de Lerna, as 7 válvulas abertas de nossa cabeça, os 7 Degraus Maçônicos etc. No Apocalipse, temos 7 Igrejas, 7 Espíritos, 7 Selos nos livros dos Profetas, 7 Anjos, 7 Trombetas, são 7 as Cabeças da Besta, 7 Candeeiros, 7 lâmpadas, 7 Estrelas e ainda 7 em 7 são as fases crescentes e decrescentes do homem (da infância à velhice), pois o 7 é o número sagrado de todos os símbolos.

É composto do Ternário e do Quaternário (3 mais 4 igual a 7), e dessa reunião sai a Síntese Universal ou as Variantes da Unidade e constitui o Sagrado Setenário. É o único número da década que não é gerador nem gerado.

Começaremos, então, por dar a identificação nominal das sete vibrações Originais que IRRADIAM E ORDENAM OS SETE ORIXÁS DE CADA LINHA:

1 – VIBRAÇÃO DE ORIXALÁ (OU OXALÁ)
2 – VIBRAÇÃO DE YEMANJÁ
3 – VIBRAÇÃO DE XANGÔ
4 – VIBRAÇÃO DE OGUM
5 – VIRAÇÃO DE OXOSSI
6 – VIBRAÇÃO DE YORI
7 – VIBRAÇÃO DE YORIMÁ

Desdobraremos seus reais valores em relação aos 7 Mediadores Siderais, aos 7 Planetas, às 7 Cores, às 7 notas musicais, às 7 Vogais e aos 7 dias da semana – de acordo com os 7 Orixás das 7 Linhas... Valores esses desdobrados de sua origem fundamental.

Os Valores Significativos desses Termos litúrgicos, mágicos, sagrados, vibrados, ou seja, a sua lexiologia, está baseada e extraída TAMBÉM, segundo "chaves próprias" que nos foram reveladas, do inigualável estudo de SaintYves d'Alveydre, em sua obra *L'archeomètre*, termos esses cujas correspondências encontradas, por suas figurações "morfológicas e falantes", em Sílabas, sonância ou fonemas, expressando valores Sagrados nas antigas línguas, como sejam: a Vatânica (Watan ou Adâmica), nos Sinais Védicos, no Sânscrito e, ainda, no Hebraico, Árabe etc.

No entanto, chamamos atenção para o que diz A. Leterre[47] que muito se aprofundou nesses estudos: "O Arqueômetro encerra, embora velado, o verdadeiro esoterismo e a chave de todas as religiões da humanidade e de todos seus conhecimentos científicos".

Mas, não nos iludamos, ele (Saint-Yves) o diz claramente: "O Arqueômetro não fornece uma casa pronta, mas, sim, todo o material necessário para construí-la. A cada um, o mérito de o conseguir".

Mas, para que comprovem as bases de nosso estudo, mostraremos as CORRESPONDÊNCIAS GRÁFICAS E FONÉTICAS dos Sinais Riscados da Lei de Pemba que compõem e dão a sonância e os significados a CADA UM DOS SETE TERMOS litúrgicos, sagrados, vibrados que identificam as Sete Vibrações Originais (ORIXALÁ – YEMAPJJÁ – XANGÔ – OGUM – OXOSSI – YORI e YORIMÁ), nas 22 letras ou caracteres do alfabeto mágico da escrita secreta dos Brahmas, que dizem ignorar a sua essência, mas Saint-Yves afirma ser um alfabeto ARYANO (que não tememos afirmar ter sido REVELADO às primitivas raças humanas), e que também correspondem aos 22 Arcanos Maiores, escrita esta que, por sua vez, se corresponde no alfabeto Adâmico ou Vatânico, que originou as letras Sânscritas.

Daremos estes CARACTERES GRÁFICOS no original, ou seja, na Grafia Celeste dos Orixás e em suas já citadas correspondências na escrita secreta dos Brahmas, que são semelhantes às letras Adâmicas, matrizes da grafia universal.

Eis, portanto, a PROVA, nestes caracteres, obedecendo à posição horizontal, para melhor assimilação, pois que a Academia Adâmica os escrevia de baixo para cima e em sentido vertical[48].

---

47 Ver a obra *Jesus e sua Doutrina*, de A. Leterre.

48 Na raça branca ou setentrional, a escrita começou a ser feita da esquerda para a direita, assim que adotou sinais próprios, pelo despertar da consciência, orgulho de raça etc. (Ver Os *Grandes Iniciados* de Ed. Schuré).

Umbanda de Todos Nós

1.º) GRAFIA DE ORIXALÁ

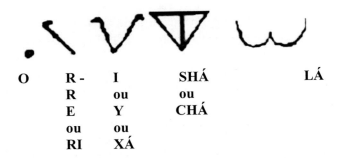

O	R-	I	SHÁ	LÁ
	R	ou	ou	
	E	Y	CHÁ	
	ou	ou		
	RI	XÁ		

que exprime na própria sonância a palavra **ORIXALÁ** ou **ORISHALÁ**, que os africanos pronunciavam sensivelmente igual e dos quais colhemos a fonética, adaptando-a aos nossos caracteres gráficos.

A correspondência em sonância e sinais na grafia dos Orixás (os sinais riscados, secretos, mágicos, da Lei de Umbanda):

que é igual, na sonância, à **ORIXALÁ**.

2.°) GRAFIA DE YEMANJÁ:

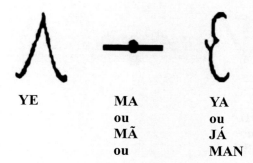

| YE | MA
ou
MÃ
ou | YA
ou
JÁ
MAN |

que exprime na própria sonância a palavra YEMANJÁ e se corresponde na grafia dos Orixás a:

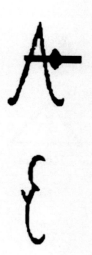

que é igual na sonância à mesma **YEMANJÁ**.

3.º) GRAFIA DE XANGÔ:

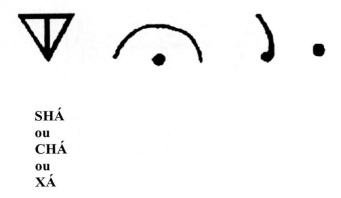

SHÁ
ou
CHÁ
ou
XÁ

que exprime na própria sonância a palavra XANGÔ e que corresponde, na grafia dos Orixás, a:

que é igual, na sonância, à mesma **XANGÔ**.

4.º) GRAFIA DE OGUM:

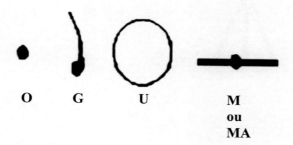

que exprime na própria sonância a palavra OGUM e corresponde, na grafia dos Orixás, a:

que é igual, na sonância, à mesma **OGUM**.

5.º) GRAFIA DE OXOSSI:

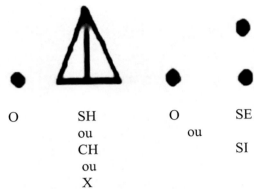

O   SH   O   SE
      ou   ou
      CH   SI
      ou
      X

que exprime na própria sonância a palavra **OSHOSE** ou **OCHOSI** ou **OXOSSI** e que corresponde, na grafia dos Orixás, a:

que é igual, na sonância, à mesma **OXOSSI**.

6.°) GRAFIA DE YORI:

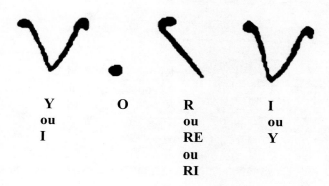

que exprime na própria sonância a palavra **YORI** e corresponde, na grafia dos Orixás, a:

que é igual, na sonância, à mesma YORI.

7.°) VIBRAÇÃO DE YORIMÁ:

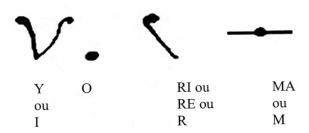

que exprime na própria sonância, a palavra YORIMÁ e se corresponde, na grafia dos Orixás, a:

que é igual, na sonância, à mesma YORIMÁ.

OBSERVAÇÃO IMPORTANTE

Os Termos de **ORIXALÁ, YEMANJÁ, XANGÔ, OGUM** e **OXOSSI**[49] foram implantados no Brasil pelos africanos, que trouxeram apenas a sua **FONÉTICA**, e nós então a **GRAFAMOS** com os sinais alfabéticos de nosso idioma, ou seja, os da Língua Portuguesa. Tanto isso é verdade que esses termos estão dicionarizados como "brasileirismos", expressando tão somente os significados religiosos que os povos de raça negra lhes emprestaram por meio de seus próprios Cultos.

No entanto, nem como "brasileirismo", no sentido intrínseco que dão a esse substantivo, podemos considerá-los, pois, segundo os próprios léxicos, "brasileirismo" (abreviação "Bras.") traduz: locução própria do brasileiro; modismo próprio do linguajar dos brasileiros; caráter distintivo do brasileiro e do Brasil; sentimento de amor ao Brasil, brasilidade[50].

Também não temos conhecimento de qualquer enciclopédia, dicionário ou gramática de línguas africanas, onde se possa comprovar a etimologia desses termos como pertencentes originariamente à raça negra.

Podemos afirmar que, através dos séculos, essa raça conservou apenas a fonética dos citados vocábulos, transmitidos de pais a filhos por tradição oral.

Não nos consta, outrossim, a existência de quaisquer documentos compilados pelos negros em sua própria linguagem ou expressões gráficas, ou seja, nas centenas de idiomas e dialetos falados pelos povos da África.

É, portanto, perfeitamente lógico, que de uma época para outra, e de um ambiente para outro, esses vocábulos tenham sofrido ligeira variação na sonância, mas conservando sempre as suas origens fonéticas. Esse fato ocorre em qualquer país do mundo e dentro dele próprio, pois essas variações do linguajar são encontradiças do norte ao sul do país.

Assim, jamais poderíamos pesquisar a origem real desses termos na África, na China e no restante asiático, no Oriente Próximo, ou em qualquer outro lugar, uma vez que, sendo ORIGINAIS, pertencem às línguas-mães e não às suas derivadas e compostas, como jamais poderíamos encontrar a origem da Língua Portuguesa em Portugal, da gaulesa na França, da ibérica na Espanha, mas sim todas na Língua Máter,

---

49 Estes dois termos de YORI e YORIMÁ, que se identificam com os espíritos na "forma" de crianças e Pretos-Velhos, foram revelados, pois com eles estão completas as "7 Palavras da Lei", expressões do próprio Verbo.

50 Ver *Pequeno Dicionário Brasileiro da Língua Portuguesa*.

o Latim, que lhes deu vida e que por sua vez já vinha de outras fontes, em retrospectos, até chegar à Matriz única, fundamental, o Vatan.

Não devemos esquecer que são as línguas que fazem as ciências e não o inverso. Muito antes de o homem procurar estabelecer uma ciência, ele tem de encontrar uma forma de sua expressão.

Em suma: o que os africanos trouxeram para o Brasil foi uma herança verbal que, através das gerações, chegou-lhes já deturpada em seu real valor, isto é, conseguiram guardar a sonância desses termos litúrgicos que seus primitivos Sacerdotes, também por tradição iniciática, receberam dos depositários originais, os povos de raça vermelha e particularmente de Rama, que a difundiu pelo Egito, Índia etc. quer no lado exotérico ou religioso, quer no esotérico ou teúrgico, este, por meio das antigas academias de seu ciclo.

Pois bem, foi a sonância desses Termos Sagrados que nós captamos, formando vocábulos com a nossa própria grafia, e cuja etimologia não pode ser procurada em gramáticas ou vocabulários, visto terem entrado para o português como expressões--posse de uma religião trazida até nós pelos irmãos africanos escravizados.

Eis por que todos os pesquisadores, até hoje, têm procurado, em vão, as origens desses termos nas palavras: "embanda", "umbanda", "embanda" etc., palavras essas talvez de voz corrente entre a raça negra. Além disso, nenhuma outra origem foi pesquisada, nem mesmo uma origem real dos dialetos e idiomas africanos.

Queremos dizer que vários etnólogos, em excursões históricas e científicas por meio dessas raças, conseguiram apurar apenas os vocábulos Orixá, Yemanjá, Xangô, Ogum, Oxossi etc. Na falta de outro apoio, os escritores do assunto neles se pautaram, "esquecendo" a fonte orientadora, as nossas Entidades Superiores da Grande Lei de Umbanda.

Mas tudo vem na sua devida época; "os tempos ainda não tinham chegado"...

Desdobremos, agora, seus significados por Vibrações ou Linhas, mostrando ainda que, silabicamente, ainda se conservam na maior parte das línguas templárias, expressando valores litúrgicos, sagrados, vibrados:

1.ª) VIBRAÇÃO ORIGINAL OU LINHA DE ORIXALÁ

Esta palavra **ORIXALÁ**, convém repisar, tem sua correspondência fonética na dita original **ORISHALÁ** ou **ORISÁ-NLA** ou **ORICHAALAH**, conhecida como de Oxalá (contração da primeira) e traduz o seguinte:

PALAVRA	SIGNIFICADO	SILÁBICO
ORISHALÁ	A luz do Senhor Deus	Oori-Luz-Senhor
ORIXALÃ ORISÁ-NLÁ	A luz do Fogo Divino Clarão do Fogo Divino	Sá-Chan ou Xá: Fogo, Raio-Senhor
ORICHAMAL-LAH	A luz do Senhor Oculto	Alah-Ma ou Lá: Deus
ORICI-LALAH	Reflexo da Luz do Senhor	Divino ou Aquele em sentido místico

Esta linha tem a supervisão de **JESUS**, o Cristo, e representa o Princípio, o Incriado, o Reflexo de Deus, o Verbo Solar. É **a Luz Refletida** que coordena as demais Vibrações Originais, NÃO em seus **PONTOS INICIAIS** e sim em suas "exteriorizações" que se fixam no nosso Mundo, e que dão a **MAGIA** aos Orixás que integram e dirigem na prática a Lei na dita Linha...

Na adaptação popular dos terreiros, diz-se como "linha de Oxalá" mesmo.

Tem seu Ponto intermediário no Mediador Gabriel, de todas as religiões. Vejamos o significado **REAL** dessa palavra nas línguas antigas ou templárias, isto é, **GABARAEL**:

GA – Movimento em harmonia desde as das VOZES
BARA – Palavra
EL – Deus [51]

... foi o portador da palavra de Deus na Bíblia; o mesmo que falou a Mahomet e a Maria Sacerdotisa e Iniciada dos Templos Mosaicos.

---

51 Estes significados silábicos, bem como todos os que se seguem sobre Mediadores, nas demais Linhas ou Vibrações, estão dentro da "obs." anterior, e, em todos, a letra "L" significa DEUS, principalmente nas línguas Vatânica, Zende, Sânscrito etc.

Umbanda de Todos Nós

O *ASTRO* que corresponde a essa Vibração ou Linha é o *SOL.*

A nota musical é *MI;*
A vogal, Y;
A cor é a *BRANCA* e *AMARELO OURO,*
O dia, *DOMINGO.*

Essa Vibração Original ou Linha tem como Chefes Principais, não incorporantes e dirigentes de suas 7 Legiões, os seguintes:

1 – **Caboclo Urubatão da Guia**
2 – **Caboclo Ubirajara**
3 – **Caboclo Ubiratan**
4 – **Caboclo Aymoré**
5 – **Caboclo Guaracy**
6 – **Caboclo Guarany**
7 – **Caboclo Tupy.**

Estes têm como seus prepostos 49 Orixás Chefes de Falanges e 343 Orixás Chefes de Subfalanges, que tomam seus nomes para dirigirem, na prática, os demais componentes da Linha.

Os componentes imediatos são classificados como Guias e Chefes de Agrupamentos e os outros, em sentido descendente, são chamados Protetores (ver o Mapa nº 3).

As 7 Variantes da Unidade, Vibrações Originais ou Linhas têm, entre si, um "entrelaçamento coordenado", por meio de seus militantes afins, que se chamam "intermediários diretos". Passemos a classificá-los na seguinte ordem:

1 – **Caboclo Urubatão da Guia** (os deste nome não são intermediários);

2 – As 7 Entidades que tomam o nome do **Caboclo Ubirajara** são os "intermediários" para a Linha de Yemanjá;

3 – As 7 Entidades que tomam o nome do **Caboclo Ubiratan** são os "intermediários" para a Linha de Yori;

4 – As 7 Entidades que tomam o nome do **Caboclo Aymoré** são os "intermediários" para a Linha de Xangô;

5 – As 7 Entidades que tomam o nome do **Caboclo Guaracy** são os "intermediários" para a Linha de Ogum;

6 – As 7 Entidades que tomam o nome do **Caboclo Guarany** são os intermediários para a Linha de Oxossi;

7 – As 7 Entidades que tomam o nome do **Caboclo Tupy** são os "intermediários" para a Linha de Yorimá.

Obs.: Os Espíritos militantes da Lei de Umbanda só usam os mesmos nomes dos seus Chefes de Legiões, quando são, exclusivamente, do 1.º Plano, ou seja, até a função de Chefes de Subfalanges. Daí para baixo, não se pautam mais por essa regra, variando, embora, na mesma ligação afim.

2.ª) VIBRAÇÃO ORIGINAL OU LINHA DE YEMANJÁ

A palavra Yemanjá também pode ser pronunciada como yemanyá, por troca do J pelo Y.

A essa Linha dão inúmeros qualificativos, quais sejam: Linha de Nossa Senhora da Conceição, de Oxum, do Povo D'Água, do Povo do Mar etc.

Estes dois últimos têm analogia, por intermédio dos Orixás, Guias e Protetores, com o sentido real da palavra, que passamos a analisar:

PALAVRA	SIGNIFICADO	SILÁBICO
YEMANJA	Princípio Duplo Gerante	Ye – Princípio ou Ordem Gerante
ou	A Energia Geradora; os elementos geradores; o Eterno Feminino	Má ou Man – o Mar, a Água JÁ ou Yá – A Maternidade, a Matriz a Potência Criadora;
YEMANYÁ	O Princípio das Águas	O Movimento Criador

E, como vimos por comparação, a Divina Mãe do Universo, a Mãe Sofia dos Teosofistas... é a DIVINA MÃE NA UMBANDA e traduz: o Princípio que atua na Natureza, ou seja, o Eterno Feminino, a Divindade da Fecundação, da Gestação etc.

*O Planeta que corresponde a Yemanjá é a **LUA**;*
*A vogal, **A**;*
*A nota musical, o **SI**,*
*A cor, o **AMARELO** e o **PRATEADO**;*
*O dia, **SEGUNDA-FEIRA**.*

E o mediador é **RAFAEL** ou **RAPHAEL**, que significa:

RA – Movimento determinado atingindo seu fim. A Palavra em ação.

PHA – O órgão do Pensamento vivo do Criador. O Sopro Vital e Potencial.

EL – DEUS.

Essa Vibração Original de Yemanjá tem, como dirigentes principais, 7 Chefes de Legiões, Falanges e Subfalanges, com seus Grupamentos etc.

Os nomes dos Orixás Chefes de Legiões são:

1 – Cabocla Yara ou Mãe D'Água.
2 – Cabocla Indayá.
3 – Cabocla Naná-Burucum.
4 – Cabocla Estrela do Mar.
5 – Cabocla Oxum.
6 – Cabocla Inhaçã.
7 – Cabocla Sereia do Mar.

A Linha de Yemanjá determina 42 Orixás Chefes de Falanges para "intermediários" entre as demais Linhas, conforme a descrição a seguir:

1 – **Cabocla Yara ou Mãe D'Água** (as deste nome não são intermediárias);

2 – As 7 Entidades que tomam o nome da **Cabocla Indayá** são "intermediárias" para a Linha de Oxossi;

3 – As 7 Entidades que tomam o nome da **Cabocla Naná-Burucum** são as "intermediárias" para a Linha de Yorimá;

4 – As 7 Entidades que tomam o nome da **Cabocla' Estrela do Mar** são as "intermediárias" para a Linha de Orixalá;

5 – As 7 Entidades que tomam o nome da **Cabocla Oxum** são as "intermediárias" para a Linha de Yori;

6 – As 7 Entidades que tomam o nome da **Cabocla Inhaçã** são as "intermediárias" da Linha de Xangô.

7 – As 7 Entidades que tomam o nome da **Cabocla Sereia do Mar** são as "intermediárias" para a Linha de Ogun.

3.ª) VIBRAÇÃO ORIGINAL OU LINHA DE XANGÔ

Esta Linha ou Vibração que, na concepção popular dos Terreiros, diz-se como "linha do povo" (ou dos espíritos) das cachoeiras, dá ainda mística ou similitude para dividirem-na" por três Santos da Igreja Romana: S. Jerônimo, S. Pedro e S. Paulo, nos dias dos quais festejam "Xangô-Kaô, XangôAgodô e Xangô-Alafin";

Umbanda de Todos Nós

isto, porém, nos setores que seguem mais a linha africanista, ou seja, nos subgrupamentos da Lei de Umbanda...

Sobre o termo XANGÔ ou CHANGÔ, vamos tecer maiores considerações, visto sua primeira "sílaba mágica" estar também compondo a palavra Orixalá, em sua sonância original.

Eis, portanto, a palavra certa, CHANGÔ, que gerou:

PALAVRA	SIGNIFICADO	SILÁBICO
SHANGÔ CHAMGÔ	Movimento de Vibração da Energia Oculta,	SHAB OU CHAM O Foco Subterrâneo
CHANGÔ XA-ANGÔ	o Raio Oculto, a Alma ou o Senhor do Fogo,	XÁ-Senhor, Dirigente ANGÔ – O Fogo Oculto
XANGÔ	o Dirigentes das Almas	GÔ-Raio, Fogo, Alma

...ora, como dissemos que teceríamos maiores considerações sobre a sílaba CHAM ou SHAN, que é de muita força para certas invocações da magia celeste, vamos dar uma busca, então, na própria Gênese de Moisés. Estudemos o Capítulo VI, 10, no sentido real, que é o cosmogônico e não o cosmográfico.

De acordo com a verdadeira grafia, lê-se, então, em sua pureza, o genuíno sentido da palavra **GHAM**, que deturparam para **Caim** e daí para **Cão**. Vamos ler que "**NOÉ** gerou **SEM, CHAM** e **JAFÉ**". Bem, todas as Escolas Iniciáticas ensinam que Noé é o princípio biológico do nosso sistema solar. **NOÉ**, por metátese, **EON**, é o conjunto de vibrações elétricas deste princípio. São os **ÍONS** que ocupam todo o espaço interplanetário[52-53]

SEM corresponde a JAFÉ ou JAPHET, que é o princípio da força expansiva evolutiva, destruída por Cham, que é o princípio da força compressiva adstringente, gerando o termo **SETH**, isto é, o resfriamento do Globo...

Em síntese, **Cham** é o Fogo subterrâneo; **SEM**, o Fogo Etéreo.

---

52 Ver George Lakworski, *L'Universion.*

53 Ver *A Pequena Síntese,* J. C. Ramalho.

Como podemos verificar, esta sílaba que compõe duas palavras, **Orixalá**, e **Xangô**, tem ciência e fundamento em várias línguas de onde Moisés extraiu o alfabeto dito Aramaico...

*O Planeta que corresponde à Vibração de Xangô é **JÚPITER.***
*A cor é **VERDE**,*
*A nota musical, o **SOL**,*
*O dia, **QUINTA-FEIRA**;*
*A vogal, **Y**.*

O mediador é **MIGUEL**, cuja grafia correta é **MIKAEL**, que traduz, silabicamente:

MI – O Centro Vibratório;
KA – O Céu, o Éter, que cobre e protege;
EL – DEUS.

XANGÔ É O SER EXISTENTE que coordena toda Lei Carmânica; é, ainda, o Dirigente das Almas, o Senhor da Balança Universal, que afere nosso estado espiritual.

Esta Vibração Original tem Chefes de Legiões, Falanges, Subfalanges, Grupamentos etc. Os nomes dos Chefes de Legiões são:

1 – Xangô-Kaô
2 – Xangô Sete Montanhas
3 – Xangô Sete Pedreiras
4 – Xangô da Pedra Preta
5 – Xangô da Pedra Branca
6 – Xangô Sete Cachoeiras
7 – Xangô-Agodô.

A Linha de XANGÔ determina 42 Orixás Chefes de Falanges para "intermediários" às demais Linhas, na seguinte classificação:

1 – **Xangô-Kaô** (os deste nome não são intermediários);
2 – As 7 Entidades que tomam o nome de **Xangô 7 Montanhas** são as "intermediárias" para a Linha de Ogum;
3 – As 7 Entidades que tomam o nome de **Xangô 7 Pedreiras** são as "intermediárias" para a Linha de Yemanjá;

Umbanda de Todos Nós

4 – As 7 Entidades que tomam o nome de **Xangô da Pedra Preta** são as "intermediárias" para a Linha de Yorimá;

5 – As 7 Entidades que tornam o nome de **Xangô da Pedra Branca** são as "intermediárias" para a Linha de Orixalá;

6 – As 7 Entidades que tomam o nome de **Xangô 7 Cachoeiras** são as "intermediárias" para a Linha de Yori;

7 – As 7 Entidades que tomam o nome de **Xangô Agodô** são as "intermediárias" para a Linha de Oxossi.

4.ª) VIBRAÇÃO ORIGINAL OU LINHA DE OGUM

A Linha ou Vibração de Ogum é conhecida como Linha de São Jorge. **OGUM** é a correspondência fonética da palavra **AGAUM** ou **IGAUM** ou **AGOM** ou **IGOM**: é o **Agni** dos hindus, é a misteriosa palavra mística de evocação sagrada, já citada: **AUM (OM), UM.** As duas, afinal, vêm a ser a mesma... Ela está contida na palavra **UMBANDA**, donde foi extraída. Vejamos o seu significado:

PALAVRA	SIGNIFICADO	SILÁBICO
AGAUM AGOM	Fogo Sagrado	AG - Foco
IGAUM IGUM	O Fogo da Salvação ou da Glória	IG - Fogo
IGOM OGUM	A Inovação Mística	UM, AUM (OM) Inovação, Glória, Salvação

A Vibração de Ogum é, portanto, o **FOGO DA SALVAÇÃO OU DA GLÓRIA**, o Mediador, o Controlador dos Choques consequentes ao Carma. É a Linha das Demandas da Fé, das aflições e das lutas, batalhas etc. É a Divindade que, no sentido místico, protege os guerreiros. Exemplo: as Cruzadas, que foi a Guerra Santa aos Infiéis, pelo menos para os que assim pensavam.

*O Planeta correspondente a **OGUM** é **MARTE**;*
*A cor, a **ALARANJADA**,*
*A vogal, **U**;*
*A nota musical, o **FÁ**;*
*O dia, a **TERÇA-FEIRA**.*

E o mediador, SAMUEL, que traduz o Esplendor de Deus:

SA – Esplendor
MU – (DELE)
EL – DEUS.

Tem Chefes de Legiões, Falanges, Subfalanges e Grupamentos.
Os nomes dos Chefes de Legiões são:

1 – Ogum de Lei
2 – Ogum Yara
3 – Ogum Megê
4 – Ogum Rompe-Mato
5 – Ogum de Malê
6 – Ogum Beira-Mar
7 – Ogum Matinata

A Linha de Ogum apresenta 42 Orixás Chefes de Falanges como "intermediários" para as demais Linhas. São eles:

1 – **Ogum de Lei** (os deste nome não são intermediários);

2 – As 7 Entidades que tomam o nome de **Ogum Yara** são as "intermediárias" para a linha de Yemanjá;

3 – As 7 Entidades que tomam o nome de **Ogum Megê** são as "intermediárias" para a linha de Yori;

4 – As 7 Entidades que tomam o nome de **Ogum Rompe-Mato** são as "intermediárias" para a linha de Oxossi;

5 – As 7 Entidades que tomam o nome de **Ogum de Malê** são as "intermediárias" para a linha de Yorimá;

6 – As 7 Entidades que tomam o nome de **Ogum Beira-Mar** são as "intermediárias" para a linha de Xangô;

7 – As 7 Entidades que tomam o nome de Ogum Matinata são as "intermediárias" para a Linha de Orixalá;

Umbanda de Todos Nós

5.ª) VIBRAÇÃO ORIGINAL OU LINHA DE OXOSSI

Há vários qualificativos para ela: o de Linha de S. Sebastião ou Jurema, dos Caboclos etc., mas são interpretações errôneas que os crentes, em sua fé, lhes dão.

A Vibração de Oxossi significa: **AÇÃO ENVOLVENTE OU CIRCULAR DOS VIVENTES DA TERRA**, ou seja, o Caçador de Almas, que atende na doutrina e na Catequese. Por sílabas, temos:

OX – Ação ou Movimento
O – Círculo ou Circular
SI – Vivente da Terra.

E ainda, na concepção, **OXOSSI** é a vibração que influencia no misticismo das almas, que doutrina e interfere nos males físicos e psíquicos.

O Planeta correspondente é VÊNUS;
A cor, AZUL;
A nota musical, o RÉ;
Sua vogal, H;
O dia, SEXTA-FEIRA.
E o mediador, ISMAEL ou ISHMA-EL, o PRINCÍPIO FLUÍDICO DE DEUS.

IS – Princípio
MA – Fluídico
EL – DEUS.

Tem seus Chefes de Legiões, Falanges e Subfalanges, Grupamentos etc. Os nomes dos Chefes de Legiões são:

1 – Caboclo Arranca-Toco
2 – Cabocla Jurema
3 – Caboclo Araribóia
4 – Caboclo Guiné
5 – Caboclo Arruda
6 – Caboclo Pena Branca
7 – Caboclo Cobra Coral.

A Linha de OXOSSI dá 42 Orixás Chefes de Falanges como "intermediários" para as demais Linhas. São eles:

1 – **Caboclo Arranca-Toco** (os deste nome não são intermediários);

2 – As 7 Entidades que tomam o nome da **Cabocla Jurema** são as "intermediárias" para a Linha de Yori;

3 – As 7 Entidades que tomam o nome do **Caboclo Arariboia** são as "intermediárias" para a Linha de Ogum;

4 – As 7 Entidades que tomam o nome do **Caboclo Guiné** são as "intermediárias" para a Linha de Yorimá;

5 – As 7 Entidades que tomam o nome do **Caboclo Arruda** são as "intermediárias" para a Linha de Orixalá;

6 – As 7 Entidades que tomam o nome do **Caboclo Pena Branca** são as "intermediárias" para a Linha de Yemanjá;

7 – As 7 Entidades que tomam o nome do **Caboclo Cobra Coral** são as "intermediárias" para a Linha de Xangô;

6.ª) VIBRAÇÃO ORIGINAL OU LINHA DE YORI

É grande o número de designações populares para essa Linha: São Cosme e Damião, Ibeji ou Ibejê e Beijada, Linha das Crianças, dos Candengos, de Curumis, de Oriente etc., e está apenas em analogia com seu princípio básico nas comparações e concepções das massas, em sua singela ignorância ou na expressão da forma dos espíritos que militam na Lei de Umbanda.

Essa vibração tem como nome verdadeiro o de **YORI**, que se desdobra da seguinte forma silábica:

YO ou **Y** – A Potência Divina Manifestando-se;

Deus em Ato por seu Verbo;

O Santo Sacrifício;

A Ação de sacrificar-se;

A Vitalidade saindo da luz ou da Energia;

RI – SER REI, REINAR;

ORI – A Luz. O Esplendor.

Umbanda de Todos Nós

Conjuguemos o significado do termo **YORI**: **A POTÊNCIA EM AÇÃO DA LUZ REINANTE** ou **A POTÊNCIA EM AÇÃO PELO VERBO**, que traduz a Potência da luz do Verbo ou do Reino de Deus.

*O Planeta correspondente a **YORI** é **MERCÚRIO**;*
*A cor, **VERMELHA**;*
*A vogal, **E**;*
*A nota musical, **Dó**;*
*O dia, **QUARTA-FEIRA**.*

E seu mediador,

YORIEL[54] que significa Potência Reinante de Deus. Devemos lembrar aos que estranharem esses significados, que eles são antiquíssimos, porque se regiam pela supremacia do Y ou I ou J, que era considerada, por todas as Academias da antiguidade, como pertencendo a Jesus, Verbo Criador. Ela compõe a palavra Jesus em todas as línguas básicas da humanidade e o próprio nome de Jehovah (Deus). Agora, a título de lembrete, vejamos a concepção dos africanos para melhor esclarecimento dos perspicazes: eles não tinham o termo Ibeji (que significa gêmeos) no sentido de divindade que curava as enfermidades, e sim no de fecundidade, vitalidade geradora. Os deuses dos Nagôs, por exemplo, que presidiam à Medicina, eram três: AgêChaluga, Ajá e Ochambin[55].

A Linha de Yori tem seus Chefes de Legiões, Falanges e Subfalanges, Grupamentos etc.

Os nomes dos Chefes de Legiões são os seguintes:

1 – **Tupanzinho**
2 – **Ori**
3 – **Yariri**
4 – **Doum**
5 – **Yari**
6 – **Damião**
7 – **Cosme**

---

54 Ver o significado silábico de YO, RI e EL, nas páginas anteriores.

55 Ver p. 363-364 de *Os Africanos no Brasil*.

A Linha de Yori faz 42 Orixás Chefes de Falanges, como "intermediários" para as demais Linhas. São eles:

1 – **Tupanzinho** (os deste nome não são intermediários);
2 – As 7 Entidades que tomam o nome de **Ori** são as "intermediárias" para a Linha de Yemanjá;
3 – As 7 Entidades que tomam o nome de **Yariri** são as "intermediárias" para a Linha de Yemanjá;
4 – As 7 Entidades que tomam o nome de **Doum** são as "intermediárias" para a Linha de Xangô;
5 – As 7 Entidades que tomam o nome de **Yary** são as "intermediárias" para a Linha de Ogum;
6 – As 7 Entidades que tomam o nome de **Damião** são as "intermediárias" para a Linha de Oxossi;
7 – As 7 Entidades que tomam o nome de **Cosme** são as "intermediárias" para a Linha de Yorimá.

7.ª) VIBRAÇÃO ORIGINAL OU LINHA DE YORIMÁ

É uma Linha a que quase maioria absoluta dá vários nomes, como sejam: Linha dos Pretos-Velhos, dos Africanos, de S. Cipriano e até das Almas. Tem o seu mistério e significado real, na palavra **YORIMÁ**, que traduz: **POTÊNCIA DA PALAVRA DA LEI, ORDEM ILUMINADA DA LEI**, ou ainda, **PALAVRA REINANTE DA LEI.**

Silabicamente:
YO – Potência ou Princípio, Ordem
RI – Iluminado, Reinante
MÁ – LEI.

Esta Linha, como os próprios valores expressam, é composta dos primeiros Espíritos que foram ordenados a combater o **MAL** em todas as suas manifestações.

São os Orixás velhos, verdadeiros Magos que, velando suas formas Cármicas, revestem-se das roupagens de Pretos-Velhos, distribuindo e ensinando as verdadeiras "milongas", sem deturpações.

Umbanda de Todos Nós

São os Senhores da Magia e da experiência adquirida por meio de seculares encarnações.

Eles são a **DOUTRINA**, a **FILOSOFIA**, o Mestrado da Magia, em fundamentos e ensinamentos e representam os primeiros que adquiriram a forma na humanidade e no sacrificial.

*O Planeta correspondente a **YORIMÁ** é **SATURNO**;*
*A cor, **VIOLETA**;*
*A nota musical, **LÁ***
*A vogal, **O**;*
*O dia, **SÁBADO**.*

O mediador que afere na Vibração Original é **YRAMAEL**, que se traduz como: **POTÊNCIA OU MOVIMENTO REAL DA LEI DE DEUS.**

Assim, temos silabicamente:
Y – Potência ou Movimento
RA – Ser Rei, Reinar
MA – Lei **EL** – Deus.

Tem seus Chefes de Legiões, Falanges, Subfalanges, Grupamentos etc. Os nomes dos Chefes de Legiões são:
1 – **Pai Guiné**
2 – **Pai Tomé**
3 – **Pai Arruda**
4 – **Pai Congo de Aruanda**
5 – **Maria Conga**
6 – **Pai Benedito**
7 – **Pai Joaquim**

Esta Linha ou Vibração Original de Yorimá apresenta 42 Orixás Chefes de Falanges como "intermediários" entre as demais Linhas, na seguinte classificação:

1 – **Pai Guiné** (os deste nome não são intermediários);
2 – As 7 Entidades que tomam o nome do **Pai Tomé** são as "intermediárias" para a Linha de **Orixalá**;
3 – As 7 Entidades que tomam o nome do **Pai Arruda** são as "intermediárias" para a Linha de **Yemanjá**;

4 – As 7 Entidades que tomam o nome do **Pai Congo de Aruanda** são as "intermediárias" para a Linha de **Yori**;

5 – As 7 Entidades que tomam o nome de **Maria Conga** são as "intermediárias" para a Linha de **Xangô**;

6 – As 7 Entidades que tomam o nome do **Pai Benedito** são as "intermediárias" para a Linha de **Ogum**;

7 – As 7 Entidades que tomam o nome do **Pai Joaquim** são as "intermediárias" para a Linha de **Oxossi**.

Vimos, portanto, a descrição das 7 Vibrações Originais. Assim, pela maneira clara e acessível por que foi exposta, poderão comprovar todas as demonstrações e identificações reais, simples e compreensíveis, no mapa n.º 2 e dos 3 planos conjugados.

Conforme dissemos, os Termos, Sílabas etc. e respectivos significados Litúrgicos, Sagrados, Vibrados, estão dentro das antigas línguas templárias, oriundas do primitivo alfabeto Ariano denominado Vatan ou Adâmico, inclusive no Sânscrito atual. Este, apesar de reformado há 400 anos A.C., é um idioma onde muitos destes "valores significativos" ainda se refletem ou são encontrados.

Esses Termos e Significados foram coordenados na própria Lei do Verbo, na Magia dos Sons e dos Números, de acordo com a matemática quantitativa e qualitativa – a própria Lei Matemática do Criador[56], ou seja, as "figuras-chaves" originais representativas, que deram, por correspondência fonética, os sons ou figuração de letras, isto é, as Sete Variantes representativas da Magia do Verbo. Omitimos apenas a "real posição" dos caracteres gráficos dos Orixás por injunção superior, a fim de evitar sua posse e mau uso, por espíritos menos esclarecidos, em prejuízo dessa Umbanda de todos nós, bem como estendemos um fino "véu" sobre os referidos caracteres sagrados, expressões do Verbo, eterno, absoluto, mas que não dificulta a "visão" dos realmente capacitados.

Essas "posições" estão dentro da chamada "Lei de Pemba", que é o controle da magia pelos Orixás. Essa é a razão de não expô-las, preferindo conservá-las em posição hermética, revelável apenas por meio da "parte esotérica ou Iniciática"...

---

56 Ver as obras de Saint-Yves d'Alveydre, inclusive o *Arqueômetro*, onde poderá ser achada a chave de toda essa Lexiologia.

Umbanda de Todos Nós

*Porque todo en el Universo está
ordenado según los NÚMEROS...
Porque la mente Io identifica y
asocia por CANTIDADES...
Porque cantidades y números tienen en Ia
mente de Ia RAZÓN MATEMÁTICA de todas
sus posibles combinaciones....*
(La Cabala de Predicción – J. lglesias Janeiro)

3.º CAPÍTULO
INTRODUÇÃO AO MAPA DA NUMEROLOGIA DA LEI DE UMBANDA

Quase todas as "Escolas ou Academias", pelo menos as mais conhecidas dos últimos séculos, que se "refletem" atualmente, perderam a **CHA-VE-MESTRA** que abre a **"PORTA DOS MISTÉRIOS"**, do encadeamento das "causas e dos efeitos", oriundas de uma **LEI** que gerou o **MOVIMENTO EVOLUTIVO** das "substâncias" **CRIADAS** e **INCRIADAS** do ilimitado cosmos...

Talvez tenham esta CHAVE "trancada a sete chaves"... Que seus expoentes tratem de "movimentá-la", porque a **UMBANDA**, esta **ANCIÃ** que perdeu o dia do seu nascimento nas noites da Eternidade, já começou "chamando a si" Iniciados de todos os graus, para levantar-lhes o **VÉU DE SUAS MENTES ESPIRITUAIS...**

Eles, os grandes "mestres", pensam que a **LEI** é uma balela, fruto de "acanhadas concepções"... Só enxergam aquilo que traz a linguagem "fria" dos textos e das "fórmulas", ou "isso" que os grandes Templos espelham nas roupagens místicas, ou ainda, no multicor das sedas e no batuque dos tambores; porém, como se enganam...

Assim, vejamos os **PRINCÍPIOS** e as **VIBRAÇÕES** como se revelam e "vivem" na Lei de Umbanda, pela sua **PRÓPRIA NUMEROLOGIA**, que traduz e encerra todos os "mistérios", desde os tempos primitivos até **RAMA** e deste a **MELCHISEDEC**, que, temendo a confusão da época, a ocultou (Melchisedec ou **MILLIK-SHADAI-KA**, que significa **REI DE JUSTIÇA** e foi o último Pontífice da Ordem de Rama).

Umbanda de Todos Nós

Inicio, portanto, **DIZENDO E PROVANDO** que o "número-chave" na Umbanda é o 57, que encerra o 1, o 7 e o 49, e gera o famoso 399, que ainda contém e produz a numerologia 3-4-3, isto é, do Ternário, Quaternário e do Sagrado Setenário.

Este número, o 57, somado nos seus algarismos gera o 12 e este, o 3, e este, o **TRIÂNGULO**, que está contido na **UNIDADE** ou no **CÍRCULO**, que é a **LEI**, e multiplicado por 3 e seu produto ainda por este, e assim, sucessivamente, encontramos, se somarmos os algarismos de cada UM desses produtos, **UMA** soma **ÍMPAR** que gera o 9 ou que, somada ainda, gera este mesmo 9, que, centralizando-se em sua **RAIZ**, revela o 3 ou o **TRIÂNGULO**... isto 7 vezes, 49, 57 e daí ao infinito...

Então, para melhor esclarecer, pois estamos no plano de Umbanda, vamos transcrever de nosso artigo "Orixá, Quem És?", a parte do desdobramento desses números.

Comecemos pelo UM de UMA LINHA que fixa suas VIBRAÇÕES em mais 7, desdobremos estes 7 vezes mais 7 e encontramo-los "vivendo" em mais 49 coordenadas...

Somemos estes 3 "totais" e a soma 57, multipliquemo-la por 7, e verificamos que sua expansão gerou um TOTAL de 3-9-9 "ORIXÁS" componentes da dita LINHA. "Centralizemos" este TOTAL em seu significado no DIVINO; a soma dos números 3, 9, 9, é igual a 21, que dividida ainda pelo 3, gera um 7, ou por este, que gera um 3, isto é, AS **LINHAS**, AS **LEGIÕES** e AS **FALANGES**...

O primeiro número 3, que se compõe de três partes, forma UM TRIÂNGULO; o segundo número, o 9, compõe-se de três partes três vezes, forma **TRÊS TRIÂN-GULOS**; o terceiro número, ainda um 9, origina **TRÊS TRIÂNGULOS**, cuja soma TOTAL dá os **SETE TRIÂNGULOS DAS SETE VIBRAÇÕES ORIGINAIS.**

A condensação dessas **VIBRAÇÕES** em seus **PONTOS INICIAIS** "forma" **CÍRCULOS**, que são as **SETE ESFERAS** "girantes em si" e traduzem a **UNIDADE** ou **UM**, que é a **LEI** e **NÃO** o próprio DEUS, pois este é **INDIVISÍVEL**, "não é somado, nem subtraído nem multiplicado".

Este TOTAL DE UMA LINHA em "expansão" de SETE gera o TOTAL DA LEI, com suas LINHAS ou Vibrações Originais; com 2.793 ORIXÁS ou Guias-Chefes.

A soma de cada um destes DOIS NÚMEROS TOTAIS 3-9-9 e 2-7-9-3 pelos algarismos entre si; (3+9+9) e (2+7+9+3) gera um só número, o 21, que se pode dividir em SETE e TRÊS, e estes centralizam-se no UM ORIGINAL... pois somente os SETE ORIXÁS PRINCIPAIS DE CADA LINHA são não **INCORPORANTES**, mas, excepcionalmente, conferem suas Vibrações diretas sobre um aparelho...

Inúmeros Livros Sagrados – representando sistemas religiosos ou Filosóficos, ou mesmo Cursos de Iniciação de vários povos, que há séculos servem de "base" aos ensinamentos a dezenas de "Escolas ou Academias" – foram dados à tradução SOMENTE NAQUILO que os VERDADEIROS MESTRES acharam conveniente, pois iriam a

W. W. da Matta e Silva (Mestre Yapacani)

PÚBLICO, ao alcance de qualquer UM... e as verdades REAIS sempre FORAM VELADAS de acordo com as inteligências e o GRAU EVOLUTIVO das coletividades.

Assim, vêm ensinando que o UM é a unidade, isto é, DEUS, de onde partem todas as coisas... porém esqueceram que o UM ou a UNIDADE já se limita e se concebe na nossa MENTE, a um princípio Cosmogônico...

Ora, Ele, DEUS, É ESPÍRITO e a "substância" dos Espíritos, deste PRINCÍPIO INCRIADO, jamais pode ser concebida ou analisada, pois **JESUS**, o maior dos **INICIADOS** de todos os tempos, o **CONSIDERAVA UMA ABSTRAÇÃO ESPIRITUAL...**

Assim, só pela Mente Espiritual nos chega uma "visão" **DESTE SER ESPIRITUAL**, desta **POTÊNCIA EXISTENTE** que é maior, muito maior, que esta pobre concepção dos "textos e das fórmulas".

Portanto, essa visão nos mostra o **ABSOLUTO, REVELANDO A UNIDADE**, que se traduz na **LEI**, que coordena o MOVIMENTO NO ILIMITADO COSMOS e é a expressão de **SUA** vontade... Mas AINDA NÃO É **"ELE EM SI"**... E é por "isso" que certos "iniciados" estranharam que na NUMEROLOGIA DE UMBANDA pudéssemos SOMAR o UM ou a UNIDADE...

Portanto, cremos e afirmamos que o homem não "criou" a Religião. Fez transformações nela, daí surgirem as religiões de acordo com os interesses e as "concepções viventes em seus evolutivos", pois que, conforme já o dissemos, Ela foi revelada ou instituída por injunção DIVINA *ac* Predestinados.

Afirmamos ainda que essa Revelação Original – do próprio Verbo – foi, pelos seus primitivos depositários, autenticada na Ciência dos Números, que traduz em suas "operações de base, ou em seus números-chaves", Princípio-Fundamentos, Sistema e Regras, para, em qualquer época, poder ser identificada.

Foi essa própria IDENTIFICAÇÃO que nos foi REVELADA como a NUMEROLOGIA DA LEI DE UMBANDA. Assim, convidamos o leitor, adepto, iniciado, de qualquer corrente, a pegar no lápis e papel e verificar como esses números entram em "analogia, expansão e centralização", no Mapa Anexo, e pelo Mapa n.º 4.

Outrossim, todos os nomes, pelos quais se apresentam as Entidades Superiores militantes da Lei, são "nomes c guerra", adaptações, para melhor penetração e compreensão no seio da massa humilde.

A Umbanda tem por objetivo levar o esclarecimento, Luz e o conforto moral e espiritual a TODOS, e, principalmente, aos deserdados da sorte, que são a maioria.

Assim, os Orixás e os Guias se colocam em posição de serem compreendidos; eis por que "velam" também seus nomes litúrgicos, sagrados, vibrados.

Quanto aos Protetores, em maior parte, conservam os "nomes próprios" que os identificaram no último estágio no "mundo da forma".

Umbanda de Todos Nós

4º CAPÍTULO
CONSIDERAÇÕES

Agora que demos os nomes certos das Vibrações e que robustecemos em nossa Introdução ao Mapa da Numerologia, frisamos que essas Vibrações Originais ou Linhas – com suas correspondências nos 7 Planetas, nas 7 Cores Básicas (há 3 cores fundamentais: amarelo, vermelho e azul, que combinadas entre si – geram mais 3. Assim, amarelo com vermelho dá alaranjado; amarelo com azul dá verde; vermelho com azul dá violeta. A fusão destas 6 cores gera a cor branca, perfazendo, portanto, as 7 cores básicas), nas 7 Vogais, nas 7 notas musicais, nos 7 Dias da Semana etc.

Devemos lembrar ao leitor que essas correspondências são tão antigas, quanto as verdades o podem ser... Eram adoradas nas antigas Academias pelos Iniciados e traduziam a própria Lei do Verbo, isto é, a Lei matemática do Criador ou a da Unidade, com suas forças fenomênicas regidas pelos números.

Estes 7 Termos Litúrgicos, Sagrados, Vibrados que damos para identificar os 7 Espíritos de Deus, ou as 7 Vibrações Originais, ou ainda, as 7 Variantes da Unidades que formam a Lei de Umbanda (Orixalá, Yemanjá, Xangô, Ogum, Oxossi, Yori e Yorimá), são as 7 Vibrações principais do Verbo, que pronunciados ou cantados, de "certa forma", movimentam, pela magia do som, determinadas vibrações em conexão com as 7 vogais, que por sua vez, se correspondem nas 7 notas musicais, em íntima ligação com os números.

Esses mistérios eram do conhecimento do próprio Hermes, o Trismegisto (significa 3 vezes grande), quando, falando aos seus discípulos sobre o Verbo Divino, dizia:

"Escutai-o em vós mesmos e vede-o no infinito do Espaço e do Tempo. Ali reboa o canto dos Astros, a voz dos Números, a harmonia das Esferas.

E cada sol, um pensamento de Deus e cada planeta, um modo desse pensamento. E para conhecer o pensamento de Deus, ó Almas! que desceis e subis penosamente o caminho de sete planetas e em seus Sete céus.

Que fazem os Astros? Que dizem os Números? Que rolam as Esferas? – ó almas perdidas ou salvas, eles dizem, eles cantam, eles rolam os vossos destinos![57]

"A palavra é o instrumento mágico por excelência, aquele sem o qual as operações mais elevadas da arte jamais seriam atingidas; cada uma das suas emissões alcança o mundo invisível e põe em jogo forças de que o vulgo não suspeitaria, nem as múltiplas ações e nem mesmo a existência", disse M.G. Maspero.[58]

"No Egito, os padres cantam louvores a Deus, servindo-se das sete vogais que eles repetem sucessivamente e a eufonia agradável dos sons das letras pode substituir a flauta e a cítara", escreveu Demetrius de Phalero, sábio historiador do III século antes de Cristo.[59]

Essas sete palavras que citamos, conforme dissemos, estão relacionadas com os sete planetas e, para isso, vamos encontrar comprovação nos ensinamentos de um discípulo do próprio Pitágoras, Nicomaque de Gerare, grande matemático e músico profundo, que viveu no II século da era cristã, quando disse: "Os sons de cada uma das sete esferas planetárias (isto é, os sons traduzem estes termos litúrgicos, sagrados, místicos, que em sua origem ele não desconhecia[60]), produzem um certo ruído; a primeira, realizando o som inicial e a esses sons é que deram o nome de vogais.

Os sábios qualificam essas coisas de inexprimíveis por si mesmas, visto como o som, aqui, tem o mesmo valor que a unidade em aritmética, o ponto em geometria, a letra na grafia.

Se essas coisas forem combinadas com substâncias materiais, tais como são as consoantes, do mesmo modo que a alma é unida ao corpo e a harmonia às cordas, elas realizam seres animados, umas realizam sons e cantos; outras, faculdades ativas e produtivas das coisas divinas.

---

57 Ver *Os Grandes Iniciados.* Hermes, apud Ed. Schuré

58 A. Leterre – *Jesus e Sua Doutrina.*

59 Idem.

60 O parêntese é nosso.

Eis por que os teurgos, quando adoram a divindade, a invocam simbolicamente com assobios estridentes, ou suaves, com sons inarticulados e sem consoantes".[61]

Chamamos a atenção, aqui, de certos "espiritualistas" que nos confessaram ter achado bárbaros "estes espíritos que baixam, na Umbanda", porque vinham assobiando de "maneira esquisita", parecendo estar chamando seus companheiros de tribo para lutarem de tacape em punho, como se vivessem ainda em estado primitivo...

Bem, irmãos, que assim pensam e falam, não nos lembramos qual o sábio que disse: "quanto mais sei, mais sei que nada sei", mas, mesmo assim, aconselhamo-los a procurar saber um pouquinho desse mesmo "nada".

O próprio Pitágoras, sábio grego, ensinava que "os sete modos sagrados emanados das sete notas, correspondem às sete cores da Luz, aos sete modos da existência reproduzidas em todas as esferas da vida material e espiritual, pois o número contém o segredo das coisas".

Porphirio conhecia os ensinamentos da doutrina de Zoroastro, doutrina esta trazida da chadeo-persa, por Osthanés, sobre a magia da pronúncia das sete vogais, de acordo com as sete notas musicais, correspondentes aos sete planetas e às sete cores do espectro solar, que correspondiam aos sistemas planetários, sonométricos e cronométricos.

Esses ensinamentos já vinham obedecendo à tradição que remonta à época de RAMA, o qual os tinha contido em seu livro de linguagem hermética transmitidos à raça negra, por intermédio de seus sacerdotes, inclusive Jetro, os quais foram herança da raça vermelha, seus primeiros depositários. Estes fundamentos também foram mantidos por João em seu Apocalipse, quando diz que os sete cornos do cordeiro são os "sete espíritos de Deus" representando o sistema planetário, que está designado por um castiçal de sete braços ou por sete castiçais e por sete estrelas que refletem o Supremo Espírito Iluminado, ou seja, Deus.

Os sete corpos celestes, Sol, Lua, Marte, Vênus, Mercúrio, Júpiter e Saturno, são simbolizados por ele (João) neste emblema, tendo o astro Sol ao Centro, três de um lado, três de outro.

Se o leitor for um estudioso, convidamo-lo a pesquisar, neste dito Apocalipse, a questão dos números 7 e 12, considerados sagrados em todas as Teologias, porque, conforme vimos tentando explicar, traduzem as duas maiores divisões do mundo: a do sistema planetário e a do Zodíaco ou das doze divisões do ano. Se contarmos quantas vezes o autor cita o número 7, somamos 24 vezes e o número 12, 14 vezes.[62]

---

61 Ver *Jesus e sua doutrina,* de A. Leterre.

62 Ver a *"Apocalipse"*.

Diz o mestre Saint-Yves d'Alveydre: "Todas as revelações que precedem, são autológicas pelos números, bem como pelas letras; não são pois, palavras de homem, mas Palavras do Verbo, diretamente através dos fatos experimentais".[63]

Pois bem, meditem sobre isso e vejam em nosso mapa da Numerologia (n.º 2) como os números se definem e correlacionam, e compreenderão o porquê de seus valores para todos os Iniciados, mormente quando sabemos que eles são básicos às 7 Variantes da Unidade ou Vibrações Originais... e tirem conclusões.

Até nas Dionisíacas, de Nonnus, se fala de "um livro das sete tábuas" que em cada uma tinha o nome correspondente a um planeta, e nos mistérios de Mitra também há sete estrelas que representam os mesmos sete planetas.

Isso bem entendido, queremos frisar que esses mistérios e esses fundamentos vinham sendo conservados pela tradição iniciática desde quando a Religião Original, que teve seu apogeu entre o povo da antiga raça vermelha, ficou mais ou menos "perdida", em consequência do desmoronamento deste povo com sua civilização, "por causas físicas e morais", conforme poderão achar sólida argumentação nas obras de Michel Manzi[64] e do padre Moreux.

Ora, há anos que vimos assistindo entre inumeráveis escritores do gênero, aparelhos-chefes, Presidentes de Tendas, aparelhos de todos os planos e mesmo Escolas, as mais disparatadas e inconscientes concepções sobre os nomes e correspondências certas, lógicas e cabíveis, às Sete Linhas de Umbanda.

Devemos dizer, a título de lembrete, que os ditos estudiosos do assunto rebuscaram tudo quanto foi livro, "pergaminho" etc. na ânsia louvável de acertar, pois, até então, todos ficavam emperrados nos cinco nomes mais conhecidos, ou melhor, nos únicos conhecidos, quais sejam: Oxalá – Xangô – Ogum – Oxossi e Yemanjá.

Todas essas cinco Vibrações ou Linhas ordenam espíritos afins, na forma de Caboclos e para as duas restantes, isto é, de Espíritos com forma de Pretos-Velhos e Crianças, é que persistia o problema.

Daí surgirem concepções esquisitas numa tremenda mistura, quando determinam nomes de pretos-velhos na falange de caboclos e vice-versa, tirando-os de suas próprias vibrações afins, tal e qual o simbolismo que fizeram e fazem com os sinais riscados ou Lei de Pemba, dizendo que são os "pontos verdadeiros", dos Orixás tais, tais e tais...

Assim, como dissemos, rebuscaram tudo, só não o fazendo na única fonte de onde, por certo, colheriam as verdades desejadas: nos Orixás, Guias e Protetores.

---

63 Ver *Jesus e sua doutrina,* de A. Leterre.

64 *Le Livre de L'Atlantide* – 1859.

É interessante pormos em relevo certas "nuances" que nos foi dado observar, em pessoas que sabemos serem dignas, bem intencionadas, cultas, sagazes, observadoras etc., quando em nosso "meio" discutia-se o assunto, e o autor insistia para que se nomeassem comissões, a fim de correrem as Tendas e Cabanas da Lei de Umbanda e, entre suas Entidades militantes, perguntarem simplesmente essas "ditas coisas".

Dava-se, então, um "fenômeno curioso": uma quase maioria se retraía e não mostrava entusiasmo nessa aventura "perigosa". Surgia uma série de dificuldades, de senões e porquês, que revelavam uma espécie de temor, que se conhecia claramente ser o insucesso.

Não havia confiança, como não há, entre uns e outros, quanto à certeza de que essas Entidades pudessem realmente falar pela "boca" dos seus aparelhos e ninguém queria decepções nem mal-entendidos, "na seara desse campo agreste".

Nunca admitimos, e afirmamos alto e a bom som, não ser cabível que a Lei de Umbanda, tendo em suas fileiras espíritos altamente evoluídos, como são os que consideramos, como Protetores e Guias, não saibam os seus mais comezinhos Princípios e possam ficar impassíveis quando interrogados.

Sim, é possível que eles fiquem impassíveis, "forçados", como o são por circunstâncias desarmônicas quando assistem, apenas do alto, criaturas que se apregoam de seus "aparelhos", surgirem dia a dia com inovações, fruto do tino comercial dos "espertos", que criaram uma aquarela de nomes, genealogias, lendas, guizos, estátuas, e que sei mais...

Sim, nunca admitimos que uma Entidade verdadeiramente incorporada se submeta ao ridículo de ostentar uma penca de colares e amuletos no "pescoço", num sincretismo de expressões religiosas, impingidas às ingenuidades, ignorâncias e vaidades desses aparelhos.

Os ditos "experts" desculpam estas **coisas** com a resposta de que as Entidades são acessíveis e, quando apertados pela lógica e bom senso, dizem ainda que elas já encontraram esse hábito e o aceitaram ...

Mas quem criou a Lei de Umbanda? Fomos nós para eles ou eles que nos vêm ensinando a prática, de acordo com as imutáveis Leis que regem tudo que tem vida ou movimento neste eterno Cosmos?

Não, não fomos nós! Afirmamos e garantimos. Por que então que a maior parte dos aparelhos-chefes, Presidentes de Tendas, os chamados Cambonos, Sambas, Babás etc. continuam usando e praticando de maneira diferente um dos outros, em nome dos mesmos Orixás, Guias e Protetores, comuns a todos e à mesma Lei?

Pois se um Ogum Yara, um Pai Joaquim, um Caboclo Arranca-Toco, assistem com seus enviados do mesmo nome, aqui, ali e acolá, por que então, ó Zamby

Umbanda de Todos Nós

iluminado, esses mesmos enviados, na "fala de cada canto", dizem e ensinam "milongas" controvertidas?

São ou não Entidades militantes de uma mesma Umbanda que todos dizem praticar? Não estamos falando desses que aferem mediunicamente no 3.º Plano desta Lei (ver mapa n.º 4), que são veículos de Protetores porque, mesmo que o fossem, por intermédio deles saberiam muito dos reais fundamentos, em suas verdades mais simples.

Até o próprio Exu, que é um espírito sagaz, tem suficientes conhecimentos para discernir entre o que sejam **simbolismos, fantasias,** e essas ditas verdades. Não esse Exu de "fachada" que, o vulgo pensa ser um espírito boçal, bichopapão e apalhaçado, que apresentam em ritmo de "panoramas e cenários".

Fazemos referências aos aparelhos mais adiantados, de maior leitura e cultura, e os sabemos existentes em boa proporção. Pelo menos estes, têm o dever de orientar certo, seus irmãos-de-fé, mormente se têm funções dirigentes.

É duro dizê-lo, mas vamos fazê-lo para concluir essas observações: o fato é que vemos em centenas de Tendas, uso de colares, práticas, orientações, sistemas de trabalho em pontos cantados e riscados, descargas, banhos de ervas, defumadores etc. tudo baseado nos livros de A ou B, que nenhum Orixá, Guia ou Protetor garantiu ainda que sejam a expressão de sua vontade ou da sua Lei.

Para isso, nesta imensa seara umbandista, as concepções e os ensinamentos se baseiam em vários livros ou escolas que se chocam, conforme vamos analisar sem citar os autores ou mentores, uma vez que não estamos atacando pessoalmente a quem quer que seja.

Estamos apenas nos servindo do que nos ensinaram em suas obras, como força de expressão que encontramos no meio umbandista, porém em sentido construtivo, em prol dessa mesma Umbanda que tanto amamos e desejamos elevar.

Assim é que vamos começar pela concepção que está mais difundida , e arraigada nos "terreiros" sobre as "chamadas linhas de Umbanda".

É comum identificarem 7 Linhas:

1) Linha de Santo ou de Oxalá (dirigida por N. S. Jesus Cristo).
2) Linha de Yemanjá (dirigida pela Virgem Maria, Nossa Senhora).
3) Linha do Oriente (dirigida por S. João Batista).
4) Linha de Oxossi (dirigida por S. Sebastião).
5) Linha de Xangô (dirigida por S. Jerônimo).
6) Linha de Ogum (dirigida por S. Jorge).
7) Linha de S. Cipriano (Africana, dirigida por S. Cipriano).

Verifica-se, portanto, que essas Linhas são dirigidas por Santos, isto é, eles são os dirigentes principais. **OS PRIMEIROS,** ou seja, exemplificando melhor: a Linha de Ogum, dirigida por S. Jorge, indica que ele dirige toda linha que toma o nome de Ogum, cujo termo passa a qualificar uma coletividade de espíritos sob a chefia de S. Jorge.

Tanto é assim que vemos a Linha do Oriente ser dirigida por S. João Batista, ou seja, um agrupamento de espíritos oriundos do Oriente, sob a chefia do dito Santo. Nas demais, o ritmo é o mesmo.

Identificamos então 6 Santos e Jesus dirigindo a Lei de Umbanda, por meio de suas Sete Linhas, da seguinte forma que vamos alinhar para o objetivo que visamos:

A) **Jesus Cristo** – viveu do ano 4 a.C. a 29 d.C. (linha de Santo).
B) **Virgem Maria** – contemporânea de Jesus (linha de Yemanjá).
C) **João Batista** – viveu do ano 5 a.C. a 28 d.C. (linha do Oriente).
D) **Sebastião** – viveu pelo ano 250 d.C. (linha de Oxossi).
E) **Cipriano** – morreu no ano 258 d.C. (linha Africana).
F) **Jorge** – viveu pelo ano 280 d.C. (linha de Ogum).
G) **Jerônimo** – viveu do ano 347 a 420 d.C. (linha de Xangô).

Façamos um cálculo aproximado com essas datas e vamos ver que a lógica e a razão nos mostram, de acordo com os anos da era cristã, onde esses mártires tiveram intensa fase evolutiva que lhes propiciaram uma ascensão espiritual, pois mesmo que não tenham criado essas linhas nestes anos, tenham-no feito pouco depois de seus desencarnes, mas para a base de cálculo, vem dar na mesma.

ANOS DE NOSSA ERA	SANTOS E LINHAS
a) 28 b) 29 c) - d) 250 e) 258 f) 280 g) 420	Estas três linhas (Oriente, Yemanjá e Oxalá) foram criadas logo após o desencarne dos respectivos espíritos. Estas duas linhas (S. Cipriano e S. Sebastião) estão nas mesmas condições. Finalmente estas duas (Ogum e Xangô) situam-se em caso semelhante

Umbanda de Todos Nós

Concluímos que as Sete Linhas da Lei de Umbanda, tomando-se como referência o ano 28 da era cristã, foram organizadas da seguinte forma: inicialmente 3; mais ou menos 230 anos depois, mais 2; após 252 anos, mais uma; e finalmente 392 anos depois da primeira, a sétima linha, com a seguinte diferença em anos: De Oriente, Yemanjá e Oxalá, às Linhas Africana e de Oxosi, 222 e 230 anos; destas duas últimas à de Ogum, 22 anos e desta à de Xangô, 140 anos ...

Verificamos, portanto, que as Sete Linhas foram "engendradas" num período de 392 anos, e *ipso facto*, a Umbanda é uma "organização recente". Tem menos de 2.000 anos, e é inteiramente dirigida por Santos, o que se conclui não ser uma Religião própria e sim uma cópia ou apêndice da Igreja Católica Apostólica Romana.

Agora, vamos deixar bailando na mente do leitor a seguinte interrogação: se esses primeiros mártires do cristianismo só foram conhecidos no mundo anos ou séculos depois de seus desencarnes, por seus feitos ou ações miraculosas, que geraram suas canonizações, o que vai valer então é a data do nascimento, da morte ou da dita canonização?

Deixamos aos pesquisadores sagazes a descoberta da solução e mais a seguinte, relacionada diretamente com a Linha chamada de S. Cipriano: "com o nome de S. Cipriano, existiram pelo menos quatro indivíduos; o mais antigo é S. Cipriano, Bispo e Mártir, morto em 258 e nascido no princípio do III Século. O outro, a quem a tradição atribui extraordinárias ciências mágicas, foi martirizado em 26 de novembro do ano 304: foi astrólogo, mágico, feiticeiro e grande pecador, contando-se, entre suas faltas, a de tentar corromper uma jovem chamada Justina, ato este que originou sua conversão, sofrendo juntos o martírio. O terceiro S. Cipriano foi Bispo de Unizir e um dos 1976 mártires confessores da África (no tempo de Himerico, rei vândalo), no ano de 483. O quarto S. Cipriano foi Bispo de Toulon e faleceu a 3 de outubro do ano 548. O segundo destes Santos chamado mágico é aquele a quem vários autores atribuem uma célebre Obra (o famoso livro do mesmo nome), editado vezes sem conta, que anda hoje em dia, servindo de "estrela-guia" aos magistas de última hora..[65]

Bem, nós escolhemos o mais antigo para identificar o santo que dirige a linha Africana. E tu, leitor amigo, qual escolherias?

Passemos a outra concepção, já espalhada e seguida em certos meios, não obstante ser recente, pois pertence a uma Escola que apregoa a sua umbanda como a única verdadeira. Assim, temos uma classificação em que dão o nome de Grupos ou Legiões às Linhas, excetuando Jesus (que qualificam de Oxalá, o Grande Deus,

---

65 Dados extraídos da Enciclopédia Espaza.

o supremo Orixalá ou Chefe Maior) e que, com a devida vênia, vamos transcrever *ipsis litteris:*

1.º João Batista – Xangô-Kaô (Xangô-Maior) – Povo do Oriente – Cor característica: Rosa.
2.º Santa Catarina de Alexandría – Yanci – Cor característica: Azul.
3.º Custódio – Cosme e Damião – Ibejês – Cor característica: Branco.
4.º Sebastião – Oxossi – Cor característica: Verde.
5.º Jorge – Ogum – Cor característica: Vermelho escarlate.
6.º Jerônimo – Xangô – Cor característica: Roxo-violeta.
7.º Lázaro ou Ogum de Lei – Cor característica: amarelo.

Vamos alinhar novamente, para acerto de datas, em "Legiões" ou Linhas, pela data dos anos em que viveram:

S. João Batista – viveu do ano 5 a.C. a 28 d.C.
S. Lázaro – contemporâneo de S. João Batista.
S. Sebastião – viveu pelo ano 250 d.C.
S. Jorge – viveu pelo ano 280 d.C.
Sta. Catarina – morreu pelo ano 307 d.C.
S. Jerônimo – viveu do ano 347 a 420 d.C.
Custódio – Anjo ou Arcanjo – ???

Verifica-se novamente que formaram suas sete "legiões" ou Linhas da Lei de Umbanda, nesta sequência lógica, pelas datas, assim:

28	Criaram 2 Linhas	— de Oriente (Xangô-Kaô) e
250	Criaram 1 Linha	— de Oxossi — Ogum de Lei
280	Criaram 1 Linha	— de Ogum
307	Criaram 1 Linha	— de Yarnci (Para substituir Yemanjá)
420	Criaram 1 Linha	— de Xangô
???	Criaram 1 Linha	Anjo Custódia, para dirigir Cosine e Damião

Umbanda de Todos Nós

Temos assim que logo após o ano 28 D.C., nasceram 2 linhas; 222 anos após, mais 1; 252 anos depois, mais 1; 279 anos após, outra; 392 anos após, mais outra.

Só não achamos a data para a "legião ou grupo" dos espíritos "de crianças ou daqueles que perderam todos os nomes", porque, para esta, deram um Anjo para dirigir e, sobre ele, não encontramos dados biográficos, pois sendo anjo ou arcanjo, supomos nunca ter encarnado no Planeta Terra.

Isso posto, concluímos também que a Lei de Umbanda levou 392 anos para se formar com suas Linhas nos seguintes intervalos de umas para outras: logo após o ano 28 criaram-se duas linhas; 222 anos depois, mais uma; 30 anos após, outra; 27 anos depois, mais outra; 113 anos mais tarde, a última.

Esta é uma das concepções correntes mais chocantes, porque nota-se a completa falta de conhecimentos de base sobre Lei de Umbanda e fere nossa lógica, quando vemos seis Santos em paralelo com um anjo ou arcanjo, dirigindo as "legiões, grupos ou linhas"...

Dizemos chocante ainda, porque assim como "arranjaram" o anjo Custódio que, pela hierarquia conhecida, em sua condição, deve estar acima dos Santos, substituíram também N. S. da Conceição (uma das concepções da Virgem Maria, que dizem ser Yemanjá), por Santa Catarina de Alexandria (Yanci), que asseveram atualmente estar no comando (desde quando? Como se passou este fato transcendental de que os outros mortais de fé não tiveram conhecimento até hoje?).

E, para finalizar os "considerando" sobre esta concepção, verificamos mais que repartiram a direção da Linha de Ogum para dois Santos (S. Jorge e S. Lázaro): o primeiro é Ogum de Lei e o segundo, simplesmente Ogum...

Nesta mágica, estão S. Jerônimo que é Xangô apenas ou "Deus que habita os mistérios" e S. João Batista, que é Xangô também, mas Kaô ou ainda Xangô Maior.

Cremos ser impossível penetrar no "complexo" da criatura que engendrou semelhantes "legiões" que, por certo, irá ainda mais confundir ou embaralhar esta Umbanda de todos nós, ainda tão incompreendida, perseguida e detratada! E quem, inteirando-se de mais este "sincretismo", não terá um sorriso de ironia e de descrença? É a luz que se apaga, a esperança que se esvai...

Não sabemos por que existe uma insistência tremenda em reduzir a Lei de Umbanda a simples apêndice de outra Religião, que, mais dia, menos dia, se verá no legítimo direito de reivindicar os nomes dos seus Santos e imagens que estes nossos irmãos teimam em qualificar dentro da dita Lei.[66]

---

66 A primeira edição, de 1956, já estava no prelo quando a Igreja Católica, por meio do Frei Boaventura O. F. M. atacou esta questão. Ver jornal "O Globo" de 274 , 14-5, 15-5 e 29-5-56, que documentou as conferências e debates realizados pelo referido frade.

Basta verificarmos que na concepção mais imperante, a primeira descrita, o autor, em moderna versão, cremos que antiga também, apresenta as "Legiões da Linha dos mistérios ou encantamentos" chamada Linha de Santo, com seus "chefes", que são os seguintes:

l. Legião de Santa Catarina (na segunda concepção, o autor ou Escola, promoveu esta santa à direção máxima da Linha, naturalmente sem ouvir a opinião do primeiro);
2. Legião de S. Benedito;
3. Legião de S. Lázaro (repete-se a promoção na primeira);
4. Legião de Santo Onofre;
5. Legião de S. Cipriano;
6. Legião de Santo Antônio;
7. Legião de Cosme-Damião.

Bem, cremos ter deixado patente que: esta profusa classificação de santos e santas na Umbanda obedece ou à concepção de humanas criaturas ou ao chamado sincretismo existente nos cultos africanos, em franco processo de ampliação. Certas criaturas jamais consultaram os Orixás ou os Guias (espíritos superiores), quanto às diretrizes da Lei. Haja vista que querem transformar a Umbanda numa escola de samba, criando rei e rainha dos "terreiros" e, ainda, promovendo romarias ou procissões de "Yemanjá" (?) tal e qual fazem os padres...

Tornamos a frisar, não ser do nosso feitio, nem do objetivo deste livro, criticar A ou B partidariamente. Citamos apenas as concepções que imperam e são ensinadas, sem falarmos de outras, nos mesmos moldes, que predominam em grande parte do meio umbandista, que devem, logicamente, ter suas fontes em outros autores e Escolas.

Como nosso verdadeiro objetivo é contribuir, tanto quanto possível, com esclarecimentos nesta tremenda confusão, originária dessas mesmas concepções adotadas, dando margem a que uma Lei ou Religião seja criticada e menosprezada por interessados em desprestigiá-la, é que somos obrigados, no imperativo de uma certa **VOZ**, que clama e ordena dos espaços siderais sejamos o veículo de uma gota de Luz, no imenso nevoeiro do momento... E assim pedimos aos que citamos indiretamente, que nos perdoem, procurando compreender que dentro da Lei de Umbanda, realmente, os "tempos são chegados".

Mas, não obstante tudo isso, a tendência no meio umbandista é de evoluir muito, muito mesmo, haja vista que em 1942 houve um congresso, a que deram o nome de "Primeiro Congresso Brasileiro do Espiritismo de Umbanda", e nessa ocasião, dignos

Umbanda de Todos Nós

e esforçados irmãos de fé, sintetizaram num gráfico[67] o que qualificaram de Graus de Iniciados ou Pontos da Linha Branca de Umbanda, com sua hierarquia e respectiva correspondência, que transcrevemos literalmente, na parte que determina os Pontos:

1.º Grau de Iniciação, ou seja, o 1º Ponto – Almas
2.º Grau de Iniciação, ou seja, o 2º Ponto – Xangô
3.º Grau de Iniciação, ou seja, o 3º Ponto – Ogum
4.º Grau de Iniciação, ou seja, o 4º Ponto – Nhãsan
5.º Grau de Iniciação, ou seja, o 5º Ponto – Euxoce
6.º Grau de Iniciação, ou seja, o 6º Ponto – Yernanjá
7.º Grau de Iniciação, ou seja, o 7º Ponto – Oxalá

Bem, naquela época, a Umbanda não era ainda uma Lei, era uma Linha Branca, com Sete Pontos, porém já se sabia, pelo menos intuitivamente, que estes, "ditos pontos", tinham um significado mais profundo e possivelmente poderiam ser identificados no futuro em sua real expressão.

Tanto é que só estudaram de passagem o Terceiro e o Quinto Ponto (de Ogum e Euxoce), o que pode ser confirmado na p. 249 do citado Livro do Congresso, quando dizem "Na Linha Branca de Umbanda", no que possa contrariar a divisão e a classificação dadas, entre nós, aos diferentes pontos que a constituem, Euxoce representa o Plano Mental. Dentro dos limites do possível e do permitido, vamos dar aos nossos irmãos uma ideia do que é "Euxoce" e do que representa esse PONTO na EVOLUÇÃO de um TERREIRO.

Incapazes de alcançar a significação dos "SETE PONTOS DA LINHA" a que nos filiamos, nós sempre procuramos, por meio de símbolos materiais que nos toquem os sentidos, compreender os mistérios e, por isso, representamos "Euxoce" por meio da piedosa mas sugestiva efígie de S. Sebastião, o grande mártir sacrificado em Roma, no segundo século de nossa era...

Assim, somos sabedores que se processa um segundo Congresso Brasileiro de Umbanda e temos a firme convicção que, de acordo com essa mesma evolução, oferecemos, desde já, nossa humilde e sincera contribuição por meio deste livro, pelas simples verdades que, acreditamos, estarão ao alcance dos sinceros e bem--intencionados irmãos de fé e coração.

Agora, que tanto escrevemos sobre Santos e Santas na Lei de Umbanda, vamos dar a real concepção sobre eles, de acordo com os ensinamentos de nossas REAIS ENTIDADES. Alguns desses primitivos mártires do cristianismo, de fato,

---

67 Ver p. 245 do livro *Primeiro Congresso Brasileiro do Espiritismo de Umbanda*.

têm função na Grande Lei de Umbanda, NÃO com o qualificativo de santo, porém com o de Orixá-intermediário, que significa, conforme já explicamos, Senhor da Luz, Luz como Saber, evolução espiritual etc. (ver p. 108) e que está situado em função de Chefia inerente a Três Planos: o de Chefe de Legião, Chefe de Falange e Chefe de Subfalange. No entanto, os únicos que sabemos, por já termos comprovado na identificação dos verdadeiros Sinais Riscados da Lei de Pemba (a grafia celeste ou dos Orixás), por meio dos seus enviados incorporantes, são as Entidades que se chamaram (quando no mundo da forma tiveram sua fase de sofrimento, martírio ou elevação espiritual e religiosa) Jorge, Sebastião, Jerônimo, Miriam ou Maria de Nazaré, Cosme e Damião, e, principalmente, Jesus, o qual consideramos como Orixalá (Senhor da Luz de Deus), porque reflete diretamente a Vibração Original de Orixalá, o Supremo "Khristos" e supervisiona esta Linha, bem como as demais, em sua fase de ação no Planeta Terra.

Com exceção de Jesus, os demais são Orixás não incorporantes que dirigem, cada um, uma Legião, entre as Sete que compõem cada Linha. Assim é que vamos definir melhor a Entidade de Jorge é o que projeta sua identificação com Ogum de Lei (a Justiça executante).

A Entidade de Sebastião é o que projeta sua identificação como Caboclo Arranca-Toco (em analogia com a árvore em que amarraram este mártir). Jerônimo identifica-se como Xangô-Kaô (Kaô que dizer o éter do Céu, a pedra do Céu, e ainda o Senhor que julga). Maria de Nazaré (Aquela que teve a graça) identifica-se como a Cabocla Yara ou a Mãe das Águas. Cosme e Damião (os puros, os iluminados pela bondade) identificam-se como os próprios – Cosme e Damião.

Estas identificações se processam por intermédio de enviados de 2.º Grau, ou seja, de Orixás-intermediários da mesma Vibração e nome, que são incorporantes.

Chamamos a atenção do leitor, mais uma vez, para o mapa n.º 2 da Numerologia, que situa e distribui bem essas Entidades, mostrando que cada UM destes citados, dentro da Linha, é UM igual a MAIS SEIS, isto é, existem Sete Orixás intermediários. Chefes não incorporantes com funções iguais entre si em cada Linha.

Queremos definir ainda nossas diretrizes "internas" quanto à "situação" das variadas estátuas ou imagens existentes nos "Congás" de quase todas as Tendas e Cabanas que se expressam em nome da Umbanda, como "uma consequência natural que vem arraigada na mente das multidões, por séculos e séculos de atavismo.

Reconhecemos o fato, mas admitimos que muitos dirigentes as tenham, como uma "necessidade psicológica", isto é, para serventia como "ponto de apoio", a fim de provocar determinadas "correntes mentais" necessárias ao encaminhamento de certas vibrações, pois que a maioria destas "multidões" vêm, desde milênios, sendo doutrinada por meio do verbo de todos os taumaturgos e profetas, no sentido de se

Umbanda de Todos Nós

elevarem a Deus, em espírito e verdade. Mas, como poderão fazê-lo, se seus evolutivos ou graus espirituais mal alcançam o plano da mente intelectual?

Por certo que, do seio dessas multidões, muitos vão se sobressaindo em relação a esses mesmos evolutivos, à procura do Caminho e seguem "as vias" que suas afinidades indicam, mas "no todo", sempre necessitaram de "representações simbólicas", como veículos de fixação e correspondentes ligações, fatores nunca desprezados pelos que tentam educá-las ou elevá-las à "essência da coisa".

Dentro da Lei de Umbanda, porém, "essas coisas" não têm, de fato, valor real, religioso, espiritual, em absoluto. Apenas são aproveitadas na "magia sugestiva" como qualquer outro elemento que sirva como "fixação intermediária"...

Sabemos reconhecer que as Entidades militantes da Lei de Umbanda do 1.º e 2.º Planos não fazem a menor questão de imagens, sejam quais forem, bem como entre seus expoentes que são qualificados como Protetores no 3º Plano, em maioria, também não se apegam a estas "representações", aceitam-nas apenas como "elementos auxiliares a seus movimentos ou objetivos"...

Labora em profundo erro quem pensar que nós, Umbandistas praticantes do círculo interno, adoramos ou veneramos imagens ou estátuas de gesso, madeira, ferro ou barro... Todavia, reconhecemos sermos viventes no mundo das formas materiais ou humanas e, naturalmente, sabemos também que a percentagem entre os habitantes do Planeta Terra "quer em cima quer embaixo", de Iniciados ou Evoluídos, não é maioria e, assim sendo, aceitamos o alcance mental de todos nossos demais irmãos, dentro da "circunstância" e não queremos ter a pretensão de modificar, de repente, aquilo que somente o despertar da alma consciente faculta entender...

Não obstante, fazemos tudo para precipitar este DESPERTAR, combatendo e esclarecendo, quanto a este surto de idolatria fetichista que toma impulso nos arraiais ditos umbandistas, lembrando tanto quanto possível, que: "não farás para ti imagens de escultura nem alguma semelhança do que há em cima no céu ou embaixo na terra, nem nas águas, nem debaixo da terra. Não te encurvarás a elas nem as servirás".[68]

Portanto, coerentes com nossas diretrizes espirituais, depois de um longo período de esclarecimentos, em paralelo com práticas tendentes a impulsionar o evolutivo dos aparelhos e frequentadores da pequenina Tenda que dirigimos, conseguimos abolir imagens, sem que esta situação causasse surpresa ou "choques mentais" em seu corpo mediúnico.

---

68 Ver "ÊXODO XX 4,5".

Queremos esclarecer, ainda, que as coletividades afins ao 3.º Plano da Lei de Umbanda, onde estão situados também os Cultos Africanos, sofrem influências ou tendências em seus rituais ou práticas quanto à conservação de imagens. Mas, todos estão a par dessa questão de sincretismo, como e por que se processou.

Nenhum estudioso desconhece que nossos irmãos africanos, quando vieram escravizados para o Brasil, não eram "pagãos", visto que já tinham os seus cultos, suas concepções, seus deuses, divindades, práticas etc. conservadas na alma desde a terra natal. No entanto, que tinham de se adaptar às "circunstâncias e às imposições da nova terra" e logo sofreram a influência e a catequese da Religião imperante, que foi, pouco a pouco, identificando suas divindades com alguns santos, inclusive a aceitação das respectivas imagens, dando-lhes atributos semelhantes.

Dessa época aos nossos dias, o tempo consolidou essa adaptação. Reconhecemos o fato e as circunstâncias, dentre as quais ainda imperam esses caracteres consequentes... No entanto, temos mais alguma coisa a dizer sobre essa questão de imagens. É necessário que se comece desde já a despertar uma autoconsciência religiosa no meio umbandista.

Atualmente, o uso dessas imagens não mais se justifica, é vexatório, humilhante. Sim, é imperioso aos dirigentes umbandistas situarem suas tendências ou afinidades. Ou são católicos, porém, admitindo a mistura de crenças, enraizadas nos templos onde essas imagens são verdadeiramente seus atributos ou então desfaçam-se delas, como o fizemos (esclarecendo o corpo mediúnico, demonstrando a "razão de ser" da criação em várias religiões, do simbolismo das estátuas ou imagens, e como todas têm suas apresentações adequadas com a corrente religiosa que as particularizaram, para não serem incriminados de usurpadores de práticas alheias...

Estamos no século XX, era da bomba atômica, do jato propulsão, dos foguetes estratosféricos, da televisão, da metapsíquica etc. e não recuados de três ou quatro séculos, tal e qual nossos irmãos africanos que aceitaram essas imagens, menos pela ignorância, mais devido às "circunstâncias". Comparando as épocas, os que continuarem com elas, como atributos, da Lei de Umbanda ou mesmo como de seus subagrupamentos afins – os cultos africanos – vêm se situar como mais atrasados ainda...

Se houvesse a desculpa de todos se definirem como praticantes de uma ou de outra modalidade dos citados cultos, seria compreensível. Mas faça-se uma "enquete" e verificar-se-á que, em quase a maioria, todos se dizem seguidores da Lei de Umbanda.

Temos certeza de que com este singelo compêndio, sem pretensões exageradas, vamos angariar opositores, críticos e inimigos, mais do que já os temos feito com os nossos artigos em "Jornal de Umbanda", porém a essência da Lei,

Umbanda de Todos Nós

suas verdades, seus fundamentos, conforme os damos aqui, podem contestar, desfazer, enfim, digam o que disserem, mas sabemos que, no fundo, onde suas consciências falam, algo lhes dirá que, se não estamos com toda VERDADE, pelo menos estamos defendendo VERDADES que afirmamos em qualquer situação, pois queremos deixar bem claro que não fizemos este livro para agradar a quem quer que seja, e sim por ordem Superior.

Ele é endereçado às "qualidades" e não às "quantidades". Isso é o que nos interessa, pois outros surgirão, mais capazes, para esclarecer cada vez mais esta Umbanda de todos nós, pô-la em seu verdadeiro lugar como Religião, como Ciência, como Filosofia e como a Magia redentora que guiou e vem guiando as primitivas revelações, dentro de uma só Lei, não obstante as fusões, cisões, que a fizeram "perdida" temporariamente.

2.ª PARTE

1.º CAPÍTULO
FORMA E APRESENTAÇÃO DOS ESPÍRITOS NA UMBANDA

Ao penetrarmos neste assunto, sabemos, de antemão, que vamos contrariar uma grande parte do "meio" aferrada a "esquisitas visões"; porém nosso objetivo é separar o joio do trigo, pela ridícula confusão que o fanatismo, irmão do fetichismo, faz das FORMAS ou ROUPAGENS FLUÍDICAS que os Orixás, Guias e Protetores usam em nossa UMBANDA.

Não devemos, em absoluto, aceitar as descrições fantásticas que videntes, intoxicados de animismo, fazem de supostas Entidades... Alguns veem Oguns Japoneses, Mongóis, Tibetanos e até Romanos, de couraças, espadas ou cimitarras flamejantes, quando não é um "Xangô" chinês, na aparência de um velho mandarim... Outras vezes, afirmam que Oxossi é um jovem hindu ou italiano, de cabelos não compridos, com um manto púrpura ou um homem de cor morena jambo, com uma faixa na cinta e três flechas enfiadas no corpo, tal e qual o *modelo* fabricado pelos *santeiros*.

A Umbanda é a Lei regida por princípios e regras em harmonia que não podemos alterar pela simples vontade; todos os que, conscientemente, tentaram alterá-la sofreram diferentes dissabores...

Repetimos e afirmamos, a Umbanda é o movimento do Círculo Inicial do Triângulo, e este é o Ternário ou a Tríade, que exterioriza suas vibrações por meio das TRÊS FORMAS ordenadas pela Lei, que são místicas, pois simbolizam:

a) a **PUREZA**, que nega o vício, o egoísmo e a ambição;

b) a **SIMPLICIDADE**, que é o oposto da vaidade, do luxo e da ostentação;

c) a **HUMILDADE**, que encerra os Princípios do amor, do sacrifício e da paciência, ou seja, a negação do poder temporal...

As três formas que simbolizam essas Virtudes são as de CRIANÇAS, CABO-CLOS[69] e PRETOS-VELHOS, que ainda traduzem: o Princípio ou Nascer, o Meio ou a Plenitude da Força e a Velhice ou o Descanso, isto é, a consciência em calma, o abandono das atrações materiais... O esquecimento do ilusório para o começo da realidade.

No entanto, o Espírito, o nosso Eu Real, jamais revelou nem revelará sua verdadeira "forma", compreenda-se bem, sua "forma essencial". Ele externa sua consciência, seu livre-arbítrio, por sua alma, pelo corpo mental, que engendra os elementos para a formação do cognominado corpo astral ou perispírito, que é uma "forma durável", fixa, podemos dizer. Tentaremos então explicar que o Espírito não tem Pátria, porém conserva em si ou forma da sua alma pelos caracteres psíquicos de vários renascimentos em diferentes Pátrias.

O conjunto desses caracteres psíquicos experimentais contribui para formar sua personalidade moral e mental, influindo decisivamente na "forma" de seu corpo "astral" e mesmo na física quando encarnado. Poderá, pelo resgate, elevar-se ou evoluir tanto, espiritualmente, que sua imediata condição, estando de tal forma purificada, anula completamente os caracteres pessoais de sua última encarnação, e o seu corpo astral pode tomar uma "forma etérica" que apaga, em aparência, aquela que caracterizou essa passagem pelo "mundo da forma humana".

Assim, devemos concluir que existe maior quantidade de formas astrais feias, baixas, de aspectos brutais, reveladoras do atraso mental de seus ocupantes espirituais, do que de formas belas que expressam a Luz, a consciência evolutiva.

Os ocupantes das formas que revelam um carma limpo, uma iluminação interior, é que são chamados a cumprir missão na Lei de Umbanda e, por seus conhecimentos e afinidades, são ordenados em uma das Três Formas já citadas... Velando, assim, suas próprias vestimentas cármicas.

Essa metamorfose é comum aos que tomam a função de Orixás e Guias, que assim procedem escolhendo, por afinidade, uma dessas formas em que muito sofreram e evoluíram numa encarnação passada.

---

69 A palavra caboclo é genericamente usada para qualificar todos os espíritos que se apresentam na "forma" de índios.

Para os que estão classificados como Protetores, em quase maioria, não se faz necessário essa transformação porque conservam ainda uma das três formas em seus corpos astrais, quais sejam: Crianças, Caboclos e Pretos-Velhos.

Saibam todos que tudo isso não é mera concepção nossa: obedece à lógica, ao estudo e à experiência verificadas em centenas de aparelhos, por meio das respostas de suas Entidades sobre o assunto. Se não, vejamos, na mais simples e clara das provas: perguntem, por meio de um bom aparelho que não seja do qualificado de "consciente" a qualquer Guia, quer de Xangô, Ogum, Orixalá, Yemanjá, Yori etc. se ele é Japonês, Chinês, Inglês ou Italiano... Na certa responderá que não, pois, no momento, está ordenado por uma dessas Vibrações ou Linhas, e dirá, por exemplo: sou um Ogum, Orixá e Caboclo, ou dirá, Caboclo X da Falange de Ogum Yara, Ogum Megê ou Ogum de Lei etc.

Se forem Entidades que se apresentam como Crianças, responderão, por exemplo: sou Yariri, Orixá da Vibração ou Linha de Yori ou, então, sou "X" da Falange de Yariri, Doum ou Uri etc.

Perguntem, ainda, a um que se apresente como Preto-Velho e ele dirá que é Pai "X", por afinidade, um Congo, um Angola, um Cambinda etc., da Vibração de Yorimá ou da Falange de um Pai Arruda, Pai Guiné, Pai Tomé, que são Orixás, isto é, chefiam Legião ou Falange.

Como poderão compreender, tudo gira e se expressa nas Três Formas, ou seja, na Tríade, que por analogia é o reflexo da Trilogia Sagrada, o Ternário Humano, sintetizado na Unidade que é a manifestação de Deus.

"O número três reina por toda parte no Universo", disse Zoroastro, e este Universo é Tríplice em suas três esferas concêntricas: o Mundo Natural, o Mundo Humano e o Mundo Divino. Até no Homem são três as partes que o formam: Corpo, Alma e Espírito. Porque foi da combinação de Três Forças Primordiais (Espírito, Alma e Matéria) que surgiu a forma dos Seres que povoam os Universos dentro do Cosmos, limitado e ilimitado em si mesmo.

Ainda é a força sagrada do número três que forma os cultos trinitários. Exemplos: na Índia com Brahma, Visnu e Shiva; a própria unidade do cristianismo com o Pai, o Filho e o Espírito Santo; no Egito é Osíris, íris e Hórus; na China, é Brahma, Shiva e Buda; na Pérsia de Zoroastro, era Ozmud, Arihman e Mitra; na primitiva Germânia, era Votan, Friga e Dinar; os órficos na Grécia apelidavam de Zeus, Deméter e Dionísius; na antiga Canaã, era Baal, Astarté e Adônis Echemun... E os Cabiras, povos de inconcebível antiguidade, regiam seus mistérios de forma trinitária, com EA (pai), Istar (mãe) e Tammuz (filho) e, por fim, vamos chegar à Umbanda com lamby (Zamby), Yemanjá e Orixalá (ou Oxalá).

Citamos tudo isso para que possam conceber, com provas comparadas, que as formas, na Umbanda, de Crianças, Caboclos e Pretos-Velhos, obedecem a uma

Umbanda de Todos Nós

Lei. Não é simples imaginação de A ou de B. Segue o mistério do número três... É a confirmação de uma trilogia religiosa.

Quanto à chamada apresentação desses Espíritos, cremos ter ficado patente que o fazem sempre e invariavelmente dentro dessas três roupagens fluídicas como Orixás, Guias e grande percentagem dos que chamamos de Protetores, porque, parte desses não necessita dessa adaptação por já a conservarem como próprias.

Nessa altura, faz-se necessária uma elucidação: sabemos, pelos ensinamentos dos Orixás, que essa Lei, essa Umbanda, é vivente em outros países, talvez não definida ainda com esse nome, porém os princípios e as regras serão os mesmos. Quanto às "formas", são ou poderão ser as três que simbolizem, nesses países, os mesmos qualificativos que os nossos, ou sejam, os mesmos no Brasil (Pureza, Simplicidade e Humildade).

Agora, por suas apresentações nos aparelhos ou médiuns, devemos compreender como características tríplices das manifestações chamadas incorporativas que se externam:

1.º pelas flexões fisionômicas vocais e psíquicas;
2.º pelo ponto cantado ou prece;
3.º pelos sinais riscados ou pontos de pemba.

Essas características, salvo situações especiais, são inalteráveis em qualquer aparelho, cujo dom real o qualifique como Inconsciente (totalmente dirigido) ou Semi-inconsciente (parcialmente dirigido).

Então, vamos passar a identificar, de um modo geral, os sinais exteriores, os fluidos atuantes e as tendências principais dos Orixás, Guias e Protetores, por meio de suas "máquinas transmissoras", pelas Vibrações ou Linhas, em número de SETE:

1.º) Linha ou Vibração de ORIXALÁ:

Essas Entidades usam a roupagem de Caboclos. São as mais perfeitas nas manifestações. Não fumam, mesmo no grau de Protetores, e não gostam de ser solicitadas sem um motivo imperioso além das 21 horas. Suas vibrações fluídicas começam fixando-se pela cabeça, por cima, na altura da glândula pineal e vão até aos ombros com uma sensação de friagem pelo rosto, tórax e certo nervosismo que se comunica de leve ao plexo solar. A respiração faz-se quase somente pela narina direita, entrecortada de suspiros longos. O movimento que indica o controle na matéria vem com um sacolejo quase que geral no corpo. Falam calmo, compassado e se expressam sempre com elevação, conservando a cabeça do aparelho, ora baixa ora sem ser levantada...

Seus pontos cantados são verdadeiras invocações de grande misticismo, dificilmente escutados hoje em dia, pois é raro assumirem uma "chefia de cabeça" e quase nunca uma função auxiliar efetiva (um dos Orixás-Chefes, se não o mais antigo, é o Caboclo Urubatão; o autor, em seu eterno "peregrinar" em incontáveis "terreiros", teve momentos de verdadeira "agonia mental" quando era obrigado a cumprimentar "aparelhos" com "encosto" de Exu, dizendo-se, por vaidade ou puro animismo, ser aquela Entidade. Essa "agonia" era por ver as tremendas falhas da "representação", vistas e sentidas por seus próprios companheiros, que olhavam a "cena" divertidos e irônicos).

Baixam raras vezes e só o fazem amiúde, quando encontram a mediunidade de um ou outro em excelente estado moral e mental. Seus sinais riscados são quase sempre curvos e formam desenhos de grande beleza: dão a Flecha, a Chave e a Raiz...

As Entidades apresentam-se invariavelmente calmas, quase não falam, consultam pouco e não assumem "chefia de cabeça", porém são sempre auxiliares

2.º) Linha ou Vibração de YEMANJÁ:

Fazem sentir seus fluidos de ligação pela cabeça, braços, joelhos. Balançam o corpo do aparelho suavemente, levantando os braços em sentido horizontal, flexionando e tremulando as mãos, arfando um pouco o tórax, pela elevação respiratória e, balançando a cabeça, tomam o controle do médium. Não dão gemidos lancinantes nem fazem corrupios com um copo de água seguro pelas mãos no alto da cabeça como se estivessem em exibição circense. Gostam, isso sim, de trabalhar com água salgada ou de mar, fixando vibrações, porém serenos, sem encenações.

Suas preces cantadas ou "pontos" têm ritmo triste, falam sempre no mar e em Orixás da dita Linha. Seus pontos riscados são de contornos longos e dão a Flecha, a Chave e a Raiz...

3.º) Linha ou Vibração de YORI:

Essas Entidades, altamente evoluídas, externam pela máquina física, maneiras e vozes infantis, mas de modo sereno, às vezes, apenas um pouco vivas. Nunca essas ridicularias, onde certos "cavalos" usando e abusando do chamado dom "consciente", expelem seus subconscientes atulhados de superstições e vícios de origem com gritos e "representações fúteis".

Umbanda de Todos Nós

Atiram seus fluidos sacudindo ligeiramente os braços e as pernas e tomam rapidamente o aparelho pelo mental. Gostam, quando no plano de Protetores, de sentar no chão e comer coisas doces, mas sem desmandos. Dão consultas profundas e são os únicos que adiantam algumas das provações que ainda temos de passar, se insistirmos nisso. Tornamos a lembrar: isso, apenas se estiverem em aparelhos de excelentes mediúnicos.

Suas preces cantadas falam muito em papai e mamãe do céu e em mantos sagrados. São melodias alegres, umas vezes, tristes outras, e não esses ritmos estilizados que é comum ouvirmos.

Seus pontos riscados são curtos e bastante cruzados pela Flecha, Chave e Raiz...

4.º) Linha ou Vibração de XANGÔ:

Essas Entidades usam a forma de Caboclos e se entrosam no corpo astral de maneira semibrusca, refletindo-se em arrancos no físico; suas vibrações atingem logo o consciente do aparelho, forçando-o do tórax à cabeça, em movimentos de meia rotação e pela insuflação das veias do pescoço, com aceleração pronunciada do ritmo cardíaco na respiração ofegante até normalizarem seu domínio no físico.

Emitem não um urro histérico alucinado que traduzem como "ka-ô", acentuando as sílabas, e sim, uma espécie de som silvado, da garganta para os lábios, que parece externar o ruído de uma cachoeira ou um surdo trovejar.

Não gostam de falar muito. Seus pontos cantados são sérias invocações de imagens fortes e podem ser cantados em vozes baixas.

Seus pontos de pemba ou sinais riscados fixam o mistério da Flecha, da Chave e da Raiz.

5.º) Linha ou Vibração de OGUM:

Têm a forma de Caboclos. Essas Entidades vibram também com força sobre o corpo astral fixando seus fluidos pelas costas e cabeças, precipitam a respiração e tomam o controle do físico, quando o alteram para um porte desempenado. Geralmente dão uma espécie de "brado" que, num bom aparelho, se entendem bem as duas sílabas da palavra Og-um, como invocação à Vibração que o ordena.

Jamais esses brados podem ser confundidos com certos "uivos e latidos" que se escutam em "alguns" lugares, em pessoas que se dizem mediunizadas com esgares e olhos injetados de vermelho, que indicam bebida alcoólica ou autossugestão.

Esses Espíritos gostam de andar de um lado para outro e falam de maneira forte, vibrante e em todas suas atitudes demonstram vivacidade. Suas preces cantadas ou pontos traduzem invocações para a luta da fé, demandas,etc.

Seus pontos riscados são semicurvos e revelam a força da Lei de Pemba pela Flecha, Chave e Raiz.

6.º) Linha ou Vibração de OXOSSI:

Têm a forma de Caboclos: os Orixás, Guias e Protetores são suaves em suas apresentações ou incorporações. Jogam seus fluidos pelas pernas, com tremores e ligeiras flexões delas (nessa altura, daremos um alerta aos irmãos de todos os graus que forem aparelhos em função de chefia: é em proporção assustadora que se observa na maioria dos aparelhos que dizem incorporar Caboclos, principalmente de Oxossi, um vício ou uma propensão oriunda do subconsciente fortemente influenciado por "conhecimentos externos", em simularem um aleijão da perna, geralmente à esquerda, como se todos os espíritos na forma de Caboclos fossem ou tivessem sido defeituosos da dita perna.

Um Orixá de Luz, um Guia evoluído, não conserva em sua norma astral essa mazela, que deixou por meio do resgate purificador dos erros que geraram aquela encarnação, que ficou apenas como experiência de uma fase escura em seu passado... Talvez um ou outro, no grau de Protetor, por necessidade de seu próprio carma, conserve essa consequência, mas daí a generalizar o hábito, não passa de infantilidade ou, então, acham que devem conservar uma perna flexionada, conforme a tem a imagem de S. Sebastião, supondo que todos os Caboclos são seus enviados e obrigados a manter a mesma postura...

Assim, como vínhamos dizendo, essas Entidades fluem suavemente pela cabeça até a posse total ou parcial. Falam de maneira serena e seus passes são calmos, assim como seus conselhos e trabalhos. Suas preces cantadas traduzem beleza nas imagens e na música: são invocações, geralmente tristes, às forças da Espiritualidade e da Natureza.

Os pontos riscados são de sinais elegantes, pela Flecha, Chave e Raiz.

Umbanda de Todos Nós

7.º) Linha ou Vibração de YORIMÁ:

Essas Entidades são verdadeiros magos, senhores da experiência e do conhecimento em toda espécie de magia. São os Orixás-Velhos da Lei de Umbanda – são donos do mistério da "Peroba" nos sinais riscados, da natureza e da alma humana. Têm a forma de Pretos-Velhos e se apresentam humildemente, falando um pouco embrulhado, mas, sendo necessário, usam a linguagem correta do aparelho ou do consulente.

Geralmente, gostam de trabalhar e consultar sentados, fumando cachimbo, sempre numa ação de fixação e eliminação, por meio de sua fumaça. Falam compassado e pensando bem no que dizem. Rarissimamente assumem chefia de cabeça, mas invariavelmente são os auxiliares dos outros Guias, o seu "braço-direito".

Seus fluidos são fortes porque fazem questão de "pegar bem" o aparelho. Começam suas vibrações fluídicas de chegada, sacudindo com certa violência a cabeça e o ombro esquerdo, em paralelo com o arcar do tórax e das pernas.

Cansam muito o corpo físico, pela parte dos rins e membros inferiores, com a posse do aparelho, conservando-o sempre curvado. Seus fluidos de presença vêm como uma espécie de choque nervoso sobre a matéria e emitem um resmungado da garganta aos lábios, quando se consideram firmes na incorporação.

Os pontos cantados são os mais tristonhos entre todos e revelam um ritmo compassado, dolente, melancólico; traduzem verdadeiras preces de humildade.

Os pontos riscados obedecem a uma série de sinais entrelaçados, às vezes retos, outros em ângulo. Temos encontrado neles, semelhantes a certas letras dos alfabetos primitivos ou Templários e dão logo os três sinais riscados expressivos da Flecha, Chave e Raiz. Outrossim, nas "formas" de Pretos e Pretas-velhas, existem os que se apresentam por afinidade, como um angola, um congo, um cambinda etc. e costumam até conservar em sua "forma astral" certa reprodução de características que identificavam chefia, função etc. entre os povos da raça negra muito comum entre os que são qualificados de Protetores.

Essas afinidades também são semelhantes nos espíritos que têm a forma de Caboclos, comum aos que possuem ainda o evolutivo de Protetores. Quanto à "forma" ser nova ou velha, não altera a essência da coisa, pois, no fundo, é a mesma.

Essas são, em síntese, o "mistério" das Três Formas em suas apresentações na Umbanda. Somente os SETE Orixás principais de cada Linha são não incorporantes... Porém, já o dissemos algumas vezes, excepcionalmente, conferem suas vibrações diretas sobre um ou no máximo sete aparelhos, quando, dos espaços siderais, eles observam a Lei sendo chafurdada e confundida na idolatria, como o está sendo nos tempos presentes...

Certa maioria continua "reverenciando" estátuas a granel, de bruxos e bruxas e de supostas representações de Exu com serpentes, ferrão, cornos, capas pretas ou vermelhas do suposto Diabo da Mitologia...

Tudo isso, vem crescendo assustador e deprimente, pois que, já são existentes em dezenas e dezenas de "terreiros", sendo cultuados com "comes e bebes..."

E é então que essas vibrações diretas se fazem ouvir por meio das vozes dos pequeninos que se tornam grandes, quando se trata de recompor as Verdades Perdidas que refletem a própria Lei do Verbo.

2.º CAPÍTULO
A MEDIUNIDADE NA LEI DE UMBANDA

A mediunidade é uma faculdade que, dizem, é comum a todos em maior ou menor intensidade, ou melhor, em estado positivo, ela está em todos nós e em estado ativo em número muito reduzido de pessoas. Mas essa assertiva tem sido tão mal interpretada, como também o são os estudos que propagaram das conclusões tiradas sobre seus "efeitos", ou seja, da exteriorização desta mediunidade por meio de suas manifestações, as quais estudaram mais a parte "visível e externa" dessas manifestações pela maneira como se apresentam nos médiuns, pode ser constatado na farta literatura existente. E estes estudos, que são mais um belo corpo de doutrina, foram transformados em ensinamentos práticos e básicos, faltando, no entanto, terem posto em relevo, para mais precisa orientação, como esta mediunidade atua e como se precipitam "certas causas" em seu "mecanismo de fixação e ligação" nas partes psíquicas, sensorial e motora dos aparelhos em qualquer uma de suas modalidades.

Acreditamos ser inexequível a revelação desses conhecimentos, mas que se fizessem reservas claras e precisas às interpretações diretas e gerais, para que os ditos ensinamentos, que propagaram como básicos, sendo mais das "apresentações exteriores", não viessem dando margem a que esta mediunidade redentora sirva de cobertura e justificativa para tantas criaturas externarem suas frustrações, essas

Umbanda de Todos Nós

123

mesmas que Freud explica tão bem, e ainda para outros porém em evidência uma série de complexos e limitações.

E é vendo este lastimável estado de coisas que indagamos, contritos e pesarosos:

— Mediunidade, ONDE estás?

"Lançaram-te no mercado da vida, como lenitivo ou solução para todos os males, e, hoje, em dia, os famintos, de bálsamos miraculosos, buscam em ti a droga salvadora que pensam adquirir graciosamente... E assim, os espertos, aproveitando--se desta situação, transformaram-te na 'coisinha' mais corriqueira nos balcões dos interesses, da ignorância e mais, muito mais, nos da ingenuidade".

"Tuas escolas de propaganda foram além do que esperavas, mas somente não especificaram em letras garrafais, que, em ESTADO ATIVO, ATUANTE, ESTÁS EM BEM POUCOS DE NÓS..."

Desconfiamos e, quem sabe, podemos até afirmar que UM MOVIMENTO, que qualificamos como de RETRAÇÃO, obediente à Lei do Equilíbrio, TORNOU esta "coisinha que fizeram corriqueira", em uma espécie de "agulha no palheiro", que se procura, de lanterna acesa, no mostruário, das exibições dos tempos que correm...

Para mostrarmos da vulgaridade com que se pratica a Umbanda, em grande parte do meio, vamos relatar a título de ilustração, o seguinte fato: no ano passado, em determinado setor, onde esta mediunidade é o vértice que impulsiona a razão de ser das multidões que ali acorrem, houve uma festa, isto é, uma tamanha reunião de médiuns, que nesta ocasião pensamos, este Dom deveria ter-se "condensado" tanto, por meio das vibrações e da junção dos veículos, que, por certo, teria de acontecer "algo de inédito"... No entanto, pelos comentários posteriores, de inúmeros aparelhos que por lá trafegaram, a "coisa" esteve tão boa que disseram curimbas ou sambas iguais jamais perderiam – nunca se divertiram tanto... Mas indagamos. Se vocês tiveram manifestações de seus Guias e Protetores, como podem ter-se divertido tanto? Esboçaram um riso irônico, um olhar matreiro e compreendemos tudo.

E é comum, assim, representarem a Lei de Umbanda, sempre com festanças, batuques e músicas esquisitas, quando não são plagiadas do ritual de outras religiões, como é de observação trivial em muitos "centros".

Parem, senhores mentores, com essas deturpações de uma Lei, que fazem ao sabor de suas vaidades e personalidades!

"Saibam que se processa um Movimento na direção espiritual desta Umbanda de todos nós, cujos Orixás, Guias e Protetores estão vigiando, com o 'índex dirigido' aos elementos retrógrados, que continuam emperrando o seu progresso, postergando os ensinamentos dessas mesmas Entidades".

"Saibam que, realmente, dentro dessa mesma Umbanda que não querem levar a sério, os tempos são chegados e, se não creem, como supomos, aguardem... E verão, no rolar das pedreiras, quantas pedras cairão..."

"Há um princípio que, estou certo, todos os Espíritas admitem: é que os semelhantes atuam com seus semelhantes e como seus semelhantes. Ora, quais são os semelhantes dos Espíritos senão os próprios encarnados e desencarnados?"[70]

Dentro da mediunidade existem aparelhos cujo dom é inerente à Lei de Umbanda e que afere em TRÊS PLANOS de vibrações mentais, formando uma hierarquia de Espírito para Espírito, de evolutivo para evolutivo, obedecendo ao Ternário de todas as coisas e princípios. Assim é que esses Planos se formam em Sete Graus intermediários por afinidades com os Orixás, Guias e Protetores militantes de uma só Lei.

No **PRIMEIRO PLANO**, faz-se sentir sobre um mental elevado, de ótima inteligência, intelecto desenvolvido por mente espiritual já influenciada por sólidas concepções. Estes são os aparelhos de um **CARMA MISSIONÁRIO**, escolhidos pelos Orixás (espíritos que têm função de chefia nas Legiões, Falanges e Subfalanges da Umbanda, altamente evoluídos e que praticamente dirigem os demais expoentes da Lei), para externarem os reais fundamentos que somente eles estão capacitados a tal.

Segundo nossa observação e a opinião de dezenas e dezenas de Entidades, colhidas em meticulosos e pacientes "trabalhos" de indagações, quando tínhamos a felicidade de encontrá-los em positivas incorporações, esses aparelhos estão, no momento, em proporção de 5%.

No **SEGUNDO PLANO**, estão os de um **CARMA EVOLUTIVO**, cujo "dom" está em atividade num bom mental, boa inteligência, relativos conhecimentos, com capacidade para conceber certos princípios, por um intelecto já bastante desenvolvido: eles se tornam veículos dos GUIAS (Espíritos que têm Chefia de Grupamentos, também de grande saber, intermediária entre as "ordens de cima e as execuções de baixo"). Esses aparelhos, na atualidade, se contam em proporção de 15%.

No **TERCEIRO PLANO**, estão todos cuja mediunidade é pura ou simplesmente de efeitos karmânicos, isto é, **PROBATÓRIA**, por consequências diretas. Têm de resgatar por acréscimo de um dom que lhes foi outorgado para contrabalançar uma série de ações que se chocam em seus evolutivos.

A maioria não leva em conta essa faculdade; seus próprios intelectos se negam a raciocínios e conhecimentos sérios – são apenas "máquinas transmissoras" dessa infinidade de Protetores integrantes de Grupamentos que os escolhem por afinidades e obedientes à Lei coordenadora. No momento, esses aparelhos encontram-se na proporção de 80%.

---

70 Ver a obra *Livro dos Médiuns,* de Allan Kardec.

Umbanda de Todos Nós

Enfim, neste plano, podem ser enfeixados no conceito do Sr. Edgard Armond, quando este diz: "A mediunidade da maioria, portanto, sendo uma marca de inferioridade, de retardamento, de imperfeição, indica que esses médiuns possuem tonalidade baixa, vibração lenta, luz vaga e imprecisa, sensibilidade grosseira, somente podendo afinar-se com elementos de igual espécie e condições, isto é, com forças e entidades de planos inferiores".[71]

Continuemos fazendo nossas as palavras deste autor: "É claro que não estamos subestimando ou desmerecendo aos médiuns pessoalmente, mas simplesmente classificando-os segundo seus valores mediúnicos; todos nos merecem respeito e suscitam em nós, pela natureza edificante de suas tarefas, os melhores sentimentos de afeto e solidariedade".

Prosseguindo, entra em concordância conosco, mais uma vez revelando um conhecimento que é lei, na Umbanda, ao afirmar: "E, como é natural, os próprios protetores individuais desses médiuns possuem qualidades correspondentes, estão mais ou menos em igualdade de condições, muito embora no desempenho de tarefas úteis e na posse, como é lógico, de um certo adiantamento e superioridade espiritual sobre aqueles que os auxiliam: como cooperadores de entidades mais elevadas, que dirigem agrupamentos e serviços mais amplos e importantes, cumprem eles, assim, também seu dever e obtêm, por esse modo, oportunidade de, a seu turno, melhorarem e evoluírem".

Queremos salientar que a base moral é imprescindível a qualquer dos três "estados" descritos e não a citamos em cada um, por desnecessário, pois sabemos, e o leitor também, que sem ela a mediunidade passa a ser apenas um "distúrbio" ou uma "doença", cujos efeitos podem ser vistos e sentidos por quem se dispuser ao estudo e à pesquisa neste setor.

Porém, como dissemos, esses planos ou graus estão dentro de uma Lei que tem por escopo atender às necessidades-evolutivas dos aflitos e retardados de todos os planos e subplanos... nem poderia deixar de sê-lo, pois, segundo Jesus, "nenhuma ovelha do rebanho do Pai se perderá..." Devemos agora esclarecer o "porquê" da mediunidade cujo dom é inato à grande Lei de Umbanda.

Todo observador que fizer uma pesquisa nos diferentes setores onde existem as manifestações dos Espíritos, dessa ou daquela forma, verificará que por lá se fazem muitas coisas, porém – limitadas de acordo com a resistência mediúnica e psíquica dos seus médiuns.

---

71 Ver a obra *Mediunidade*, de Edgard Armond, p. 45-46.

Vamos melhorar a explicação, tomando como exemplo (com a devida vênia), o conhecido setor kardecista onde a mediunidade ativa se externa por meio de várias faculdades dos médiuns, já bem conhecidas.

Devemos notar que os espíritos atuantes neste setor, considerados luminares, não revestem suas próprias formas astrais com outras identificáveis como militantes de uma determinada ordem ou coletividade, fatos estes que na Umbanda constituem-se em imperativo. Além disso, suas possibilidades ou conhecimentos são restritos à doutrina, passos, correntes psíquicas, águas fluídicas, operações orgânicas etc.

O fator principal, porém, não está unicamente nesta restrição, que é imperativo de seus próprios Carmas. Eles estão ainda muito arraigados aos caracteres psíquicos de sua última personalidade, não obstante dentro dessas características externarem grandes conhecimentos e evolução, porém limitada pela resistência psíquica e mediúnica. Todavia, essa dita personalidade é bem marcante nos Protetores e Guias que aferem nos 3.º e 2.º Planos mediúnicos inerentes à Lei de Umbanda, apenas não sofrem restrições devido às suas somas de experiências cármicas e consequentes conhecimentos para os capacitarem a um maior campo de ação ou atividades.

Quanto aos orixás-intermediários (Primeiro Plano) sendo altamente evoluídos, tendo pela dita soma de renascimentos e consequentes experiências, adquirido o equilíbrio em suas ações, não estão mais sujeitos a estas consequências, isto é, há muito que deixaram de usar a "forma humana" para veículo de suas ascensões evolutivas; não põem mais em relevo os caracteres psíquicos de sua última personalidade (não queremos dizer com isso, que a percam, seria absurdo), de sua própria alma; se elevam à Alma Universal, ou seja, aos princípios morais que formam sua plenitude: a unidade de ideias, de bondade, de justiça, de amor etc. em síntese, eles se exteriorizam de maneira impessoal.

Como falamos de resistência mediúnica e psíquica, vamos esclarecer também o porquê de assim a considerarmos: todos sabem, e é muito fácil verificar, que nos setores onde existem as comunicações de Espíritos, eles as fazem obedientes a certas finalidades, invariavelmente por meio dos chamados médiuns. Suas finalidades ou objetivos estão circunscritos à resistência psíquica ou mental, em íntima conexão com a capacidade fluídica do corpo astral do médium ou aparelho. Assim, continuemos a comparação com os ditos médiuns do plano kardecista, por serem, como já dissemos atrás, bastante conhecidos (Obs.: os espíritos neste plano, adiantados ou não, por afinidade e obedientes às diretrizes da Grande Lei de Umbanda, foram e continuam sendo encaminhados ou coordenados para "este campo de ação" a fim de adquirirem maiores conhecimentos ou qualidades que os possam capacitar, quando chamados a militarem na Umbanda. Eles formam uma espécie de "reserva" do 3.º e 2.º Planos dessa Lei).

Nesse setor, os espíritos agem da maneira já citada, e isso porque não estão ordenados a mais e mesmo pelo fato de os aparelhos não estarem capacitados, pelo psiquismo e mediunismo que lhes são próprios, a suportar o entrechoque das mazelas, agonias, aflições de toda espécie, casos pessoais, demandas oriundas dos interesses contrariados que levam os consulentes à baixa magia, e, em consequência, à luta imediata com os chamados Elementais e Elementares, com seu cortejo de "larvas" e, logicamente, os Exus, por trás de tudo isso.

É caso perfeitamente comprovado, na prática, que as influências ou vibrações originárias dessas citadas mazelas atuam diretamente na aura e no mental, pelo corpo astral do aparelho receptor e transmissor. É comum as multidões procurarem lenitivo para a maioria de suas "aflições", guiadas por uma intuição inata que lhes diz serem somente os Espíritos militantes nas Tendas e Cabanas da Lei de Umbanda, os indicados para seus casos, e o fazem com a fé e a convicção que possivelmente em outros setores não externam e nem conservam, porque estão guardando apenas as "aparências sociais".

Ora, afirmamos, portanto, que para entrar em choque com todos esses negativos, faz-se mister que o veículo mediúnico seja forte, quer no psiquismo, quer pela qualidade desse Dom, alimentado pela vitalidade fluídica de um corpo astral sadio que o classifica dentro de uma Lei, para mediador dos Orixás, Guias e Protetores que, por meio deles, lidam diariamente, com as variações da magia, positivas ou negativas, sempre para o Bem daqueles que os procuram com várias finalidades, inclusive com a terapêutica astral, na cura de moléstias consideradas insanáveis, pela medicina comum.

Devemos deixar patente que as Entidades da Umbanda, além do todo exposto, dão, como "pão de cada dia", a mesma doutrina, os mesmos princípios morais que norteiam os Evangelhos do Cristo, bebidos nas primitivas fontes onde foram os primeiros a dessedentarem-se.

Passemos agora a expor considerações sobre a modalidade desse Dom, posta mais em prática na Umbanda da atualidade, não obstante todas as demais serem conhecidas. O umbandista, ou melhor, todo aquele cujo evolutivo é tendente à Lei de Umbanda, é um experimentado, ou seja, um "espírito velho", com incontáveis encarnações, que por experiência natural, vivente em seu próprio "Ego", desconfia ou mostra reserva, nas comunicações espíritas dependentes do critério de subconscientes, estejam seus donos sentados, de colarinho duro e gravata, ou deambulando, de pés descalços. Assim é que preferem sempre os aparelhos que incorporam, porque fazem uma aferição *in loco* quanto ao Ser ou Não Ser do caboclo ou preto-velho.

É essa a modalidade de comunicação dos espíritos que se firma com mais intensidade na Umbanda, pela confiança que impõe e que qualificamos de "mecânica de incorporação".

Esta mecânica entrosa duas fases:

1.ª) **FASE INCONSCIENTE:** em que o corpo astral do médium cede *in totum* à direção da máquina física a uma Entidade afim.

Façamos, então, uma imagem comparativa: esta fase é representada pelo chofer que cede seu lugar a outro, confiando-lhe a direção do carro e em absoluto seu subconsciente interfere na ação deste, desde o início até o fim (na mediunidade: manifestação e transmissão), em atitude estritamente passiva e de confiança integral no chofer, ficando completamente "dirigido".

2.ª) **FASE SEMI-INCONSCIENTE:** em que o corpo astral do médium cede parcialmente a direção de sua máquina física a uma Entidade afim.

Na mesma imagem comparativa: é a situação em que o chofer cede seu lugar, mas, como que "receoso", conserva a mão esquerda na direção, como que para impedir, em tempo útil, qualquer falha, mas obedecendo aos movimentos que o outro executa no volante. Fica "semidirigido".

Apenas o subconsciente sabe, mais ou menos, o que se passa, mas não tem força direta para interferir na transmissão da Entidade, e, em geral, depois do transe, ou conserva uma lembrança confusa do ocorrido ou nem ao menos isso.

Esses fatos acontecem quando uma pessoa tem **REALMENTE** o Dom, na mecânica de incorporação. Mas não devemos confundir essas duas variantes de uma qualidade, com a de **IRRADIAÇÃO INTUITIVA**, que transformaram, por ignorância ou conveniência ou mesmo por sugestão, em puro animismo, quando alimentam criaturas inexperientes nessas lides com o ilusório título de "médiuns conscientes".

Vejamos, então, para melhor compreender nossa dissertação, por onde atua um Orixá, Guia ou Protetor, num aparelho de incorporação:

1.º) **NA PARTE PSÍQUICA**, quando transforma os caracteres mentais próprios do médium, pela conversação, inteligência, conceitos e pelo alcance incomum de casos e coisas.

2.º) **NA PARTE SENSORIAL**, quando, por intermédio do corpo astral, atua diretamente no cérebro para coordenar o psiquismo.

Umbanda de Todos Nós

3.º) **NA PARTE MOTORA**, quando domina o corpo pelos braços, pernas e demais movimentos de quaisquer órgãos dos quais quer servir-se.

Essas características imperam no chamado, erroneamente, médium consciente ou, mais acertadamente, no médium de Irradiação Intuitiva? NÃO. Nesse caso, as partes psíquica e motora ficam incólumes; apenas a sensorial, pelo cérebro como órgão interior, imanta do corpo astral certa sensação que põe o mental em receptividade às instruções.

O aparelho, desta qualidade, nem é dirigido nem semidirigido. Fica apenas irradiado pelas vibrações afins de uma Entidade que, achando seu mental em harmonia, flui nele sua inteligência, e ele, aparelho, livre e desembaraçado, sem a menor alteração em sua parte motora, com todo controle psíquico, conscientemente transmite tal como um radiotelegrafista quando recebe mensagem. Segundo nos consta, até o momento, não há nenhuma publicação que ensine como se processa o mecanismo de "fixação e ligação" na mediunidade de incorporação.

A apreensão exata dessas verdades somente poderá ser compreendida na "sintomatologia descrita" por aqueles que verdadeiramente forem médiuns incorporativos, porque lhes é comum também a de irradiação intuitiva e sabem, com segurança, a diferença existente nessas modalidades.

Devemos chamar a atenção dos leigos e dos aspirantes em desenvolvimento mediúnico, para não se deixarem confundir e olharem com muita reserva certas "manifestações" excitadas da mente instintiva, pelos tambores atordoantes e pelo bater de palmas incessante, aliados à desregrada cantoria, que alvoroçam, com eficiência, sensações adormecidas e inatas ao "eu" inferior... E tampouco se deixem embaraçar pelas orientações de "chefes de terreiros" diplomados apenas nas "milongas" que não sabem explicar.

Esses chefes, não permitem, nem estão em condições de sintonizarem as transmissões de legítimos Guias. Possivelmente, seus próprios Protetores já tentaram "penetrá-los" e foram afastados pelos fluidos desarmônicos, ficando a observar as consultas serem dadas em seus nomes...

Porém, o mais triste em tudo isso é vermos pessoas – cuja mediunidade os situa numa modalidade desse Dom – quererem forçá-la para outras que desejam, mas que não lhes são imanentes.

Não poderíamos deixar, nesta altura, de focalizar uma teoria nossa sobre a mediunidade em relação à parte orgânica propriamente dita, produto de experiências pessoais e próprias, que, cremos, abrirá caminho ao estudo e à pesquisa a outros mais aparelhados: cientificamente que nós. Começaremos por "auscultar" a opinião de dois autores considerados luminares no gênero.

Diz Edgard Armond: "No que respeita, porém, à mediunidade ser um fenômeno orgânico, desde já divergimos, em parte, para dizer que a mediunidade normal, natural, é uma circunstância toda pessoal que decorre do grau de evolução de cada um de nós. Evoluindo, conquista o indivíduo crescente percepção espiritual que lhe vai permitindo cada vez maiores contatos com a criação divina, conquanto possa também, em certos casos, obter tais percepções como dádivas, como graça, conforme veremos mais tarde. Mas quanto à faculdade em si mesma, julgamo-la toda espiritual, não orgânica, e todos nós a possuímos e estamos exercendo nos limites de nossas possibilidades próprias".[72]

É claro, analisamos nós agora, que a mediunidade em si mesma, como Dom, faculdade, vem como condição do espiritual, e, de qualquer maneira, é uma injunção cármica, toda pessoal quando se torna atuante. Mas esta injunção do carma condicionado a um estado espiritual, seja pela mediunidade Natural ou pela de Prova (é assim que Edgard Armond classifica a mediunidade), *TEM DE SE MANIFESTAR OU EXTERIORIZAR POR UM CORPO FÍSICO,* e este, sendo matéria, organismo, tem de ter "aptidões especiais" para receber-imantar-exteriorizar a mediunidade por meio de seus vários fenômenos.

Para isso, esta faculdade, quando em ATIVIDADE, ou somente quando atuante, é que faz um indivíduo ser MÉDIUM propriamente dito, pois que sabemos são bem poucos os portadores ativos deste Dom e incontáveis ou que não apresentam condições mediúnicas imediatas, ou melhor, encarnam e desencarnam sem jamais terem manifestado qualquer sintoma de MEDIUNIDADE ATIVA.

Portanto, vamos convir que a mediunidade pode ser dividida em:

a) parte espiritual-cármica;

b) parte animal ou orgânica.

Uma é o complemento da outra e sem essa união, jamais poderia exteriorizar-se no médium. Uma só é possível com a outra, e para que esta mediunidade seja viável num indivíduo, é necessário que seu corpo físico tenha "aptidões especiais", por meio do qual os fenômenos possam se processar ou realizar.

O mesmo autor, entretanto, adianta que: "É difícil localizarmos, no corpo físico, a região ou órgão por intermédio do qual se exerce a intuição. O órgão do intelecto é o cérebro e podemos dizer que a razão tem sede neste órgão. Mas, quanto à intuição, a não ser que se exerça pela glândula pineal (órgão das manifestações mediúnicas), talvez sua sede seja no plexo solar, órgão sensorial supranormal, do 'vago', intimamente ligado ao coração, que é também a sede do sentimento e do amor".

---

[72] Ver a obra *Mediunidade*, de Edgard Armond.

Portanto, deduzimos nós, admite ou supõe que a glândula pineal ou hipófise (ver explicação do Chakra), seja um órgão que faculta as manifestações mediúnicas ou espíritas, bem como a Intuição, ou que o plexo solar seja, talvez, o órgão que forneça elementos para que o mental possa fixar a dita intuição, que não vem pela mente instintiva e sim pela espiritual, pois que ele mesmo afirma ser esta "intrínseca, ilimitada. independente, acima de qualquer lei, pleniciente (?)".

Deixa entrever, dessa forma, necessitar a mediunidade, que o veículo físico tenha "aptidões especiais", em seu próprio organismo, para que os fenômenos se processem. Revela também serem necessárias essas "aptidões" o Sr. Francisco Cândido Xavier (André Luís), quando, examinando médiuns concentrados, diz que "os veículos físicos apareciam quais fossem correntes eletromagnéticas em elevada tensão".

"O sistema nervoso, os núcleos glandulares e os plexos emitiam luminescência particular. E, justapondo-se ao cérebro, a mente surgia como esfera de luz característica, oferecendo, em cada companheiro, determinado potencial de radiação".[73]

Em concordância com o exposto, está o Sr. J. Ramalho, quando afirma: "A mediunidade tem por base o magnetismo, não sendo resultante da sugestão, nem do sono hipnótico, tendo antes uma origem una ou multiforme, em consequência da condensação e concentração de fluidos existentes no Espaço, em estado de irradiação da matéria, que, por afinidade especial ou força de atração, se reúnem no médium".[74] Assim, podemos consolidar nossa "teoria" afirmando que: A mediunidade, na sua parte de manifestação animal, isto é, como fenômeno que atua no organismo, é a propriedade criada por uma precipitação ou abundância de "força vital", ou seja, de Prana ou Pranas, cuja energia circulante, entrando em superatividade, produz, então, "por esta dita energia em maior circulação ou atividade, determinadas substâncias fluídicas ou protoplásmicas, indispensáveis ao processo de manifestação dos fenômenos inerentes a esta mesma mediunidade...".

Essas substâncias fluídicas apropriadas são os elementos geradores que dão ao indivíduo a propriedade de ser médium e que ainda determinam ou particularizam as diferentes modalidades deste Dom.

Prana é a força vital ou energia fornecida diretamente pelo Sol. Esta energia ou Prana, "enfeixa em si", cinco modalidades de "forças" ditas solares, chamadas também de os Cinco Ares Vitais, os "Cinco Ventos da Vida" (ver João, em Apocalipse, quando faz referência às 12 Forças – os 7 Alentos e os 5 Ventos, em correlação com os 12 Signos do Zodíaco[75], que penetram pelos Centros Nervosos, ou melhor, pelo

---

73 Ver a obra *A Pequena Síntese*, de J. A. C. Ramalho.

74 Ver a obra *Nos Domínios da Mediunidade*, de Francisco C. Xavier.

75 Ver *A Escola oriental sobre "pranas"* – a Yoga – Ver, como referência, a obra *El Apocalipse Develado*.

sistema cérebro-espinhal e pelo sistema simpático, distribuidores dessas "forças" ou dessas correntes de "energia".

Essas cinco modalidades de Prana são chamadas, pelos hindus, de VYANA – APANA – SAMANA – PRANA – UDANA.

Para melhor nos fazer entender, criamos o termo "PRAMA", para identificar a operação que se processa nos médiuns quando a superabundância de um Prana, de dois e mesmo de três, atua sobre o citoplasma por meio de um dos PLEXOS ou CHAKRAS, para gerar certas substâncias fluídicas.

Portanto, os fenômenos espíritas, em sua parte animal, são facultados e determinados pelas condições geradas da imantação que um Plexo, ou dois, fazem de um Prana, que, atuando no citoplasma da região, produz uma espécie de protoplasma ou substância fluídica apropriada, que determina a modalidade mediúnica.

Por exemplo: uma "Prana" gera o plasma celular já conhecido nos meios kardecistas, como ectoplasma, que é a substância fluídica que o médium de "efeitos físicos" ou de materialização, desprende geralmente pela boca, narinas, ouvidos e pela região umbilical: pois bem, como se gerou este ectoplasma? Pelo maior volume de energia circulante do "Prana", conhecido como SAMANA, que, por meio do Plexo Esplênico, atuou no citoplasma das células dessa região, em conjunto com o "Prana UDANA", que atua no Plexo Cervical. A abundância, então, desses dois "Pranas", nos respectivos Plexos ou Chakras, produziu a substância fluídica (ectoplasma), que facultou, na parte orgânica, física, esta classe de manifestação ou fenômeno.

Na modalidade que chamamos de "mecânica de incorporação" e outros designam de sonambúlica, o Plexo que entra em superatividade, incitado por maior corrente de energia circulante, de uma modalidade de "Prana", é o CARDÍACO que tem "assento no tórax", região onde o corpo astral se "apoia".

Quando esta mecânica de incorporação entra em atividade, na fase que qualificamos de INCONSCIENTE, esta operação, ou PRAMA, processa-se pela ação conjunta do "Prana VYANA", do Plexo Sacro (este Prana particulariza os Plexos Sacro e Coronal) e o Prana PRANA, do Plexo cardíaco, que produzem uma substância fluídica, adstringente, que podemos qualificar de COMPLASMA, que vem a ser uma variação de protoplasma vitalizado pela ação destes dois "Pranas". Já na fase que chamamos de SEMI-INCONSCIENTE, dá-se que o Plexo cardíaco, por seu PRANA, entre em maior circulação com o Prana APANA, do Plexo frontal, que regula a "energia circulante" do outro plexo, dando-se uma espécie de "coordenação do psiquismo", que põe o "consciente" em estado de sem vigilância, por intermédio do subconsciente.

No caso de o médium ser vidente, um Plexo ou Chakra entra em maior atividade, fornecendo pela energia circulante do "Prana" APANA (este Prana é mais intenso no Plexo solar), ao Plexo frontal, a substância fluídica que precipita a "imagem visual" que qualificamos de AMPLASMA.

No caso de o médium ser de Audição, ele somente o é pela ação dos Pranas APANA e VYANA, aquele do Plexo frontal e este do Coronal, que, em ação conjunta, produzem a substância fluídica que pode ser chamada de AUDIOPLASMA que faculta o "poder de ouvir".

Na modalidade que chamam de Mecanografia, o fluido apropriado é produzido pela ação do "Prana" APANA, no Plexo solar (sede eletiva de sua ação), que numa operação ou PRAMA, gera a "substância energética" a qual chamamos de GRAFOPLASMA.

Em suma, pela atuação entre si, das 5 modalidades de PRANAS, nas regiões onde se "assentam", os PLEXOS ou CHAKRAS, e pela precipitação da força-nervosa que um, dois ou mesmo três desses "Pranas" geram, quando em superatividade, é que se dá no citoplasma das células destes Centros Nervosos, a PRAMA ou operação, que produz as diferentes substâncias protoplásmicas que facultam à máquina física as condições ou o "processo de fixação", para que as manifestações espíritas possam ser, realmente, veiculadas, exteriorizadas ou transmitidas...

3º CAPÍTULO
RITUAL

Se observarmos e analisarmos os Rituais de inúmeras religiões, encontraremos neles um sentido comum: o de invocar as Divindades, as Potências Celestes, ou melhor, as Forças Espirituais. O objetivo é o mesmo: preparação, atração dessas Forças à concepção da corrente religiosa, que é a prática.

É certo, certíssimo, que em qualquer Ritual, do mais bárbaro ao mais espiritualizado, encontraremos sempre impulsionando sua tendência, os atos e as práticas que devem predispor o indivíduo a harmonizar-se com o objetivo invocado, isto é, procura-se pô-lo em relação mental com Deuses, Divindades, Forças, Entidades etc. e em quase todos os Rituais, os fenômenos espíritas acontecem (muito embora nem todos os tenham como vértice de sua razão de ser), pela mediunidade vivente nos mediadores existentes em qualquer corrente, seja religiosa ou não.

Esses fenômenos foram sempre conhecidos, desde as mais remotas épocas, e eram, como o são atualmente, invocados, e praticados, obedecendo a certos conhecimentos, regras; controles sistemas, ritos etc. Deu-se apenas que – por imposição natural das Leis que não se revelam nunca de uma só vez – a parte que se tornou mais lida e propagada é a que ficou conhecida pelo nome de Espiritismo, que reviveu como imperativo dos tempos que se aproximavam e veio preparar em sua época um campo espiritual à humanidade, semeando as primeiras manifestações de uma Lei, por meio desses mesmos fenômenos, inerentes a um Dom Universal que, repetimos, era conhecido e usado desde as épocas mais primitivas. No entanto, bem poucos sabem que os fenômenos epifíticos são regidos por uma Lei básica e máster, a qual chamamos e sempre se chamou **UMBANDA**, desde a mais alta antiguidade.

Demonstramos isso por meio deste livro, e o leitor deve ter compreendido que os ditos fenômenos de manifestação e comunicação não se processam a esmo, pela simples vontade dos Espíritos, dos nossos irmãos desencarnados, como se alguma coisa, neste ilimitado Cosmos, deixasse de obedecer às inevitáveis Leis que o regem e a mediunidade ativa fosse uma faculdade "nascida por acaso", usada indiscriminadamente por espíritos de planos e subplanos por simples prazer, desejo ou capricho.

Não, certas modalidades de comunicações, sistemas e práticas, são limitadas a certos agrupamentos de espíritos de acordo com os seus graus, possibilidades e consequentes conhecimentos, tudo coordenado por Espíritos Superiores, conhecidos em determinadas Escolas como os "Senhores do Carma", executores desta Lei, invocados pelos Sacerdotes e Iniciados, no recesso dos Templos ou dos "Colégios de Deus", nos séculos passados, onde se davam as comunicações e revelações transcendentais...

São estes mesmos que estão situados na Grande Lei de Umbanda como Orixás, que, no significado que traduz e confere seus evolutivos, são os Senhores da Luz, de acordo com a própria Lei do Verbo.

E só compreendermos que essas Entidades apenas atuam dentro do seu plano, por meio de uma só Lei, sob certas vibrações de harmonia e invocações, por meio de mediadores afins (o chamado médium ou aparelho), em sintonia mental, moral e espiritual com as Vibrações que é a própria expressão desta mesma Lei.

Assim, devemos ter em conta que não é dentro de ritos bárbaros e esdrúxulos, sem base ou fundamento, que se chega a preparar ou elevar o psiquismo de um aparelho para obter-se o equilíbrio de seu corpo mental com o corpo astral, a fim de que possa harmonizar sua faculdade mediúnica com as vibrações superiores das Entidades que militam na Lei de Umbanda. E não negamos tampouco que, por intermédio desses rituais alvoroçados pelo atordoante bater de palmas e tambores[76], se deem as manifestações desejadas.

Não, apenas elas se processam de acordo com o ambiente, cujos aparelhos atraem, pelas sensações despertadas no corpo astral, as vibrações fluídicas dos espíritos afins que, encontrando o centro anímico excitado pela mente instintiva, geram um descontrole na mediunidade daqueles que realmente a têm. Nos que pretendem

---

76 O tambor é um instrumento de percussão que caracteriza seus sons por um número muito baixo de vibrações e destituído das qualidades que qualificam um som musical (variações de altura).

tê-la, cria uma espécie de autossugestão e, em pouco tempo, vemo-los vítimas do animismo, que passa a imperar em nome dos Caboclos e Pretos-velhos.

Para darmos ligeiro exemplo do que afirmamos, relembremos que é no corpo astral que a mediunidade atua e se processa e nele também se situam as sensações, paixões, desejos etc. Ora, o som dos tambores e das palmas provoca vibrações que excitam os instintos, as sensações, que todas as Escolas sabem ser "coisas" inerentes ao corpo astral.

Nas marchas militares, nas paradas, o que conserva ou excita o ardor guerreiro e o entusiasmo das multidões? O som dos tambores... E esse ardor, esse entusiasmo, que é puro reflexo da mente das sensações, que provoca? Logicamente, o bater de palmas.

Basta verificar-se o que acontece também nos discursos; é só comprovar o exposto, assistindo a uma parada militar ou a um discurso, ao qual se sinta atraído por afinidades. Pois bem, sendo a mediunidade um Dom ou uma faculdade que necessita de equilíbrio e consequente harmonia para sintonizar no corpo astral e daí exteriorizar pelo corpo físico, é de clareza meridiana, que não o fará por meio desses rituais que se formam com tambores, atabaques, palmas e aliciantes "pontos" gritados e, dessa forma, não poderá evoluir e se firmar, a fim de que o aparelho transmissor possa, de fato e em verdade, produzir os benefícios dos que deles venham precisar.

Ainda não é apenas fumando charutos, sacolejando o corpo em ritmo afro, cansando o sistema nervoso e agitando o corpo astral, que se alcança uma ligação fluídica com Entidades de Luz da Lei de Umbanda. O máximo que se pode conseguir com essas práticas que induzem o indivíduo ao fetichismo primitivo é atrair os espíritos de tendência semelhante a essas mesmas práticas e, consequentemente, estacionar sua ascensão mediúnica e espiritual.

Não temos o propósito de menosprezar rituais de qualquer setor de expressão religiosa, e muito menos os de cultos africanos, que sabemos serem seguidos, alhures, numa modalidade ou noutra, por muitos afeiçoados.

Julgamo-los adequados ao evolutivo e às concepções de seus praticantes e, necessariamente, de acordo com eles, mas vermos deturpar os rituais africanos nesses arremedos de caricatura, nessa ridicularia de todos os dias, e com a agravante de apresentá-los como da Lei de Umbanda, isso não. Repelimos e condenamos tal prática. Jamais devemos confundir subsequências com princípios. Respeitamos toda e qualquer forma de expressão religiosa, mas exigimos o mesmo em relação à Umbanda.

A Lei de Umbanda, por intermédio dos seus orixás, fez reviver e retirou das brumas do esquecimento, seu legítimo Ritual que por enquanto só é observado e executado em algumas Casas e Tendas, e é este Ritual que, a seguir, vamos expor, para orientação dos Umbandistas que realmente almejam elevar a Lei ao seu legítimo lugar.

Não estamos criando nem imaginando uma umbanda estilizada, nem tampouco rituais modernos e muito menos somos "iluminados", conforme qualificativo

Umbanda de Todos Nós

já recebido... Apenas temos a convicção e o conhecimento que nos vieram desses mesmos Caboclos e Pretos-Velhos e nós, como aparelhos, jamais subestimamos suas luzes e/ou as desprezamos, para irmos buscá-las em fontes duvidosas não identificáveis dentro de nossos verdadeiros fundamentos.

Não! Não somos suficientes para "inventar" tudo que expomos neste trabalho. Não temos esta vaidade, e se alguma pretensão possuímos, é a de termos sido tão somente, simples veículo.

Assim é que começamos por lembrar que em setores religiosos do passado, onde os fenômenos espíritas eram comuns, as invocações faziam-se invariavelmente por meio de preces cantadas "obedientes a certa sequência de palavras", e chamavam-se **MAKHROÔN**, que, pela modulação e harmonia das vozes, precipitavam a Magia do Som, dando-se uma "encantação", um "Mantra" criando o ambiente afim às manifestações. Dentro deste Princípio é que temos, como ponto vital no Ritual da Lei de Umbanda, o que chamamos de **PONTOS CANTADOS**, que não são nem nunca foram compostos pela veia poética, literária ou musical de compositores profanos, nem pela simples "inspiração" de qualquer um.

Os Pontos Cantados são verdadeiras preces invocatórias que traduzem e identificam os sentimentos reais dos Orixás, Guias e Protetores, que, por meio deles, fixam suas vibrações no ambiente e preparam o campo mental para receber os fluidos que se façam necessários aos seus objetivos.

Assim, devemos considerar que o Ponto Cantado é imprescindível no Ritual da Umbanda, e nele se firmam quase todas as fases. Dissecaremos este Ritual, dentro de seus reais valores, começando por identificar as posições básicas nas quais também se apoia e desenvolve tudo mais que se tome essencial.

Existem Sete Posições Ritualísticas para serem usadas nos trabalhos práticos e no decorrer das sessões da Lei de Umbanda, assim divididas:

a) Três Posições Litúrgicas ou Místicas, preparatórias à mente espiritual, ou seja, de harmonia para o corpo mental, predispondo seu psiquismo à elevação e sintonização com as vibrações superiores. Essas posições atuam por autossugestão e por uma certa atração de fluidos próprios à corrente de suavidade que logo se forma e tende a afastar do mental as preocupações ou mesmo os pensamentos negativos porventura existentes nos aparelhos, bem como prendem a atenção dos assistentes, pela uniformidade dos gestos, pela disciplina etc. Devemos frisar que todas as posições são acompanhadas por pontos cantados adequados às diretrizes.

b) Quatro Posições Práticas, sendo uma Preparatória, e que têm afinidades e propriedades de agir no corpo astral numa ação de fixação e precipitação de fluidos, propondo-o a um equilíbrio perfeito, estimulando suas condições naturais um maior rendimento, pela eliminação imediata de certas larvas ou mazelas circulantes em sua aura, ou mesmo, alguma indisposição momentânea.

As 7 Posições obedecem à seguinte classificação:

1.ª POSIÇÃO — VIBRAÇÃO CRUZADA

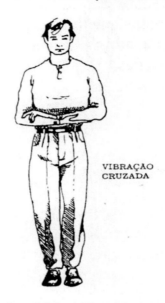

Nesta posição, o corpo de médiuns da casa entra em forma, com os braços cruzados sobre o peito, dispondo-se as pessoas em círculo. Esta é a Posição Preparatória, indispensável no início de uma sessão, porque todos os aparelhos-chefes sabem que em um salão contendo dezenas ou centenas de pessoas, certamente os fluidos negativos, as vibrações oriundas da baixa magia, as aflições, as perturbações mentais etc. imperam no ambiente e os pontos de atração devem ser, forçosamente, os médiuns ou aparelhos.

Ora, se estes vão logo entrando em forma, isto é, se vão logo estabelecendo uma corrente de atração, é melhor que o façam já sob uma aura defensiva, que se origina no momento em que o mental, conscientemente, se prepara, ao cruzarem os braços, levando uma das mãos para a direita e a outra para a esquerda, fechando assim as extremidades do corpo de uso ativo na mediunidade, por onde recebem e transmitem a maior parte dos fluidos que lhe são próprios.

E assim, nesta atitude inicial defensiva, preparam-se para as demais posições.

2.ª POSIÇÃO VIBRAÇÃO ÀS FORÇAS ORIGINAIS

É qualificada como Litúrgica. Consiste na elevação conjunta dos membros superiores, em completa extensão, com as palmas voltadas à frente e a cabeça um pouco erguida. Este gesto gera uma natural elevação de pensamentos "para o alto", e canaliza ao corpo mental, a corrente psíquica, despertando a mente espiritual, as vibrações das Entidades Superiores, ou seja, dos Orixás, além de inclinar à mística, despertando mais o sentimento religioso. Isso porque, na elevação das extremidades dos braços e dos dedos, antena natural dos fluidos, pela atração mental, o médium coloca-se, automaticamente, em posição receptora.

3.ª POSIÇÃO: VIBRAÇÃO À ORIXALÁ (OU OXALÁ)

É uma posição Litúrgica. Consiste na posição de genuflexão da perna direita, antebraços formando dois ângulos retos paralelos laterais. Mãos com as palmas voltadas para cima e cabeça semi-inclinada para baixo.

É uma posição de humildade que acende o fervor religioso e veneração ao Chefe Espiritual da Linha ou Vibração de Orixalá (ou Oxalá), ou seja, a Jesus, considerado como supervisor, no Plano Terra, da Lei de Umbanda.

4.ª POSIÇÃO VIBRAÇÃO À ENTIDADE DE GUARDA

É a última das posições Litúrgicas. Consiste na elevação do braço direito fletido e com a palma voltada para a frente. O braço esquerdo fica atravessando o peito. Cabeça ligeiramente erguida.

Estes gestos são significativos, porque, por meio deles, pede-se à Entidade de Guarda o equilíbrio para que os fluidos se harmonizem da esquerda para a direita (sabendo-se que, na mecânica de Incorporação, o lado esquerdo é básico). Assim, ao levantarmos o braço direito, na posição em que as extremidades dos dedos se colocam como receptores, está se invocando as forças afins e fixando-as ao mesmo tempo em que a esquerda processa o equilíbrio do corpo mental com o corpo astral.

5.ª POSIÇÃO — DE CORRENTE VIBRADA (POSIÇÃO PRÁTICA)

É altamente eficaz para precipitar os fluidos mediúnicos no corpo astral, ao mesmo tempo que vitaliza, suprindo as deficiências momentâneas de um e de outro, além de servir para "descarga". Consiste em todos darem as mãos (fechando o círculo), e a mão direita do aparelho fica espalmada para baixo, sobre a mão esquerda do seu companheiro. A mão esquerda – também espalmada, mas para cima – fica em contato com o médium à esquerda e sobre sua mão direita, isto é, sempre a "mão direita dando e a esquerda recebendo".

A junção das mãos, fechando o círculo, gera uma precipitação de fluidos que constitui a aura propícia ao objetivo, corrigindo ainda qualquer deficiência momentânea, quer mediúnica, quer orgânica. Esta posição dita Vibrada é de grande eficiência nas Sessões de Caridade e nas de Desenvolvimento.

Queremos dizer, mais uma vez, que essas posições não são invenções nossas. Sempre foram usadas, pelos séculos afora, nas diferentes academias, porém por meio da parte esotérica e esparsamente e não assim coordenadas em 7 variedades.

A mais usada era a da **CORRENTE VIBRADA**, inclusive pelo próprio Jesus, que assim procedia, quando queria pôr-se em harmonia com as Potências Divinas e sintonizar sua mente espiritual com o Pai, ou seja, Deus.

Para confirmação do que afirmamos, apoiamo-nos no Apóstolo João, segundo seus ATOS, em texto citado pelo Segundo Concílio de Nicéia, o Col. 358, não existente na Literatura Sacra e que diz: "Antes de o Senhor ser preso pelos judeus, Ele nos uniu e disse: "Cantemos um hino em honra ao Pai (Jehovah), depois do que, executaremos o plano que havemos estabelecido". Ele nos ordenou, pois, de formarmos um círculo, segurando-nos pelas mãos, uns aos outros; depois, tendo-se colocado ao centro, Ele disse: "– Glória vos seja dada, ó Pai!". Todos responderam: "– Amém", continuando Jesus a dizer: "– Glória ao Verbo, Glória ao Espírito, Glória à Graça", e os apóstolos respondiam sempre: "– Amém".

E entre outras inovações, Jesus disse: "– Quero ser salvo e quero salvar, amém. Quero nascer e quero engendrar, amém. Quero comer e quero ser consumido, amém. Quero ser ouvido e quero ouvir, amém. Quero ser compreendido do espírito, sendo eu todo espírito, todo inteligência, amém. Quero ser lavado e quero lavar, amém. A graça arrasta a dança, quero tocar flauta, dançai todos, amém. Quero entoar cânticos lúgubres, lamentai-vos todos, amém".[77]

6.ª POSIÇÃO VIBRAÇÃO AOS ORIXÁS

---
77 Apud. A. Leterre, *Jesus e Sua Doutrina*.

Esta posição ritualística é prática e deve ser usada somente para a parte de desenvolvimento mediúnico. Consiste em elevar o braço direito, com a palma voltada para a frente, pôr a mão esquerda sobre a fronte.

Esta posição tende a centrar os pensamentos para melhor concentração, acalmando o psiquismo, tornando-se propício a imantar com mais precisão os fluidos ou as Irradiações das Entidades para incorporarem ou intuírem.

Só deve ser usada para médiuns em sessão de desenvolvimento. A mão esquerda sobre a testa faz com que os montes planetários entrem em contato com o Chakra ou Plexo Frontal, produzindo, assim, ligação direta com a hipófise, antena natural, por onde penetram as vibrações que favorecem o desenvolvimento mediúnico.

Recomendamos o máximo cuidado com este processo, alertando a fim de que seja restringido o seu uso aos médiuns já em fase de adiantado desenvolvimento, pois, do contrário, pode provocar um traumatismo psíquico de difícil controle.

7.ª VIBRAÇÃO — OU VIBRAÇÃO DIRETA

É uma posição prática, constituindo na elevação dos braços para a frente, formando um ângulo reto com o corpo, palmas voltadas para baixo e dedos unidos.

Esta vibração é muito eficaz, principalmente, para a parte prática, de caridade, pois obriga o médium a usar também sua força mental, ou seja, a estender uma corrente de "Prana" ou fluido vital sobre a aura das pessoas que se queiram beneficiar desta ou daquela maneira. Tem duplo valor porque, além desta corrente de vitalidade que se estende de todos os aparelhos do círculo para o centro, isto é, para todos os que devem ficar no meio deste círculo, conta também com a atuação dos próprios protetores que agem de acordo com os pensamentos de seus veículos. Esses gestos ou posições devem ser usados na prática constante, mormente em sessões públicas, pois são altamente eficazes para inúmeras finalidades ou objetivos.

Enfim, essas posições se entrosam e formam os pontos básicos de um eficiente ritual e, para melhor compreensão do assunto, vamos elucidá-los em suas diferentes fases, desde quando se começam os trabalhos para uma sessão de caridade.

À hora prevista para o início dos trabalhos em uma Casa ou Tenda Umbandista, o Médium-Chefe dará um sinal para o seu conjunto mediúnico, por meio de uma campainha ou por uma voz de comando assim:

– Aparelhos (ou Médiuns), atenção!

Todos os médiuns formarão em círculo ou em elipse (de acordo com a disposição interna do salão), tendo o cuidado de procurarem seus lugares em posição cruzada, ou seja, de braços cruzados, sem se encostarem à parede nem esmorecer na posição, descansando alternadamente sobre uma das pernas. Se possível, deve ser guardada uma distância de 30 a 40 cm uns dos outros. Depois, a passo lento, ainda de braços cruzados, movimentam-se para a defumação, que convém ser feita dentro do recinto do Congá ou em anexo apropriado.

Neste ato, os aparelhos se descruzam e devem receber a fumaça pela frente e pelas costas, indo a seguir ao pé do copo da vidência e do Ponto Riscado do Guia Espiritual da tenda. Neste momento, podem colocar suas "guias", caso as tenham. Feito isso, voltam à posição cruzada e aos seus lugares iniciais em círculo, no salão, aguardando que todos tenham completado essas operações.

Terminada esta fase preparatória, o Aparelho-Chefe dirá assim:

– Médiuns (ou aparelhos), atenção!

Neste momento, todos se descruzarão, ficando com os braços caídos naturalmente ao longo do corpo, com as palmas ligeiramente voltadas para a frente. Nesta hora, pode ser feita uma invocação ou prece, nos moldes genuínos da Lei de Umbanda, ou então, pode-se proceder logo à 1.ª Posição Litúrgica ou Mística. O dirigente dos trabalhos comandará:

– Aparelhos! Em Vibração às Forças Originais!

Todos erguem os braços, conforme já explicamos, e tira-se um ponto cantado do Chefe Espiritual da Casa.

À voz de:

– Aparelhos, atenção!

Todos desfazem esta posição e aguardam a segunda, assim:

– Médiuns, em Vibração a Orixalá.

Todos se ajoelham conservando os braços em ângulo reto, com as palmas voltadas para cima. Entoa-se, então, um ponto cantado da Linha de Orixalá e novamente à ordem:

– Médiuns, atenção!

Voltam à posição de pé, com os braços caídos ao natural. Havendo necessidade, de acordo com a aferição que o Médium-Chefe, por certo, a fará no ambiente espiritual e psíquico do corpo mediúnico, ele procederá a mais uma vibração litúrgica, que será executada à voz de:

– Médiuns, em vibração à Entidade de Guarda!

Que se processa com um ponto apropriado e consiste em elevar o braço direito e pôr a mão esquerda sobre o tórax. Para voltar à posição normal, a voz de alerta é sempre:

– Médiuns, atenção!

Essas posições devem durar o tempo em que se repete um ponto cantado três vezes, e, com a prática, o Médium dirigente verá a necessidade de usar as três posições Litúrgicas ou somente uma ou duas.

Terminada essa parte preparatória do mental daqueles que, sendo veículos, têm necessidade de harmonizar seus psiquismos às vibrações afins das Entidades que, por intermédio deles, vão estender a caridade, tudo o mais se processa de acordo com os regulamentos e normas que se fizerem necessários ao bom desenvolvimento de uma sessão.

Outrossim, salientamos da grande melhoria que obterão de imediato nos trabalhos de caridade, fazendo uso constante das três posições práticas, inclusive nas Sessões para o desenvolvimento dos médiuns, submetendo os mais atrasados ou que estejam sob fluidos negativos, às correntes benéficas que elas geram, porque, dos outros médiuns, partirão fluidos magnéticos diretos que vitalizarão suas auras, ou seja, o corpo astral.

Podemos garantir que o Ritual da Lei de Umbanda, baseado nessas posições ou gestos, é altamente significativo e edificante, pois já fizemos uso dele em algumas Casas Umbandistas, nestas que felizmente ainda existem, onde seus aparelhos--chefes, despidos de vaidade e pseudocultura que entravam o progresso no meio umbandista, hoje em dia o praticam e são acordes em expressar o maior rendimento de trabalhos e dos gerais benefícios que seu uso trouxe a todos que militam ou têm procurado suas Tendas para fins diversos.

E, assim, verifica-se que este Ritual, quer na parte esotérica ou na intema , quer na exotérica, ou seja, de apresentação para os assistentes, por uma natural mística que logo irradia para todos, impõe maior senso de respeito e atração, gerando

Umbanda de Todos Nós

o interesse e consequente "estado de concentração" indispensável às Casas que realmente desejam produzir e pautam suas diretrizes dentro de um sadio princípio de elevação e progresso.

Queremos lembrar mais uma vez que uma Religião que não prima pela uniformidade de seus princípios e apresentações, conforme é de conhecimento dos umbandistas que correm essas centenas de Tendas e Cabanas que se acobertam sob o manto desta "UMBANDA DE TODOS NÓS", e verificam a diversidade de rituais existentes, alguns até esquisitos e de arraigado fetichismo, quando não se formam em "colchas de retalhos" de rituais de uma e outra religião, devem estes umbandistas sentir a necessidade premente da uniformização de regras e sistemas, para que sejamos "viventes de fato e de direito, dentro de normas próprias e reais expressões religiosas".

Demos aos interessados uma noção objetiva e uma imagem prática das 7 Posições Ritualísticas básicas que já foram explanadas, conforme "clichês" correspondentes a cada vibração.

4º CAPÍTULO
BANHOS DE ERVAS – DEFUMADORES

Duas coisas de importância existem dentro do Ritual da Relação de Umbanda: os Banhos de Ervas e os Defumadores, em suas diversas formas, quer para os médiuns iniciantes, quer para os que se consideram iniciados ou desenvolvidos.

Desde as mais remotas épocas, os "banhos", como veículos de purificação, foram considerados, e ainda o são, parte integrante do sentimento religioso e, haja vista, como as multidões, na lendária Índia, são levadas por este sentimento a banharem-se nas águas do Ganges, cumprindo, religiosamente, parte de um ritual que consideram um ato sagrado.

Vemos, também, que o uso dos banhos (abluções) fazia parte integral da Iniciação entre os Essênios (esta palavra tem origem na Siríaca "ASSAYA" e significa médicos – em grego, terapeutas), estes mesmos onde, segundo vários escritores categorizados, JESUS tinha praticado.

Umbanda de Todos Nós

Os Essênios possuíam o conhecimento das propriedades das plantas, quer para a parte das doenças do corpo físico, quer para as do corpo astral, sendo que nesta parte eram considerados como pontos básicos, em seu ritual ou liturgia.

"Eles estudavam, com grande aplicação, certos escritores da medicina, que tratam das virtudes ocultas das plantas e dos minerais"[78], estudos estes que também deram fama a Paracelso, o qual criou a escola própria, amplamente conhecida. Os "Banhos", portanto, usados criteriosamente na Umbanda, não são para "supersticiosos de uma religião bárbara", segundo o conceito de certos "espiritualistas" que não entendem ou simulam não entender o assunto.

O uso desses banhos, de grande importância, em suas fases de Iniciação ou Liturgia, depende do conhecimento e uso das ervas ou raízes, nas suas diferentes qualidades e afinidades, que devem entrar na composição daqueles, não se podendo facilitar quanto a isso.

É de capital importância a época, dia e hora em que os ingredientes devam ser colhidos, bem como prepará-los e executá-los, de acordo com os dias e hora determinados para uso, sendo preferível usar pessoas especializadas para a colheita das plantas.

Jamais os responsáveis pela parte intrínseca de um ritual devem permitir que esses banhos sejam adquiridos nos "balcões" pelo único motivo de não obedecerem à seleção de "quantidade, qualidade e afinidade planetárias e mediúnicas", inerentes à finalidade do uso, situações que só podem ser definidas por quem de direito, isto é, pelos Orixás, Guias e Protetores ou pelos Aparelhos-Chefes, ou, ainda, pelos que estejam em grau de iniciação no respectivo conhecimento e indicados para isso.

Outrossim, estas ervas que se rotulam como banhos de "descarga", para "abrir caminho", descarregar isto ou aquilo etc. são secas, já estando com suas células vitalizantes em estado de não precipitar ou agir com a precisão desejada em relação com a urgência do caso. Mesmo porque as ervas secas são mais apropriadas aos defumadores e ainda porque uma certa falta de critério pode acarretar consequências a quem as adquirir, conforme já constatamos, e mesmo porque não nos consta que os fabricantes destes "banhos" ou defumadores sejam iniciados da Lei de Umbanda. Quem nos prova que estejam capacitados a fazê-los?

Sabemos que muitas pessoas se sentem bem, momentaneamente, com qualquer espécie de "banho de descarga", mas apenas por uma questão de fé, autossugestão etc. Assim, alertamos aos que, não confiantes em seus Guias ou conhecimentos, costumam indicar os famosos banhos tais e tais das casas

---

78 Flávio — *Guerra dos Judeus.*

comerciais, prestarem mais atenção a este assunto, porque já nos foi dado observar diversos casos, em que os interessados se queixavam de terem tomado os banhos indicados pelo caboclo "X" ou pelo Sr. "XX", que, comprados certos, não sabem por que "a coisa, em vez de melhorar, piorou...". Quando aconselhados por outrem a usarem certas plantas, a desconfiança surgia rápida e perguntavam medrosos: "Será que estas não vão revirar mais o meu caso?".

Entretanto, no sincero propósito de orientarmos, tanto quanto possível, os que não tenham uma diretriz já definida sobre o assunto de banhos de ervas, passaremos a identificar no RITUAL da Religião de Umbanda, BANHOS PARA TRÊS FINALIDADES, que embora se distinguindo, entrosam-se para um só objetivo: o espiritual.

Temos portanto:

1.º BANHO DE ELIMINAÇÃO OU DESCARGA.

Destina-se à "limpeza astral" das larvas, oriundas da baixa magia e atrações negativas e mesmo influentes por espíritos obsessores, cuja precipitação de fluidos se choca de "aura a aura", repelindo-os.

Neste banho, temos a considerar:

a) *a Vibração Original;*
b) *a Influência Planetária;*
c) *a Ação, o Mal e o Efeito.*

2.º) BANHO DE FIXAÇÃO OU RITUALÍSTICO.

Serve para vitalizar, fixar e precipitar os fluidos próprios à mediunidade ativa, no corpo astral, afins às Entidades atuantes e incorporantes.

Nesta finalidade, os banhos são exclusivos aos médiuns e iniciados do 3.º e 2.º graus[79] e assim devemos considerar:

a) a Vibração Original ou Entidade de Guarda;
b) a Influência Planetária dentro desta Vibração (do item "a");
c) a Vibração original em relação com a Influência Planetária das Entidades protetoras que atuam no mediunismo.

---

79 Consideramos a Iniciação na Umbanda, em 3 graus: 3º como Preparatório; 2º como Adiantado e 1º como Superior.

Umbanda de Todos Nós

3.°) BANHO DE ELEVAÇÃO OU LITÚRGICO.

Deve ser exclusivo aos médiuns e iniciados do 1° grau e tem por objetivo incentivar ou elevar os fluidos afins às vibrações superiores, ao máximo equilíbrio entre a aura do corpo mental ou entidade de guarda, e a aura do corpo astral. Neste banho, levaremos em conta:

a) a Vibração Original;
b) a Influência Planetária;
c) a Vibração original correlata à influência Planetária, UNICAMENTE do Orixá, Guia ou Protetor que já está identificado como a Entidade responsável por seu desenvolvimento mediúnico, ou seja, nos termos que nos são próprios e comuns, o seu "Orixá Chefe" — seu chefe de cabeça, seu desenvolvedor, esse que assume a responsabilidade direta na chefia espiritual, de uma Tenda, ou terreiro, esse que traz os verdadeiros Sinais riscados ou Lei de Pemba, isto é, as ordens que lhe são conferidas pelo Mediador, ou Anjo transmissor, por intermédio do Orixá chefe de Legião, não incorporante, um dos Dirigentes principais da Linha.

Nem todos sabem que as ervas, raízes, frutos e folhas têm a sua regência planetária, que deve ser identilicada ora com a vibração planetária do médium ou iniciado, ora com as das entidades protetoras.

A planta, além do planeta que recebe influência, sente ainda a do Sol e a da Lua, correspondentes ao dia e à noite. As plantas devem ser colhidas dentro das horas que as determinam e, ainda, nas horas positivas do planeta do qual recebe a particularidade.

Para melhor compreensão do que expomos, passaremos a identificar as plantas que conhecemos dentro das próprias influências planetárias, tanto quanto nos foi possível até agora dentre as mais conhecidas no meio umbandista. Assim, procedemos, baseados em prática de longos anos (quase duas décadas), de acordo com os ensinamentos dos Orixás que militam na Lei, muitos dos quais, confirmados, nos estudos de Paracelso, além de outras fontes de consultas. Eis, portanto, 80 qualidades de ervas, de acordo com o pormenorizado estudo constante do mapa n.° 4.

PLANTAS DA LINHA DE ORIXALÁ (ou OXALÁ)
regidas pelo SOL:

Arruda, Arnica de horta, Erva-cidreira, Erva-de-São-João, Laranja (folhas), Alecrim-do-mato, Alecrim miúdo, Hortelã, Poejo (folhas), Levante (folhas), Erva de Oxalá, Girassol (folhas), Bambu (folhas).

PLANTAS DA LINHA DE YEMANJÁ
regidas pela LUA:

Unhas-de-aca, Picão-do-Mato, Folhas de Lágrimas de Nossa Senhora (mais conhecida por este nome), Erva quaresma, Abóbora d'anta (folhas), Mastruço, Trevo (folhas), Chapéu-de-couro, Açucena, Rosa Branca (folhas), Pariparoba, Erva-de--Sant-Bárbara (conhecida mais por este nome), Oriri de Mamãe Oxum.

PLANTAS DA LINHA DE YORI
regidas por MERCÚRIO:

Amoreira (folhas), Anil (folhas), Erva Abre-Caminho, Alfazema, Suma-Roxa, Quina-Roxa (folhas), Capim-Pé-de-Galinha, Salsaparrilha, Arranha-Gato, Manjericão.

PLANTAS DA LINHA DE XANGÔ
regidas por JÚPITER:

Maria-Nera, Limoeiro (folhas), Erva-Moura, Aperta-Ruã, Erva Lírio, Maria--Preta, Café (folhas), Mangueira (folhas), Erva de Xangô.

PLANTAS DA LINHA DE OGUM
regidas por MARTE:

Losna, Comigo-ninguém-pode, Romã (folhas), Espada-de-Ogum, Flecha de Ogum, Erva de Coelho, Cinco-Folhas, Macaé, Erva-de-Bicho (Folhas de Jurupitã), Jurubeba (folhas).

Umbanda de Todos Nós

PLANTAS DA LINHA DE OXOSSI
regidas por VÊNUS:

Malva-Rosa, Malvaísco, Mil-Folhas, Sabugueiro, Funcho, Sete-Sangrias, Cravo-de-Defunto, Folhas de Aroeira, Azedinho, Fava-de Quebrante (folhas), Gervão-Roxo, Grama-Pernambuco, Grama-Barbante.

PLANTAS DA LINHA DE YORIMÁ
regidas por SATURNO:

Mal-com-tudo, Guiné-pipi, Negramina, Tamarindo (folhas), Eucalipto (folhas), Cipó-caboclo (conhecido por este nome), Cambará, Erva-Grossa, Vassoura-Preta, Vassoura-Branca.

Uma vez feita esta identificação, que falta ao médium ou iniciado para usar estas plantas a contento? Verificar, ainda, dentro do mapa n.º 6, na coluna de "Signo Zodiacal – Dias Correspondentes", a data em que seu nascimento está situado e ver a correspondência adequada ao Planeta, a Linha ou Vibração e outras características desejadas, de acordo com seu objetivo, pois que este mapa mostra a vibração do respectivo Orixá, Guia ou Protetor, para escolher as plantas apropriadas em relação ao planeta nos casos dos Banhos de Eliminação, Fixação e Elevação.

Exemplifiquemos mais ainda: vejamos um Banho de Eliminação ou Descarga. O interessado, de posse das ervas necessárias, pela seleção feita e já ciente da finalidade delas, deverá amassá-las e, logo a seguir, colocá-las em 1 e 1/2 (um e meio) litro de água fervente, abafando-as na vasilha por cinco minutos (nunca pôr as ervas para ferverem junto com a água, porque assim, estar-se-á cozinhando o banho, em vez de fazer infusão, que é o mais positivo). Deixar esfriar à temperatura propícia, suportável ao corpo, e, em seguida, despejar a infusão do pescoço para baixo, no sentido das costas e do peito. Poderá, ainda, triturar as plantas, com os dedos, dentro de um vasilhame de ágata ou vidro que já contenha água morna ou fria.

Isso feito, o médium tomará, inicialmente, um banho comum e despeja depois o conteúdo do vasilhame, com todos os resíduos, nas condições acima descritas, tendo o cuidado de não deixar sobre a pele nenhum bagaço, nem tampouco enxugar-se imediatamente, para não cortar a ação condensadora das ervas em relação aos fluidos positivos.

Considerações gerais: a pessoa que usar o Banho deve estar, de preferência, em cima de carvão vegetal. Caso não seja possível, deverá ficar de pé numa bacia ou banheira (nunca sentada ou deitada).

No caso de o banho ser indicado com uso de carvão, colocá-lo dentro da bacia ou banheira, de modo que depois se possa escoar a água, tirando o bagaço com o carvão e seguir as determinações, se as houver. Não havendo estas recomendações, escoar o banho, com erva e tudo, para a descarga comum e, ainda, no caso de ser banheira ou bacia, retirar os bagaços e jogá-los na descarga comum.

A quantidade de plantas nunca deve exceder de 1, 3, 5 ou 7 galhos ou folhas de cada qualidade, em quantidades proporcionais.

Exemplos:

Para um banho de Vibração de Oxalá, de 3x3 – 3 galhos de arruda, 3 galhos de arnica-de-horta, e 3 folhas grandes de erva-cidreira, ou 5x5 – 5 de arruda, 5 de arnica, 5 de erva-cidreira etc.

No caso de as folhas serem pequenas e julgadas insuficientes, cortar galhos ou talos que tenham folhas bastantes, porém, ter em mente as quantidades 1, 3, 5, 7 dentro de um princípio esotérico que não cabe aqui aprofundarmos.

Vejamos um banho de FIXAÇÃO ou RITUALÍSTICO: dentro das identificações já procedidas e características do item segundo. O médium ou iniciado procede ao preparado banho da seguinte forma: trituradas as ervas nos moldes anteriores (do banho de eliminação ou descarga). Ele seguirá como for determinado pelo seu protetor ou pelo aparelho chefe, quanto à finalidade do bagaço, isto é, ser enviado ao mar, rio, mata, campo, encruzilhada etc. Apenas levará em conta que a "quantidade das qualidades" será de 7x1, 7x3, 7x5, 7x7, 7x9 ou vice-versa, e somente usará como unidade, "uma folha".

Este banho pode ser usado no dia correspondente à Vibração Original do aparelho ou no dia da Vibração do protetor.

No caso de o médium ser de uma vibração e seu Protetor militante de outra (conforme explicações em "Considerações sobre Identificação de Vibração Original de acordo com o mapa nº 6 – Cap. 7), procede, caso se faça necessário, a uma junção de ervas pertencentes a cada, na proporção de 4 para a do médium e 3 para a da Entidade, nas condições acima aconselhadas.

Vejamos, agora, o BANHO DE ELEVAÇÃO ou LITÚRGICO: este banho só deve ser usado pelos médiuns já com batismo de lei, preparação e considerados iniciados de 1.º grau.

O dia mais apropriado para seu uso é o correspondente à Vibração Original do médium ou iniciado, e caso essa Vibração não seja coincidente com a da Entidade que chefia "sua cabeça", o dia desta também é indicado, bem como poderá ser feita a junção de ervas de um e de outro, quer num dia ou outro, para um só banho.

Isso posto e compreendido, queremos frisar que os Banhos Litúrgicos são tomados da CABEÇA PARA BAIXO, obedecendo à seguinte orientação: sempre

Umbanda de Todos Nós

num recipiente de vidro, contendo apenas água do mar ou de cachoeira (águas que estão em maior estado de pureza, que não passam por encanamentos, nem sofrem a ação de ingredientes químicos, como o cloro etc.), colocar as ervas trituradas ou então amassá-las com os dedos e sacudir o conteúdo. Coar em pano limpo e despejar da cabeça para baixo. Deixar secar um pouco ao ar livre e enxugar somente os vestígios. Este banho é tomado de pé, de preferência em cima de carvão vegetal, na banheira ou bacia. O líquido já usado segue as determinações anteriores ou as que se tenham em especial. Demais características do Banho Ritualístico.

O bagaço das ervas poderá ser jogado em qualquer parte, não tendo importância alguma, pois não passaram pelo corpo.

Quanto ao porque de este banho ser aconselhado assim e somente para iniciados de 1.º grau, lamentamos não ser possível entrar em maiores detalhes e fundamentos, porém estamos certos de que nossos irmãos dirigentes saberão compreender sua "razão de ser", mormente quando não ignoramos que um Carma pode ser de Provação, Missionário etc. e que nem todos os médiuns estão à altura de uma "aferição" nos Chakras que se correlacionam com o corpo mental.

Sabemos que um médium é uma força de atração, diariamente em contato com pessoas vibradas por forças e influências negativas várias, sentindo ele essas influências que o poderão prejudicar, pois que podem aderir à sua aura pela mesma força de atração, e quando este médium não tem uma compreensão imediata dessas "coisas" e conhecimentos para uma ação mental repressora (são raros os que têm este conhecimento), passa a sentir em sua "passividade" certas dificuldades e, em consequência, faz más incorporações ou deficientes transmissões, de acordo com a modalidade do seu Dom.

Este Dom é a Propriedade que o médium tem de, por seu intermédio, gerar os fenômenos das manifestações e somente por ter confiança em suas Entidades protetoras, não quer dizer que estas Entidades se devam responsabilizar também pela manutenção de fluidos afins a uma faculdade que é inerente ao seu veículo, e da qual, somente em bom estado de "conservação" (psíquica, moral e orgânica), faculta a essas Entidades os fluidos necessários às suas manifestações. Assim compreendido, é dever do aparelho transmissor zelar por uma faculdade que está sujeita às circunstâncias de sua própria vida, desta que o põe em contato com as larvas, mazelas, aflições e toda espécie de elementos e elementares desta imensa "fauna" que é vivente no planeta Terra.

Então, todo médium umbandista, iniciado como supomos deva ser, conhecedor dessas circunstâncias, mune-se dos reais conhecimentos, para proteger e vitalizar sua aura, a fim de prover o bom andamento de sua missão. Outrossim, o aparelho-chefe de uma Casa umbandista é sempre considerado o principal responsável pelos resultados negativos de qualquer ação em que ele seja intermediário, bem como quaisquer distúrbios que um médium sofra em seu desenvolvimento, não sendo levado em conta que este seja relapso, não cumpridor de seus deveres e preceitos que lhe são determinados, a não ser que o dirigente da Casa seja um, entre os inúmeros dos que atualmente existem, incapaz de orientá-los e dirigi-los.

É de grande importância que o iniciante seja bem observado, em seu psiquismo, quer na parte mediúnica, quer na parte que se relaciona com o organismo, isto é, o seu sistema nervoso. É inadiável a identificação de suas falhas e lacunas, a fim de que rápidas providências sejam tomadas, pois um médium dirigente tem a enorme responsabilidade de zelar por todos aqueles que lhe pedem auxílio e amparo e com os quais se comprometeu, tendo, portanto, que haver-se com grande tirocínio para levar a bom termo os seus propósitos. O médium aspirante ou já iniciado deve receber e cumprir religiosamente tudo que lhe for determinado, em relação ao ritual da religião de Umbanda. Ressalvamos aqui, é lógico, que essas determinações sejam de fato e, em verdade, oriundas de quem tenha reconhecida idoneidade e capacidade para tanto.

Os banhos comuns de água e sal, água de cachoeira e do mar podem ser usados à vontade. Nada exigem de especial. Quanto à parte de DEFUMADORES DE ERVAS SECAS, obedecem também à qualificação das ervas afins ao Planeta e à Vibração Original, no caso de defumação própria a uma só pessoa. Apenas requer que as sobras sejam dirigidas ou entregues "nesta ou naquela parte", no caso de determinação expressa para isso. No mais, podem ser jogadas em qualquer lugar, pois o fogo "tudo purifica", não sendo de temer que vibrações negativas possam ficar impregnadas nos carvões em brasa.

Na defumação que precede uma sessão, podem ser usadas as ervas secas de qualquer Linha ou Vibração, inclusive de benjoim, incenso e mirra, muito apropriados a uma precipitação de fluidos que predispõem à elevação espiritual.

Aconselhamos, também, no caso que se queira proceder a uma defumação "forte" sobre uma pessoa ou no "ambiente" de uma casa, que se tenha desconfiança ou certeza de estar vibrada por negativos, fazer uma limpeza, como se diz comumente, procedendo-se a uma defumação com palha de alho-guiné seco e arruda seca ou fumo-de-rolo, alecrim, erva-cidreira, ou ainda de folhas de pinhão-roxo, abre-caminho e guiné.

No término das sessões onde se tenha procedido a certas descargas, mormente de "fogo", aconselhamos estes defumadores para eliminação das larvas-resíduos.

Considerações finais: os banhos de ervas e defumadores – praticados em jejum absoluto ou nas horas positivas da vibração solar – são de valor inestimável.

Umbanda de Todos Nós

Conforme também frisamos, as plantas devem ser usadas nos Banhos em ESTADO VERDE e colhidas dentro de uma das quatro circunstâncias planetárias, a saber:

1.ª) Colhidas quando os planetas que as governam estão em seus domicílios ou signos.

2.ª) Colhidas quando o Sol passa no signo do Planeta que governa a planta.

3.ª) Colhidas nos dias em que a Lua se acha em bom aspecto com o Planeta que governa a planta, ou ainda:

4.ª) Colhidas na hora do Planeta por quem são governadas.[80]

Este não é um trabalho completo sobre o assunto, mas para os irmãos sagazes e capacitados é uma seriação de fatos concretos e fundamentos que os levarão aos objetivos.

---

80 Ver a obra *Medicina Oculta.*

5º CAPÍTULO
"GUIAS"

A "guia", espécie de colar de uso na Umbanda, é um objeto no qual os Guias e Protetores imantam certas e determinadas forças, para servirem de mo instrumentos em ocasiões precisas. É, pois, uma "milonga" deles, digamos assim, usando um termo já tão vulgarizado.

As "guias" têm várias finalidades, quer servindo como "armas de defesa" para os aparelhos que são obrigados a entrar em contato com diferentes modalidades de negativos, quer para a Entidade que se serve delas para trabalhos de fixação e eliminação na Magia apropriada pela qual foi preparada e, ainda, de acordo com os fluidos magnéticos e radioativos com os quais foram vibradas.

A rigor, as guias são preparadas obedecendo instruções dadas pelas entidades que delas necessitam e não, absolutamente, "preparadas" pela exclusiva "sabedoria" dos aparelhos. Estes apenas providenciam o material necessário à sua confecção, porém o mistério ou o ato da real preparação de uma "guia" fica ao encargo do Orixá, Guia ou Protetor.

Os materiais utilizados a este fim, tais como plantas, favas, raízes etc. são escolhidos de acordo com as afinidades planetárias, Vibração Original, quer da Entidade, quer do Aparelho (ver mapa 6), tudo bem "pesado, medido e contado".

A matéria-prima deve ser virgem de uso e originária das matas, dos mares e dos rios, ou seja, vegetais e minerais etc. porque o verdadeiro "toque" de força,

Umbanda de Todos Nós

como dizemos, será dado pela Entidade no momento em que fixar cabalisticamente pelos sinais riscados, às Vibrações Mágicas. Desaprovamos estas lindas miçangas de louça e vidro de cores variadas, feitas por mãos profanas, porque sabemos, e podemos provar, não obedecerem a nenhuma "forma real" de preparo, mesmo adquiridas em contas soltas, semelhantes às usadas em fantasias de carnaval, e que muitos penduram ao pescoço em imensa quantidade.

Isso é corriqueiro, chocante e infantil quando ocorre dentro do meio espiritual. Nenhum Orixá, Guia ou Protetor, por meio de seus respectivos aparelhos, pedirá ou aceitará estas "coisas" para serventia real, a não ser que, por uma natural bondade e compreensão, possam tolerar este simbolismo, que tanto atrai a mente ingênua daqueles que, por circunstâncias cármicas, são veículos na Lei de Umbanda e queiram, pacientemente, esperar que as concepções dos seus aparelhos se elevem a planos de maior realidade.

Temos nossas dúvidas quanto a esta hipótese, pois uma Entidade que se incorpora de verdade, e com responsabilidade cármica, não perderá seu tempo em coisas frívolas tais como a aceitação de miçangas corriqueiras, que poderiam suscitar dúvidas e ironias nos sensatos e conhecedores da matéria, pois que, assim, deixariam patente a sua ignorância. Este conceito talvez encontre reações e contestações em alguns, mas digam o que disserem, não convencerão nem a si próprios.

Nosso propósito não é ferir a quem quer que seja, mas o de lançar esclarecimentos da verdade aos Umbandistas de fé e coração, conscientes de sua nobre missão, buscando ansiosamente por todos os cantos, por meio dos livros e da prática, essa verdade que, muitos confessam, ainda não encontraram. É do conhecimento geral que o meio umbandista aumenta dia a dia, congregando pessoas de cultura e que jamais se contentariam com explicações dogmáticas e muito menos com o eterno chavão, que se tornou lugar-comum dado por muitos "chefes de terreiros", que, quando interrogados sobre questões para eles desconhecidas e que não sabem como responder, escondem-se na afirmação de que a "Umbanda tem milonga" ou "Milonga de Umbanda quem sabe é Congá" ou ainda "Umbanda tem fundamento e fundamento de Umbanda tem milonga"... Encerrando, assim, a questão em que aflitivamente tinha sido colocado.

Assim é que vemos, em inúmeras Tendas e Cabanas, essa profusão de colares, de contas de louça e vidro, intercaladas em cores, que combinadas de certa maneira, dizem pertencer a tal ou qual Linha.

Em nossas indagações aos aparelhos, principalmente aos que exercem chefia, aos "Ogãs, mães-pequenas, iabás, sambas e cambonos", não conseguimos deles respostas positivas e esclarecedoras quanto ao porquê das afinidades e fundamentos dos referidos colares às Entidades que diziam pertencer, e, ainda, quando indagamos se seus protetores tinham-nas pedido assim, daquela forma, ficavam confusos, demonstrando a incerteza, e arrematavam açodadamente dizendo que "os outros usavam assim".

Sabemos que colares, rosários, talismãs etc. são de uso tão antigo quanto às próprias religiões que os particularizam, porém estes, que se vendem vulgarmente em qualquer casa do gênero, são semelhantes aos que os exploradores levavam para engambelar os nativos da África, presenteando-os para obter "boa-vontade" e concessões ou mesmo no trato comercial.

Cremos que ainda hoje fazem o mesmo, hajam vista os filmes naturais, documentários que demonstram essas barganhas inclusive no Brasil, nas antigas "Bandeiras", e mesmo nos últimos tempos, quando da catequese das tribos da zona do estado de Mato Grosso, onde, além da "bravura e patriotismo" dos que cuidam desse mister, foram dados presentes diversos, entre os quais, colares de louça e vidro, que alegravam deveras a mente primitiva dos nossos irmãos habitantes das selvas.

Mesmo assim, apuramos um significado comum que lhes emprestam e tratamos de verificar sua fonte e fomos encontrá-la em livro de brilhante escritor do gênero – "pioneiro de uma época" – onde ensina que guias e colares para uso dos médiuns obedecem às seguintes características: para Yemanjá, contas brancas com 7 azuis e 7 douradas; para Oxum ou Axum, contas brancas leitosas, intercaladas com azuis; para Inhaçã, contas azuis com 7 brancas e 7 prateadas; para Oxalá, contas brancas com 7 amarelas, 7 vermelhas e 7 azuis; para Oxossi, contas verdes com 3 amarelas, e 4 vermelhas ou então rajadas de vermelho e verde, ou verde e branco; para Ogum, contas vermelhas com 3 amarelas e 4 verdes; para Xangô, contas marrom com 3 brancas, 3 verdes e 3 vermelhas; para Exu, ou Ganga, contas vermelhas com 7 pretas; para Umulu ou Caveira, contas pretas com 7 vermelhas.[81]

Será que esta qualificação obedece a sérios estudos, quer para a quantidade ou qualidade das contas, quer para a combinação de suas cores?

Sabemos, e podemos provar a quem o deseje, que a maioria dos terreiros usa assim, ou com ligeiras variações, dentro de uma base fixa. Também existem outras "guias" compridas, de continhas miúdas, em cores simples e variadas, que dizem vir da Bahia ou África, ao que fazemos reserva, pois são "fabricadas" em casas especializadas no gênero aqui no Rio.

Não estamos querendo desfazer nem atacar, frisamos, mais uma vez, dizendo que tudo isso está errado. Não, absolutamente. Como simbolismo, pode ter serventia, porém, convenhamos, por "excesso" de simbolismo é que a Umbanda do momento está irreconhecível.

---

81 Ver *Trabalhos de Umbanda* ou *Magia Prática,* de Lourenço Braga, p. 85-86.

Queremos, apenas, dar a entender aos nossos irmãos aparelhos que devam confiar mais nas Entidades, esperando que elas, quando julgarem necessário, determinem como farão suas guias, pois, como afirmamos no início, somente elas estão capacitadas para tanto, em virtude de traduzirem mais as "milongas" dos Orixás, Guias e Protetores, em conexão aos fluidos do aparelho, dentro de certa magia astral que se reflete no plano físico.

E assim é que sabemos existir certas RAÍZES, FAVAS, PLANTAS, OBJETOS INATOS DO MAR, DOS RIOS etc. aos quais dão preferência na confecção de suas "guias" de trabalho que obedecem rigorosamente a uma forma especial de serem preparadas, quer na quantidade, qualidade e dia próprio, em relação com o Planeta que rege os vegetais e minerais, além da imantação mágica. Imprescindível pelos sinais riscados que as Entidades militantes da Lei de Umbanda acham adequados em cada Vibração ou Linha.

Entre estes objetos, citaremos alguns, como: capacete de Ogum (espécie de fava de 1 a 2 cm de tamanho), umas contas vegetais, chamadas de favas ou lágrimas de Nossa Senhora; uma que se chama fava divina, em forma ovalada e comprida, com 2 a 3 cm; certas raízes de guiné pipi, cipó-caboclo, arruda etc. Dos objetos de origem aquática, temos: corais, búzios, Hippocampus (cavalos-marinhos), pedras de corvinas, "estrelas-do-mar" etc.

Jamais vimos, porém, legítimas Entidades, expoentes da Lei, em aparelhos de incorporação positiva, solicitarem lindas e corriqueiras continhas multicoloridas, que realçam tão bem nas fantasias dos folguedos de Momo[82].

Mas não fecharemos este capítulo sem comentarmos mais algumas facetas, nesta interessante situação dos "colares de louça e vidro".

No comércio especializado, o progresso da vendagem, em certos tempos, andou "meio" parado; as novidades para os consumidores eram sempre as mesmas e já não mais atraíam. Então, os "fazedores de guias" (comerciantes apenas, dentro de seus legítimos interesses comerciais), com um tino todo especial, resolveram criar mais inovações no gênero, a fim de renovar e estimular o mercado, pois jamais haviam lidado com um "meio" tão acessível e ingênuo a seus objetivos. Assim, começou a aparecer nas "vitrines" grande profusão e variedades de colares, todos já mais ou menos predeterminados a esta ou àquela finalidade, de acordo com a inexperiência ou gosto dos adquirentes.

---

82 Em nossa profunda obra *Doutrina Secreta da Umbanda*, uma das entidades, "Caboclo Velho Pajé", que comandou a retomada de posse da pura Corrente Ameríndia por dentro dos chamados cultos afro-brasileiros (para firmar a Umbanda de fato e de direito), ordenou-nos que revelássemos o segredo e a força da Guia Kabalística própria do verdadeiro iniciado umbandista. Vejam, portanto, todos os detalhes naquela obra.

E, subitamente, no "panorama umbandista", deu para surgir "babás e babalaôs", garbosos, de ares concentrados, sobranceiros e misteriosos... E logo pode-se constatar as causas reais dessa apresentação. Penduravam no pescoço, da nuca à cintura, "milongas desconhecidas", berrantes, vistosas, lindas em suas cores variegadas, que identificamos ser os tais colares, frutos do dito tino comercial, em franco progresso e aceitação.

A curiosidade nos afligia a mente, e fomos, com tato e jeito, indagando quais protetores ou Linhas eram afins a esta ou àquela "guia", obtendo logo as respostas desejadas: "esta é do caboclo A; esta do Pai 13; aquela da cabocla C; esta aqui, do povo do mar, aquela do Exu D etc."

Guardamos as identificações por escrito e resolvemos dar um "giro" nas casas em que foram "trocadas" (compradas). Chegamos lá, sutis e, na mais aparente inocência, fazendo-nos de interessados, ao identificarmos iguais colares expostos à venda aos "filhos de fé"... E ficamos mais surpresos ainda ao constatarmos que certas "novidades" são de luxo, não acessível ao bolso comum. E haja perguntas: este aqui, preto, de contas em forma cilíndrica, qual o preço, para que serve? Lá vinha a resposta, firme, dada em tom profissional:

– Esta é de puro azeviche, da Linha Africana, mas serve também para Exu e custa Cr$ 1.200,00; essa outra é de aço puro, adapta-se a qualquer Linha, custa Cr$ 800,00.

– E este aqui de rodelas pretas?

– Ah! É de couro de Lobo. Tem de Loba também e vendemos a Cr$ 380,00. Diante do nosso ar espantado quanto aos preços, ouvimos uma explicação mais ou menos "direta", pela qual concluímos que estas "guias" são consideradas entre as demais como as "mais fortes" e são adquiridas para fins de alta magia"... E conclusões idênticas tiramos em outras casas do ramo.

Mas continuamos a "girar no mercado", defrontando-nos com as mesmas "coisas": um colar de contas em forma de macarrão grosso cortado em pedacinhos, entre meio centímetro e um de tamanho, de louça amarela, "para Cosme e Damião", custa Cr$ 280,00. Outro de contas pretas redondas, "que serve para linha das almas", é Cr$ 240,00. "Legítimas guias" de búzios africanos, intercalados de contas em vidro azul, por Cr$ 260,00. Outras mais, de contas marrom, para Xangô, por Cr$ 300,00, e para este mesmo Xangô também existe umas continhas redondas, de matéria plástica, a Cr$ 30,00, além de similares desta matéria, a preços módicos, imitando as outras.

Dessa forma, pudemos constatar que as afinidades e finalidades dadas a estes colares pelos seus possuidores coincidia quase sempre com as que nos foram explicadas na ocasião que nos fazíamos de compradores pelos seus fabricantes ou vendedores.

Umbanda de Todos Nós

Agora, vamos deixar "vivendo na mente" de nossos irmãos que usam tais colares as seguintes perguntas: houve alguma CONVENÇÃO, em alguma época, entre "Chefes de Terreiros", na qual ficasse deliberado a "padronização" desses colares, com as determinações dadas e conhecidas? E se houve, essas determinações obedeceram às consultas feitas e à vontade ou orientação dos Orixás, Guias e Protetores da Lei de Umbanda, para quem estes ditos colares são qualificados?

Em caso afirmativo, pode-se inferir daí que os fabricantes destas "guias" tenham suas confecções pautadas nas diretrizes provindas das Entidades, por intermédio desta mesma Convenção?

Para essas perguntas, cremos, não acharão respostas positivas, porque não nos consta ter havido nada neste sentido. O máximo que poderão dizer é que essas "coisas" obedecem à tradição (?) ou que são "preparadas" depois de adquiridas etc.

Nota: Tudo progrediu muito. Esses preços eram altos naquela época (1956). Hoje em dia (1968), existem casas especializadas que vendem colares de penas de arara a 800 contos; tacapes a 120 contos etc. para médiuns ricos que "recebem caboclos milionários"... E quanto às tais "Guias" ditas como "legítimas", variam de 35 a 400 contos... O impressionante é que todas essas "Guias" são "fabricadas e qualificadas" para os Orixás pelos próprios comerciantes do gênero...

"Fácil é chegar-se a um acordo com o ignorante; mais fácil ainda, com o que sabe distinguir as coisas; mas, aos homens enfatuados com um saber insignificante, nem Brahma é capaz de os convencer"
(máxima brahmânica)

6º CAPÍTULO
OS SINAIS RISCADOS – LEI DE PEMBA

A consagração da realidade fundamental por caracteres primitivos tem sido a preocupação das Escolas religiosas que desejem provar a si próprias. Quase todas vão e voltam, nessa pesquisa, invariavelmente à Kaballa, porque, dizem, ela tem a chave do Passado, do Presente e do Futuro.

A união das ideias aos sinais, a Tríade dos números e das letras, são realidades que se tornam Una, quando sabemos e conhecemos que tudo isso se correlaciona a palavras sagradas que traduzem a magia do Som Divino da própria Lei do Verbo.

Ora, em que se sintetizam os grandes mistérios na Kaballa? Um Triângulo, um Quadrado, um Círculo, dez algarismos e vinte e uma letras (há mais uma que acrescentaram para perfazer vinte e duas, porém é a síntese de todos os significados) que fornecem os princípios do Verbo escrito, mas não são ainda os Princípios originais escritos deste Verbo-Som que coordena o mundo.

Como já demonstramos no mapa nº 1, o desenho inédito explicativo sobre o círculo cruzado e o triângulo, que representa o Ternário dentro da Unidade ou Lei, com suas Sete Vibrações ou Variantes que se externam de Sete em Sete, em três Planos, tendo na base os Sete Orixás Principais, Chefes e Subchefes, têm a sua COMPROVAÇÃO NO MAPA DA NUMEROLOGIA. Assim, vamos encontrar, por analogia, em uma língua, que não sendo original, muito conserva de sua correspondência direta, qual seja, a língua hebraica, dita da Kaballa, onde Elifas Levi esclarece: "Existe um segredo formidável, cuja revelação já derrubou um mundo, como o atestam as tradições religiosas do Egito,

Umbanda de Todos Nós

RESUMIDAS SIMBOLICAMENTE[83] por Moisés, no começo da Gênese. Este segredo constitui a ciência fatal do Bem e do Mal e o seu resultado, quando é divulgado, é a morte.

Moisés o representa sob a figura de uma árvore, que está no centro do Paraíso terrestre, e que está perto, e até ligada pelas suas raízes, à árvore da vida; os quatro rios misteriosos têm a sua fonte ao pé desta árvore, que é guardada pela espada de fogo e pelas quatro formas da esfinge bíblica, o Querubim de Ezequiel... Aqui devo parar; temo já ter falado demais".

Sim, existe um dogma único, universal, imprescindível, forte como a razão humana, simples como tudo que é grande, inteligível como tudo que é universal e absolutamente verdadeiro, e este dogma foi o pai de todos os outros. Sim, existe uma ciência que confere ao homem prerrogativas em aparências sobre-humanas; ei-las tal como as acho enumeradas num manuscrito hebreu do século XVI:

Eis aqui, agora, quais são os privilégios e poderes daquele que tem na sua mão direita as clavículas de Shlomoh, e na esquerda o ramo de amendoeira florida:

Aleph.

Vê Deus a face a face, sem morrer, e conversa familiarmente com os sete gênios que mandam em toda a milícia celeste (ver as Sete Vibrações Originais ou os Sete Espíritos de Deus, no Capítulo 2).

Beth

Está acima de todas as aflições e de todos os temores.

---

83 As maiúsculas são nossas

Ghimel.
Reina com o céu inteiro e se faz servir por todo inferno.

Daleth.
Dispõe da sua saúde e da sua vida e pode também dispor das dos outros.

Hê
Não pode ser surpreendido pelo infortúnio, nem atormentada pelos desastres, nem vencido pelos inimigos.

Vô
Sabe a razão do passado, do presente e a do futuro.

Zain
Tem o segredo da ressurreição dos mortos e a chave da imortalidade.

São estes os sete grandes privilégios.

Eis os que se seguem depois:

Cheth

Achar a pedra filosofal.

Teth

Ter a medicina universal.

Iod

Conhecer as leis do movimento perpétuo e poder demonstrar a quadratura do círculo.

Caph

Mudar em ouro, não só todos os metais, mas também a própria terra e até as imundícies dela.

Lamed

Dominar os animais mais fortes e saber dizer as palavras que adormecem e encantam as serpentes.

Mem

Possuir a arte notória que dá a ciência universal.

Num

Falar sabiamente sobre todas as coisas, sem preparação e sem estudo.

Eis aqui, enfim, os sete menores poderes do mago:

Samech

Conhecer, à primeira vista, o fundo da alma dos homens e os mistérios do coração das mulheres.

Hain

Forçar, quando lhe apraz, a natureza a manifestar-se.

Phe

Prever todos os acontecimentos futuros que não dependam de um livre-arbítrio ou de causa incompreensível.

Tsade

Dar de momento e a todos as consolações mais eficazes e os conselhos mais salutares.

Coph

Triunfar das adversidades.

Resch

Dominar o amor e o ódio.

Schin

Ter o segredo das riquezas, ser sempre seu senhor e nunca o escravo. Saber gozar mesmo da pobreza e jamais cair na abjeção nem na miséria.

Thau

Acrescentaremos a este setenário, que o sábio governa os elementos, faz cessar as tempestades, cura os doentes, tocando-os e ressuscita os mortos!

Mas há coisas que Salomão selou com o seu tríplice selo...

Os iniciados sabem, basta. Quanto aos outros, que riam, creiam, duvidem, ameacem ou tenham medo, "que importa à ciência e que nos importa?".[84]

Vamos encontrar, como dissemos, a sequência deste Verbo escrito, mas não os Sinais originais, reflexo direto deste mesmo Verbo, os quais são privilégios dos Espíritos celestes, ou seja, dos Orixás chefes que militam na grande Lei de Umbanda.

Assim, vemos que o primeiro e principal Sinal ou Letra Mágica da Kaballa, é **א** (ver significado nas páginas anteriores) que tem sua correspondência fonética e gráfica original, conforme demonstramos, na palavra UMBANDA, em seus caracteres:

ALEPH **א** primeiro sinal do alfabeto hebraico e transformação dos tradutores e interpretadores, que é igual a ⚕ já por sua vez extraído do aramaico ₪ que foi a decomposição do original ⦶ , que conforme provamos no 1.º Capítulo, é o Primeiro dos Três Caracteres que formam a Palavra UMBANDA.

Todos podem verificar, então, existir 21 variantes do alfabeto hebraico que, de sete em sete, sintetizam todos os conhecimentos de UMA LEI UNIVERSAL e ABSOLUTA, que, por sua vez, se reflete no homem, por meio de UMA RELIGIÃO que traduz as afinidades do Princípio Fundamental dessa Unidade, cujos caracteres básicos que a definem são prerrogativas dos ORIXÁS que se identificam na Lei de Umbanda, dentro das Sete Vibrações Originais ou os Sete Espíritos de Deus, quais sejam: ORIXALÁ — YEMANJÁ — YORI — XANGÔ — OGUM — OXOSSI — YORIMÁ, se que para seu uso hermético, possuem os verdadeiros Sinais de identificação e controle, conhecido apenas por meio de seus expoentes ou Orixás-Chefes, comumente denominados de "pontos riscados ou pontos de pemba".

Esses sinais riscados, assim conhecidos pelos leigos, são ainda na sua real origem somente comunicados e do conhecimento dos Iniciados de sua Lei.

Para sermos coerentes com o que afirmamos, vamos dar e demonstrar o seguinte: existe um Conjunto-tríplice que identifica em três graus os mistérios da Lei de Pemba.

Na Umbanda do momento apenas é usado o Primeiro Conjunto que se chama Chave-simples, que é simbolizado vulgarmente em flechas caprichadas, tipo setinhas, de "inspetoria", desenhos benfeitos de salomões, cruzes, luas, sóis, estrelas radiosas, espadas de Ogum e machadinhas de Xangô, tudo misturado e sem nexo e que despertam apenas curiosidade em observá-los. Se os nomes que estão postos embaixo, para identificação, forem retirados, os "pontos" ficarão inidentificáveis, não saberemos a quem pertencem, pois NÃO SE DISTINGUEM ENTRE SI.

---

84 Ver *Dogma e Ritual da Alta Magia,* de Elifas Levi, p. 56-57.

No entanto, a "coisa" é tão simples, que não sabemos "por que" os "doutores e mentores" não perceberam durante tantos anos que dizem ter de prática nas "milongas" de Umbanda.

Assim, como os homens têm a pena para firmar documentos elaborar tratados, codificar leis e expressar cientificamente seu pensamento, os Orixás, Guias e Protetores usam da pemba (giz bruto), que é uma de suas maiores "armas" na imantação de certas forças, da Magia da Lei, não pelo objeto em si, mas pelo valor de seus Sinais.

Os "Pontos riscados" são ordens escritas (podemos qualificá-los de "grafia celeste") de UM a VÁRIOS setores com a identidade de quem pode e ESTÁ ORDENADO para isto. Setor algum da chamada Quimbanda (Ki-mbanda) pode desobedecer às ordens emanadas por este veículo.

Pelo ponto riscado é que as Entidades se identificam por completo nos aparelhos de incorporação, PRINCIPALMENTE nos semi-inconscientes, pois seus subconscientes, nesses fundamentos, não influem, simplesmente porque não conhecem seus interiores. Para exemplificar: é o mesmo que um aparelho incorporar um espírito arraigado aos caracteres psíquicos, língua e costumes do país onde teve sua última encarnação – um chinês, por exemplo – que vem escrevendo esse idioma, que o aparelho desconhece por completo.

Comecemos mostrando os verdadeiros sinais simples ou caracteres identificadores da junção das Três Bandas ordenadas pela Lei de Espíritos de CRIANÇAS, CABOCLOS e PRETOS-VELHOS.

Eis os Sinais Cruzados das três Bandas:

Temos, assim, três caracteres que identificam três AGRUPAMENTOS, ou seja:

Banda das Crianças **Banda dos Caboclos** **Banda dos Pretos-Velhos**

Até aí, porém, damos apenas a Banda afim. Mas as Entidades podem dar um "ponto riscado" no qual caracterizam Três Fundamentos que se completam, formando um TODO.

1.º) Pode riscar um Sinal (qualquer um desses anteriores), que se chama Flecha, quando quer identificar simplesmente sua Banda ou Agrupamento afim.

2.º) Completa o primeiro com outro, que se diz CHAVE, quando se quer firmar com mais precisão a sua identidade para determinados casos, porque costumam usar os Sinais de Flecha e Raiz separados, para a composição de certos conjuntos. Ex.:

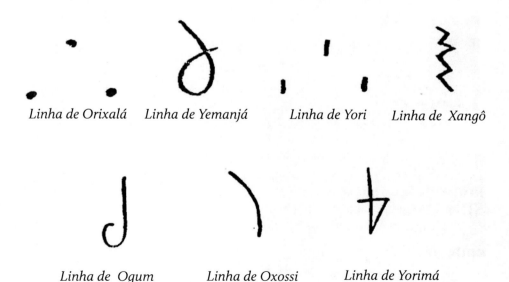

Pela junção dos Dois sinais (Flecha e Chave), saberemos logo, de uma só vez, a sua Banda (se é criança, caboclo ou preto-velho) e sua Linha (qualquer uma das sete) e isso porque os espíritos de crianças estão debaixo de uma só Vibração, a de Yori; os pretos-velhos, de YORIMÁ, mas os caboclos se distribuem em CINCO VIBRAÇÕES DIFERENTES, quais sejam: de Orixalá, Yemanjá, Ogum, Oxossi e Xangô. Exemplifiquemos a junção dos Dois em Um:

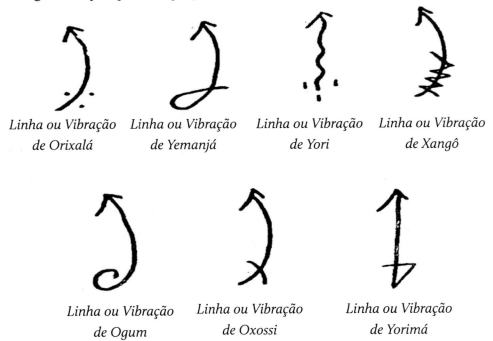

Feitos os dois primeiros, o Orixá-intermediário, Guia ou protetor, se julgar necessário, completa com um TERCEIRO SINAL – TRÍPLICE que se chama RAIZ.

O sinal da RAIZ é o que controla e situa as afinidades entre os Espíritos que se apresentam como pretos-velhos, porque muitos deles, no Grau de Protetores, conservam como soma de seus carmas, os caracteres raciais no corpo astral, como sejam: de Congo, Angola, Cambinda etc. bem como os espíritos que se apresentam como caboclos, que também, dentro de suas afinidades, se identificam por um sistema igual.

O sinal de RAIZ tem TRÊS características em seu "traçado", em cada uma das Sete Linhas que identificam ainda a Entidade como Chefe de Falange, Subfalange ou simples integrante.

Para uma identificação total, traça, conforme o objetivo, outros sinais, e forma um conjunto, surgindo então o "ponto" em sua totalidade.

Os fundamentos, na Lei de Pemba, de RAIZ em diante, são ensinados apenas a Iniciados de 2.º Grau até o marco dos positivos.

Os sinais integrais, inclusive os "negativos", são somente conhecidos por Iniciados do 1.º Grau da Lei de Umbarida.

Assim, vamos dar uma ideia de como estes sinais se tornam difíceis de serem traçados quando não sabemos as suas posições-chaves:

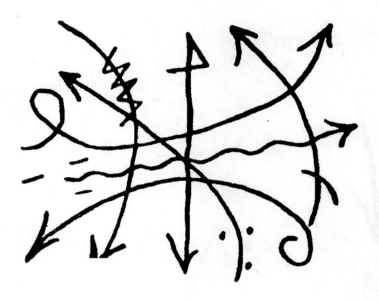

Este é um Conjunto-Simples da junção das Sete Linhas ou Vibrações.

Daremos, a seguir, 7 "Pontos riscados" básicos, as suas Linhas ou Vibrações que são de imantação de forças, e de acordo com as afinidades dos aparelhos dirigentes, pode ser riscado numa tábua de 40x40 cm e posto na mesa de assento do Congá, sempre com um copo contendo água colocado diante dele.

A escolha deve ser feita pela dita afinidade, ou seja, pela proteção atuante, isto é, do Guia "chefe de cabeça".

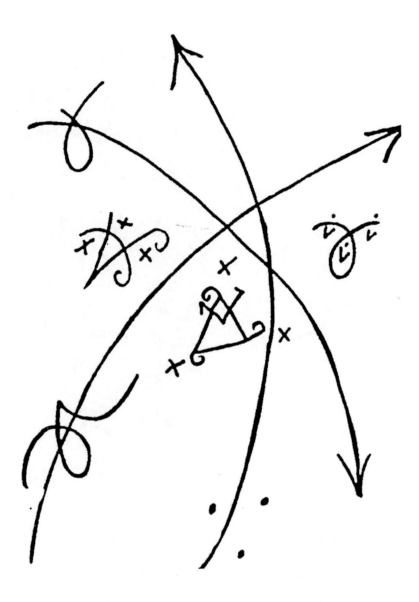

Sinais riscados da Lei de Pemba da LINHA DE ORIXALÁ ou OXALÁ, "Ponto" de Imantação de forças desta vibração dentro da magia dos Orixás.

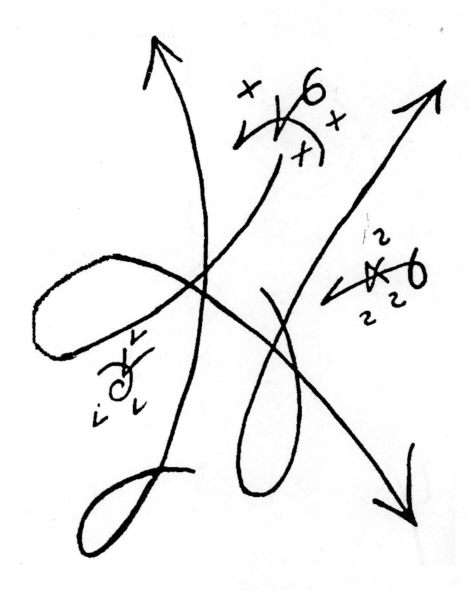

Sinais riscados da Lei de Pemba da LINHA DE YEMANJÁ, "Ponto" de Imantação de forças desta vibração dentro da magia dos Orixás.

Sinais riscados da Lei de Pemba da LINHA DE YORI, "Ponto" de Imantação de forças desta vibração dentro da magia dos Orixás.

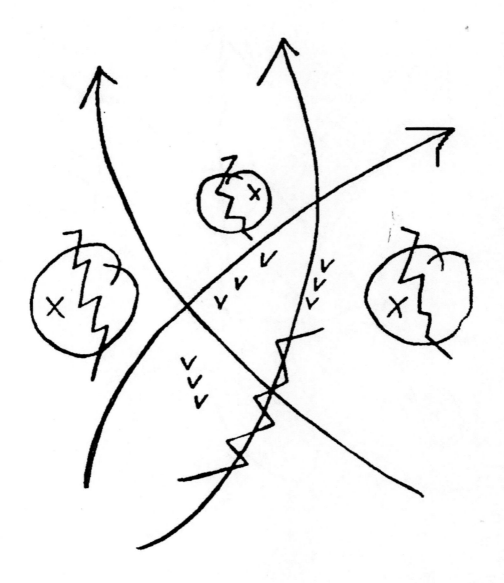

Sinais riscados da Lei de Pemba da LINHA DE XANGÔ, "Ponto" de Imantação de forças desta vibração dentro da magia dos Orixás.

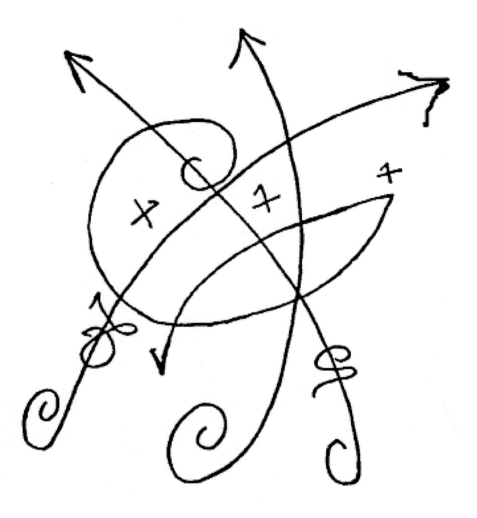

Sinais riscados da Lei de Pemba da LINHA DE OGUM, "Ponto" de Imantação de forças desta vibração dentro da magia dos Orixás.

Sinais riscados da Lei de Pemba da LINHA DE OXOSSI, "Ponto" de Imantação de forças desta vibração dentro da magia dos Orixás.

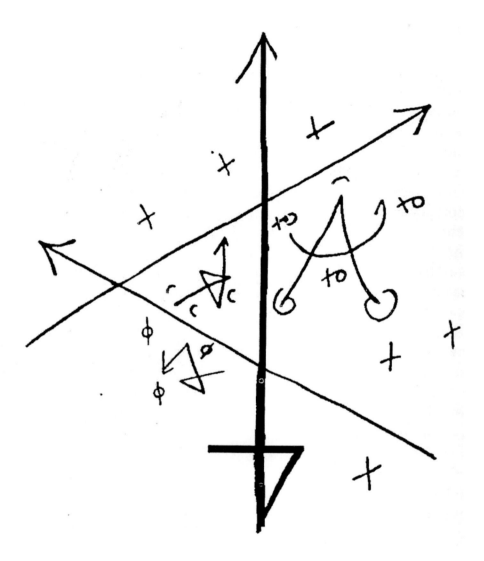

Sinais riscados da Lei de Pemba da Linha de YORIMÁ, "Ponto" de Imantação de forças desta vibração dentro da magia dos Orixás.

Estes "Pontos riscados" são sinais que as Entidades traçam ao "correr da mão, rapidamente, sem dificuldades. O que 'é comum vermos são "pontos simbólicos ou brasões" de Xangôs, de Oguns tais e tais, dos Caboclos ou dos Pais A, B, C, D etc. de execução tão difícil, que as Entidades, para "traçá-los", necessitariam de régua, compasso, esquadro, penas e tintas especiais, enfim quase todos os apetrechos de desenho. E mesmo que assim procedessem, tais "pontos" não identificariam a Banda-afim, a Linha-afim, a Categoria ou Plano-afim, pois os desenhos não traduzem e não caracterizam os seus donos.

Brilhante escritor de Umbanda, em livro recente, "jura" que, ninguém sabe os sinais riscados. Diz serem somente do conhecimento das Entidades. Sim, de fato, não é para qualquer um saber; este conhecimento é privilégio das entidades, mas que só os ensinam aos verdadeiros Iniciados da Lei de Umbanda.

Umbanda de Todos Nós

7.º CAPÍTULO
A INICIAÇÃO NA LEI DE UMBANDA

N a iniciação na Lei de Umbanda, tomamos contato com FORÇAS, CONHECIMENTOS, REGRAS, SISTEMAS e consequentes responsabilidades que poderão ser levadas a bom termo pelo iniciante que sentir "em si" forte vocação, índice de uma Missão, legado de seu próprio carma, ou seja, consequência de Causas e Efeitos, os quais se manifestam por certas faculdades que o induzem ou predispõem a este Caminho.

No entanto, bem poucos estarão capacitados a "conhecer a via", porque tantos serão os "espinhos" a encontrar, quantos se fizerem necessários às fases da ascensão... Mormente quando certas circunstâncias da vida se apresentam, encadeadas pelas forças das atrações negativas, em desafio ao Ego Superior, às quais inúmeros não resistem, deixando-se enlear, volvendo "ao doce comodismo da vida comum"...

Naturalmente que não nos referimos aqui às iniciações de determinados setores, que estão situados nos subgrupamentos da 7ª Vibração ou Grau, que estão dentro, mas não são ainda a Umbanda em sua plenitude (a Lei é uma só, seu controle, vai do Microcosmos a Macrocosmos), e cujas "fixações" caracterizam-se em suas fases próprias, como "lavagens de cabeça, camarinhas, comidas de santo, cruzamentos etc. Estamos falando da Iniciação Superior, apropriada, inerente aos Princípios, Fundamentos, Sistemas, Regras da Lei de Umbanda em sua alta manifestação afim com evolutivos concernentes com suas reais expressões.

Umbanda de Todos Nós

E, para que haja melhor compreensão sobre o assunto, devemos esclarecer que a Umbanda, por intermédio de seus expoentes, isto é, de suas Entidades militantes, faz-se representar em TRÊS PLANOS de atividades que CONJUGAM SETE GRAUS ou Vibrações descendentes.

No 1.º PLANO (1.º, 2.º e 3.º Graus), representam-se 399 Entidades, que, em cada LINHA, são qualificadas como ORIXÁS, na seguinte discriminação:

1.ª Vibração ou Grau: 7 ORIXÁS Principais, Chefes de Legiões não incorporantes;
2.ª Vibração ou Grau. 49 ORIXÁS Chefes de Falanges;
3.ª Vibração ou Grau: 343 ORIXÁS Chefes de Subfalanges.

Multiplicando-se os Orixás de CADA LINHA por 7 ou somando-se 7 vezes, encontraremos 2.793 dos qualificados assim, em toda a Lei. Na modalidade, porém, que chamamos de "mecânica de incorporação", subtrai-se 49 desta quantidade, restando, portanto, 2.744 Entidades com funções de Chefia (Orixás) e incorporantes. Somados entre si, os algarismos deste total, teremos: $2 + 7 + 4 + 4 = 17 = 1 + 7 = 8$, ou seja, "o duplo máximo da década".

No 2.º PLANO, vêm os qualificados como GUIAS de 4ª Vibração ou Grau, Chefes de Grupamentos em número de 2.401, limitação de 343x7.

No 3.º PLANO, situam-se os que são qualificados como PROTETORES, que aferem na 5.ª, 6.ª e 7.ª Vibrações ou graus. São limitados em 957.999 Espíritos militantes da Lei, para cada LINHA.

Daí, ainda pela multiplicação ou "expansão" do 7, encontram-se as situações afins de todos os Seres do Mundo Astral ao Mundo da Forma, bem como dentro da Numerologia da Lei de Umbanda (ver mapa n.º 2), que pode coordenar maiores quantidades de Espíritos militantes, propagadores de uma só Lei, de uma só Região, imagem direta da própria Unidade.

Verifica-se, então, existirem na Umbanda 3 Planos ou 7 Graus por onde a mediunidade impulsiona veículos afins para entrarem em sintonia COM os Orixás Guias e Protetores. No mapa n.º 4, o leitor poderá ver a coordenação desses e ainda sua analogia com os princípios.

Referência:
Deve-se notar no mapa nº 4 que a "terceira chave" da Lei só se revelou no 343 porque sua expansão partiu do número básico 51. Este 51 pode "revelar", ainda, dentro de certas operações, a "segunda e a primeira chaves da Lei", que se identificam com as medidas da pirâmide de Kheops. Basta lembrar que este número é composto de 2 algarismos: primeiro, o 5, representa as 5 Forças Vitais ou os 5 Prânas etc. segundo, o 7, representa as 7 Forças Fenomênicas etc. A soma dos dois nos dá os 12 Signos do Zodíaco ou 12 Anciães do Templo etc.

MAPA Nº 4-A M

Mapa quantitativo e qualitativo dos espíritos militantes da lei de umbanda, dentro dos seus 3 planos conjugados em 7 graus ou vibrações descendentes.

Em Cada Linha			Em Toda Lei
1.º Plano	ORIXÁS Intermédiarios	de 1ª Vibração ou Grau: Chefes de Legiões------------------------7 de 2ª Vibração ou Grau: Chefes de Falanges:(7x7):--------------49 de 3ª Vibração ou Grau: Chefes de Subfalanges: (49x7).-----------------------------------343 Soma-------------------------------------399	2.793 (399x7)
2.º Plano	GUIAS	De 4.ª Vibração ou Grau: Chefes de Grupamentos: (3430) 2.401	16.807 (2401x7)
3º Plano	PROTETORES	De 5.ª Vibração ou Grau: Integrantes de Grupamentos: (2.401x7)-----------------------------16.807 De 6.ª Vibração ou Grau: Integrantes de Grupamentos: (16.807x7)----------------------------17.649 De 7.8 Vibração ou Grau: Integrantes de Grupamentos: (117.649x7)--------------------------823.543 SOMA ------------------------------957.999	6.705.993 (957.999x7)

ANALOGIA DOS PRINCÍPIOS:

Partindo do TERNÁRIO SUPERIOR, onde se encontram os ORIXÁS, vamos encontrar a quantidade que os limitam no total de 2.793. Este número manifesta-se na seguinte operação:

$$2+7+9+3=21 =2+1=3$$

ou seja, o Ternário que, na sua forma expansiva, determina os GUIAS no produto 16.807 que, dentro de sua própria manifestação, isto é, pela soma de seus algarismos:

$$1+6+8+7=22=2+2=4$$

revela O QUATERNÁRIO.

Pela junção dos dois produtos (2.793 + 16.807) obtemos o resultado 19.600, que, somados seus algarismos:

$$1 +9+6= 16=1+6=7$$

dá-nos o SETENÁRIO.

Se partirmos do Quaternário compreendido no Produto 16.807, vamos encontrar por expansão em 7, três vezes o produto[85] 6.705.993, que determina os PROTETORES, produto este que somado entre si, revela o TERNÁRIO INFERIOR, do seguinte modo:

$$6+7+5+9+9+3=39=3+9=12=1+2=3$$

Este Quaternário, expresso pelo número 16.807, somado ao Ternário Inferior (6.705.993), gera o produto 6.722.800, que tendo seus algarismos somados entre si, revela-nos novamente o Setenário:

$$6+7+2+2+8=25=2+5=7$$

---

85 Esta expansão é encontrada pela soma de todos os produtos dos espíritos qualificados como PROTETORES, compreendidos na 5.ª, 6.ª e 7.ª Vibrações ou Graus, conforme a soma do 3º PLANO do mapa acima, que, por sua vez, é multiplicado por 7, pois que cada Unidade da Vibração ramifica-se em 7.

Os produtos dos TRÊS PLANOS novamente SOMADOS fornece-nos a "terceira chave da Lei", assim:

2.793 – TERNÁRIO SUPERIOR:	3	
16.807 – QUATERNÁRIO:	4	343
6.705.993 – TERNÁRIO INFERIOR:	3	
6.725.593	10	

cujos algarismos ainda somados entre si:

$$6+7+2+5+5+9+3=37=3+7=10=1$$

nos dá a UNIDADE ou a LEI.

Devemos ainda salientar que o vértice ou "razão de ser" da Umbanda do momento está apoiado na manifestação das Entidades pela incorporação, situação que se justifica na percentagem de 80% de aparelhos que estão situados no 3.° Plano (5ª,6ª e 7ª Vibrações ou Graus), razão pela qual diretrizes superiores fazem estender, sobre este setor, imediatos esclarecimentos e, para os outros, certas chaves que, possivelmente, abrirão novos horizontes aos que, em verdade, procuram o caminho reto de uma Iniciação positiva que os possam levar à desejada ascensão.

Antes, porém, vamos estender algumas considerações, nas quais o adepto aguçará sua concepção para melhor "sentir" o desenrolar deste capítulo.

O simples fato de o indivíduo ser médium e receber caboclo ou preto-velho não quer dizer que esteja capacitado a enfrentar o choque das "forças" que campeiam e são combatidas na Umbanda, mormente "daquelas" oriundas da chamada Quimbanda.

Não, isso apenas não é suficiente!

Mesmo que um aparelho se restrinja a fumar charutos, dançar, dar passes e conselhos triviais, mesmo assim precisa saber que o ponto de contato externo entre o visível e o invisível é "ele", isto é, seu corpo físico, que tem seu suporte no corpo astral e este, por sua vez, equilibra-se de acordo com seu corpo mental.

Todos estes veículos do Espírito e suas auras estão em íntima ligação, necessitando ter estas três expressões, de seu próprio Ego, em estabilidade, para que sejam conservados e ativados os elementos afins à manutenção da sua mediunidade e haja constante renovação de fluidos ectoplásmicos e consequente vitalidade, necessária ao bom funcionamento desta "engrenagem".

Exemplifiquemos esta situação:

Umbanda de Todos Nós

Um aparelho cede, por circunstância natural de um dom, sua "máquina física" para o caboclo ou preto-velho se extenuar de maneira visível e palpável durante as sessões de passes, conselhos descargas etc. Nessas sessões, atende, digamos, mais ou menos 15 pessoas. Para que ponto de apoio direto convergem as vibrações mentais dessas pessoas com seus possíveis acompanhamentos de larvas, mazelas, fluidos negativos, "cargas" de diversas procedências? Logicamente será para este "apoio direto" ou ponto de imediata referência, isto é, o aparelho, o seu corpo físico.

É lógico ainda que as diferentes qualidades de negativos ou acompanhantes entrarão em choque pelo contato de consulentes e aparelho, logo que suas respectivas auras mentais, astrais e físicas estejam com seus campos de ação ligados pela aproximação de corrente formada pela entidade incorporada e consulentes

Neste período de incorporação, no qual, mesmo na fase de semi-inconsciêneia, a Entidade fica diretamente apoiada no corpo astral do aparelho, dominando sua parte psíquica, sensorial e motora.

Como fica então a autodefesa do médium, que normalmente estaria ativa? Fica, neste transe, sujeita ao estado de semipassividade, ou, no caso de o aparelho ser inconsciente, em inteira passividade, e seu campo de vibrações áuricas passa a oferecer maior facilidade a se deixar envolver ou penetrar.

Não se deve pensar erroneamente, que a Entidade "toma conta de tudo" ou "quando sobe tudo leva".

Não!

Nem tudo ela pode levar, porque não devemos esquecer esta norma: as atuações ou as manifestações espíritas, sejam quais forem, precisam do fator mediúnico para se revelar em potencial e este fator somente existe quando fluidos apropriados facultam às Entidades uma ação de maior ou menor envergadura.

Assim, o que ressalta logo como necessidade básica ao aparelho iniciado?

Saber como possa conservar e aumentar os "fluidos apropriados" que facultam às Entidades o "maior campo de ação" e certos conhecimentos de autodefesa que serão suas "'armas" de segurança, ataque e eliminação.

A falta de conhecimento neste assunto tem sido um dos fatores principais na derrocada mediúnica, ou seja, no "porquê" da carência de protoplasma gerador dos fluidos harmônicos da maior parte dos aparelhos que, em certos tempos, muito brilharam, isto é, exerceram muita atividade real, veículos que, de fato, serviram à incorporação e transmissões precisas.

No entanto, não levaram na devida conta "certos sinais de alerta", certa mutação de fluidos e quando compreenderam a coisa, isto é, as incorporações imperfeitas, as transmissões vacilantes, era tarde.

E mesmo que não o fosse, onde o conhecimento necessário para agir?

E, com a perda daquela "ligação direta" com o Guia-Chefe, vem ao médium a falta de confiança, a dúvida. Surgem logo as fatais atrações negativas, que só estavam esperando oportunidade, e as larvas, que no passado pode afastar de si e de outros com altivez, surgem sequiosas de vingança, precipitando ações de choque e retorno"... E surgem então as "escorregadelas" conhecidas no "meio". Clama, então, às Entidades Protetoras: o que estavam fazendo que não os protegeram nem o livraram.

Respondemos por elas: onde estão os fluidos afins, os elementos apropriados para suas ligações ativas, que não soube conservar, jamais se interessando por isto no devido tempo?

E assim é que, na maioria dos aparelhos que conhecemos e foram conhecidos como excelentes em certa época, só o foram "por curto prazo".

Hoje em dia continuam sendo aparelhos, mas nunca nas condições anteriores. Não é porque envelheceram; não e que se possa afirmar terem sido causas morais e sociais que originaram tal decadência.

Não, estas causas foram apenas as consequências... Porque nem tudo que acontece é devido a um Carma por Causas já constituídas, ou seja, de efeito, de resgate, pois que causas novas são geradas diariamente. Para isso, existe o livre-arbítrio, e este, sim, é que está sujeito às influências negativas e positivas.

Se conseguirmos fazer-nos compreendidos, vamos entrar nas "chaves--Mestras" de um CONHECIMENTO que a tradição iniciática vem conservando "velado", e mesmo alguns autores, que têm abordado o assunto, o fazem dentro de certas "limitações", regras que somos obrigados a seguir. Vamos fazê-lo, porém, de tal modo que para UNS será mesmo uma limitação, e, para os OUTROS, uma ponta do véu alevantada...

Daremos as "Chaves" que abrirão portas a um conhecimento Vital na Iniciação da Lei de Umbanda, porque se particularizam pelas "ligações de base" com a mediunidade e a própria MAGIA que transcende daquela que se pode qualificar como "terra a terra", aquela que se conhece em sentido pleno e alguns chamam de Teurgia...

Existem Sete Fluidos Cósmicos Básicos ativos em todos os movimentos geradores que consubstanciam as coisas Criadas e Incriadas no eterno Cosmos, que, em épocas remotas, foram qualificados como "as Sete Imagens Elétricas". Não confundi-los com as Sete Vibrações Originais de pura essência espiritual, eterna, absoluta, Luz Incriada, que se manifesta no Cosmos, mas não é manifestação dele, razão e vontade que gera o Movimento e não é gerada por ele, expressão do Supremo Iluminado Espírito, Zamby ou Deus, coordenadoras da Unidade, ligadas entre si, mas independentes em suas "razões de ser", em suas essências e individualidades. Essas mesmas que João, em seu Apocalipse, qualificou como os Sete Espíritos de Deus; essas mesmas que nós também sabemos ser assim e que dirigem a Lei de Umbanda e suas Sete Linhas.

Não há palavras nem expressões no linguajar humano que possam traduzir uma concepção, uma penetração, uma convicção da própria Lei do Verbo.

Esperamos ser compreendidos por "aqueles" cuja mente espiritual possa traduzir do Livro do Espaço, as Páginas da Vida, aquilo que o próprio vocabulário limitou.

Podemos definir, ainda, para os já Iniciados, que estes Sete Fluidos Cósmicos ou Centros Fluídicos são, em "princípio", FORÇAS COSMOGÔNICAS, EM ORIGEM da Unidade, e cada qual congrega as mônadas afins, onde os Espíritos simples haurem os elementos para gerar ou criar os seus corpos mentais, astrais e daí influírem nas condições em que vão se apresentar na primeira "forma humana", ou seja, na primitiva encarnação.

Os Sete Fluidos Cósmicos particularizam os Sete Principais Centros Vitais do homem, e a vitalidade própria de cada um desses centros é ativada pela influência direta do fluido ou Vibração Solar. Esses Fluidos Cósmicos interpenetram e dinamizam o corpo Astral onde se fixam, tomando o nome de "Centro", e daí refletem-se no corpo físico onde se consolidam no organismo a fim de serem identificados como Plexos ou Gânglios. Vamos discriminá-los e identificá-los a outros princípios, importantíssimos aos conhecimentos dos Iniciados, para todas as operações de magia positiva e negativa e para as imprescindíveis "FIXAÇÕES E PREPARAÇÕES", no caso de um aparelho em estado de atividade mediúnica.

O iniciante deve saber, como consideração primordial, que esses "Centros" são consubstanciados no indivíduo para proverem elementos vitais ao bom funcionamento e consequente equilíbrio de seus corpos (mental, astral e físico), quer esteja nesta última condição, quer fora dela, isto é, sem o corpo físico.

O mais importante ao nosso objetivo é identificarmos no homem, ou seja, por meio de sua forma material.

Vamos fazê-lo de acordo com os nomes pelos quais são mais conhecidos e que os hindus chamam de "Chacras" (que significam RODAS, em sânscrito), com suas respectivas correspondências dentro da Iniciação da Lei de umbanda.

Os Chacras se identificam nos Plexos e estes "são os Centros que regulam a vida elementar, isto é, o que há em nós de primário e que está envolto em suas CAUSAS". São em número de 49, porém os principais são 7 que regulam os demais.

As correntes de energia vital ou solar deslizam por canais conhecidos também como "nadis", "pipas" ou "tubos" sendo 3 os mais importantes:

1) **SUSHUMNÂ** — Grande canal nervoso do centro da medula espinhal que corre desde a sua base à parte superior do crânio, indo a um "ponto básico" chamado "Brahmarandra" ou "Porta de Brahma";

2) **IDÁ** — Canal que corresponde ao Simpático Esquerdo, cuja corrente de fogo fohático percorre este lado de Sushumnâ;

3) **PINGALÁ** — Canal que corresponde ao Simpático direito, cuja corrente de Fogo Fohático pecorre este lado de Sushumná.

Vamos a seguir discriminar todos os plexos nervosos e respectivos atributos:

1.°) CHAKRA SASHARARA

Este "Centro" atua no PLEXO CORONAL situado na região posterossuperior da cabeça e tem seu "assento ou fixação" no lobo posterior da hipófise.[86]

Sua energia é *"daiviprakiti"* ou *"essência divina"*, e os ocultistas chamam-no de "Terceiro olho". Seu atributo é *FORTALEZA*.

Segundo o grau de sua atividade, gera a Paciência ou a Ira. Corresponde à VIBRAÇÃO DE ORIXALÁ (ou Oxalá) – seu próprio fluído cósmico está sujeito a esta vibração Espiritual. Este Plexo também é particularizado pelo prâna *VYANA*.

Este Plexo recebe com maior intensidade a Força Vital do SOL, pois que é parte atuante de um "centro duplo" que enfeixa o maior sistema de captação em 96 "pétalas", sendo particularizado pela metade deste número, isto é, 48[87] (as "pétalas Irradiantes" de todos os Chakras ou Centros são identificadas pelos clarividentes na "forma de uma flor etérica, e as quantidades que determinam cada uma vem

---

86 A hipófise também chamada de glândula pituitária, pineal, corpo pineal, *conarium*, epífise etc., é um órgão de secreção interna, pequeno, elítico, avermelhado, colocado em uma depressão do osso esfenoide (cela túrcica) e ligada ao cérebro por um pedículo. Em sua constituição entram:

l.°) Lobo anterior, mais volumoso, compacto e vascularizado, constituído de colunas de células chamadas cromófabas e cromófilas. Regula o crescimento do esqueleto, as atividades gonadais (sexuais) masculinas e femininas, age sobre a tireoide, pâncreas (diabete) etc.

2.°) Lobo posterior (ou neuro-hipófise), é de menor volume, constituído de numerosos elementos nervosos e abriga uma substância chamada "coloide ou "hialina". Secreta hormônios que atuam na circulação, em certos órgãos (útero) etc.

3.°) Parte Intermediária: é fina, vascularizada, e formada por células basófilas densamente aglomeradas.

A Hipófise é a glândula mestra de todo o sistema endócrino do indivíduo e os hormônios por ela secretados são inumeráveis e importantíssimos na regulação e equilíbrio do seu organismo.

87 Assim como a hipófise é um órgão bilobado, a "flor etérica", que caracteriza estes centros (Coronal e Frontal), apesar de, no todo, ser uma única, também apresenta bipartição de suas 96 pétalas originais, destinando 48 para cada lobo.

sendo confirmadas por meio de longínqua tradição pelos Iniciados clarividentes de diversas Escolas.

Nós também temos esta confirmação por intermédio das Entidades Superiores da Lei de Umbanda, bem como por meio de "estudos apropriados").

O Plexo Coronal é governado pelo Astro-Rei diretamente. Sua vibração de cor atuante de origem é o Branco, mas, pelas circunstâncias que um "estado cármico" já constituído influencia, mormente, quando este centro está "ligado" à forma humana, outras vibrações atuam, gerando cores indicadoras de situações positivas e negativas, quer psíquicas ou mentais, astrais e orgânicas. Assim, é comum, quando em atividade-positiva, essas pétalas irradiarem vibrações de cor branca deslumbrante com tonalidade azul-púrpura no centro, ainda sujeitas a mutações, de acordo com o exposto.

Consideramos esta parte, para efeito de Magia e terapêutica Astral, como a parte masculina.

2.º) CHACRA AJNA

Este "Centro" atua diretamente no plexo frontal localizado nos sínus dos ossos frontais na parte superoanterior da cabeça e tem seu "ponto de assento ou fixação" no lobo anterior da hipófise.[88]

Seu prâna também é o *APANA*.

Sua energia é *"mantrika"*, o *"poder oculto da palavra"*. Seu atributo é *Respeito*.

Segundo seu grau de atividade, gera a *Firmeza* ou *Leviandade*. Corresponde à VIBRAÇÃO DE YEMANJÁ – seu próprio fluido cósmico está sujeito a esta vibração Espiritual.

Sua "forma radiante" é a de uma flor com 18 "pétalas etéricas"[89].

Sua vibração de cor, em origem, é o Amarelo, porém, pelas circunstâncias na forma humana, quando em atividade positiva, tende à vibração dessa cor com laivos vermelhos.

O Planeta que particulariza este Centro é a LUA. Consideramos esta parte, para efeito de Magia e Terapêutica Astral, como a parte feminina.

---

88 Ver nas notas anteriores referências e dados sobre a hipófise.

89 Ver nas páginas anteriores a explicação sobre a bipartição das "pétalas etéricas".

3.º) CHAKRA VISUDDHA

Este "Centro" atua diretamente no PLEXO CERVICAL que se localiza na região do pescoço e toma "ponto de assento ou fixação" na faringe, laringe, glândula tireoide etc.

Sua energia é *"Para"*, o *"poder supremo"*. Seus elementos afins são *"AKASHA"* – o *"éter"* e *"UDANA"* – *"o sopro de vida ascendente"*.

Seu atributo é *ENTENDIMENTO* – Segundo seu estado de vitalidade plena, faculta a clariaudiência e, ainda, de acordo com seu grau de atividade, gera a *Esperança* ou o *Receio*.

Corresponde à VIBRAÇÃO DE YORI – seu próprio fluido Cósmico está sujeito a esta vibração Espiritual.

Sua "forma irradiante" é a de uma flor com 16 "pétalas etéricas" e sua vibração de cor, em origem, é o Vermelho e pelas circunstâncias na "forma humana", quando em atividade-positiva, tende à vibração da cor azul-violeta.

O Planeta que particulariza este Centro é mercúrio.

4.º) CHACRA ANAHÂTA

Este "Centro" atua diretamente no PLEXO CARDÍACO e tem seu "ponto de assento ou fixação" no coração e sangue.

Sua energia é *"JNARA"*, *"o poder do conhecimento"*. Sua essência é *"Prâna"*, *"O sopro de vida exalante"*.

Seu atributo é a *SABEDORIA*. Segundo seu grau de atividade, gera a *Humildade* ou a *Soberbia*.

Corresponde à VIBRAÇÃO DE XANGÔ – seu próprio fluido cósmico está sujeito a esta vibração Espiritual.

Sua "forma irradiante" é a de uma flor com 12 "pétalas etéricas" e sua vibração de cor, em origem, é o Verde, mas, pelas circunstâncias na "forma humana", quando em atividade positiva, tende à vibração amarela com cambiantes azuis.

O Planeta que particulariza este Centro é JÚPITER.

5.º) CHACRA SVASDISTHANA

Este "Centro" atua diretamente sobre o gânglio semilunar (que Bichat denomina de cérebro abdominal) e que, por raízes eferentes, vão constituir o PLEXO SOLEAR (ou SOLAR) e tem "assento ou fixação" nas vísceras abdominais, tais como o fígado, pâncreas, órgãos do aparelho digestivo etc.

Sua energia é *"KRIYA" – "o poder do pensamento criador"*, com seus canais *IDA* e *PINGALA*, as duas correntes do fogo Fohático, correspondentes aos Simpáticos Esquerdo e Direito, que se unem a Sushumná percorrendo-o desde o término da medula espinhal até a parte superior do crânio, e sintonizam no ponto denominado "Brahmarandra".

Seu "prâna" chama-se *"APANA" – "o alento da vida descendente"*.

Seu atributo é *JUSTIÇA*.

Segundo seu grau de atividade, gera a Generosidade ou o Egoísmo. Corresponde à VIBRAÇÃO DE OGUM – seu próprio fluido cármico está sujeito a esta vibração Espiritual.

Sua "forma irradiante" é a de uma flor com 10 "pétalas etéricas" e sua vibração de cor, em origem, é o Alaranjado; no entanto, pelas circunstâncias na "forma humana", tende às vibrações amarelo-avermelhadas com tonalidades verdes. O planeta que particulariza este centro é MARTE.

6.º) CHAKRA MANIPURA

Este "Centro" atua diretamente no PLEXO ESPLÊNICO tem seu "ponto de assento ou fixação" no baço e cápsulas ou glândulas suprarrenais.

Sua energia é *"ICHCHAHÁ" – o "poder da vontade"*, prâna correspondente a *"SAMANA"*, o *"alento de vida purificador"*. Seu atributo é o *CONSELHO*.

Segundo seu grau de atividade, gera a *Prudência* ou o *Arrebatamento*.

Corresponde à VIBRAÇÃO DE OXOSSI – e seu próprio fluido cósmico está sujeito a esta vibração Espiritual. Sua "forma irradiante" é de uma flor com 6 "pétalas etéricas" e sua vibração de cor, em origem, é o Azul; no entanto, pelas circunstâncias na "forma humana" quando em atividade-positiva, tende à vibração vermelho-violeta. O Planeta que particulariza este centro é VÊNUS.

7.º) CHAKRA MULADHARA

Este "Centro" atua diretamente no PLEXO SACRO e tem "assento ou fixação" nos órgãos pélvicos; próstata, bexiga, glândulas seminais, ovários etc.

Sua "energia" é *"KUNDALINI"* — *"o fogo serpentino regenerador"* que penetrando por Sushumná, irradia vitalidade até o ponto "Brahmarandra" ou "Porta de Brahma".

O "prâna" distribuidor deste Centro chama-se *"VYANA"*. Seu atributo é *PUREZA*.

Segundo seu grau de atividade, gera a *Castidade* ou a *Luxúria*. Corresponde à VIBRAÇÃO DE YORIMÁ e seu próprio fluido cósmico está sujeito a esta Vibração Espiritual.

Sua "forma irradiante" é de uma flor com 4 "pétalas etéricas" e sua vibração de cor, em origem, é violeta; no entanto, pelas circunstâncias na "forma humana", quando em atividade-positiva, tende à vibração carmim com tonalidades azuis. O Planeta que particulariza este centro é SATURNO.

OBSERVAÇÃO IMPORTANTE: alguns autores ou escolas dão certas cores com determinados significados. Não concordamos com todos, porque as vibrações das cores básicas, em sua essência pura, não trazem deturpações de origem. Estas provêm de influências que lhes dão vários matizes.

Exemplo: é errôneo ser o vermelho puro atributo de cólera (possivelmente por associação de ideias com a cor do sangue e daí com a violência), pois a cor natural traduz Entendimento, Generosidade, Força mental. As tonalidades do vermelho, sim, é que significam ou refletem sensações negativas.

Pelo exposto, demos ao Iniciante várias "Chaves" que se identificam com os 7 Centros ou Chakras, para serem "movimentados" em todos os sentidos e objetivos.

Falta, no entanto, uma CHAVE que, dentro da Iniciação da Lei de Umbanda, é da mais alta importância: a correspondência deles na LEI DE PEMBA, isto é, nos Sinais Riscados que formam os seus "ideogramas", que são a "grafia dos Orixás" dentro da Magia que lhes é própria.

Umbanda de Todos Nós

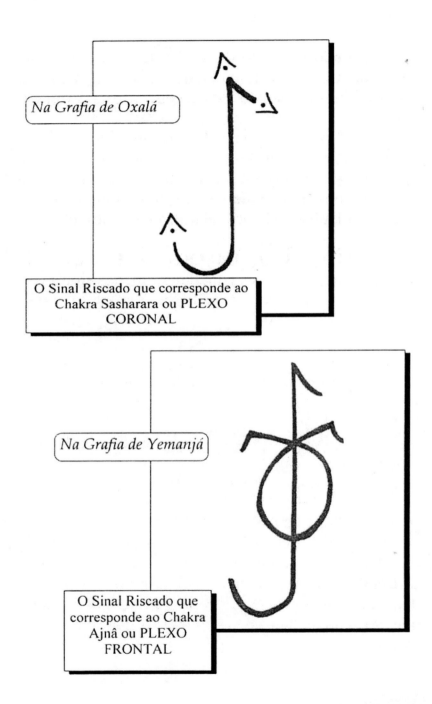

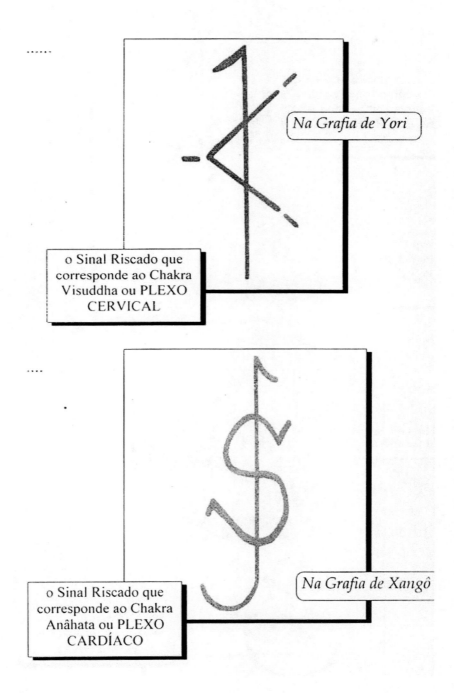

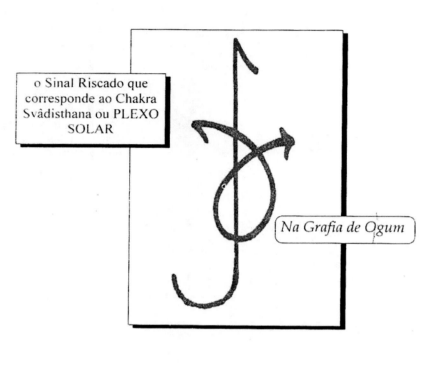

o Sinal Riscado que corresponde ao Chakra Svâdisthana ou PLEXO SOLAR

Na Grafia de Ogum

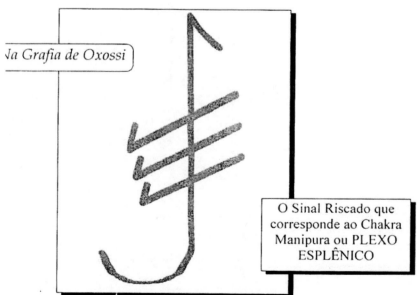

Na Grafia de Oxossi

O Sinal Riscado que corresponde ao Chakra Manipura ou PLEXO ESPLÊNICO

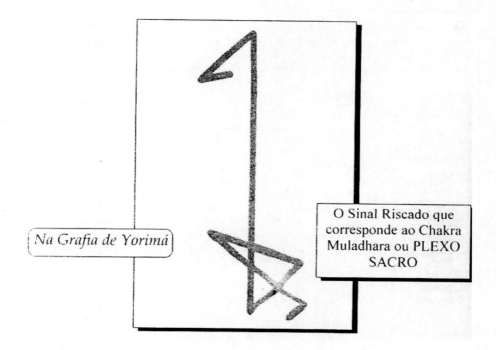

Para que possam ter uma visão mais perfeita desse encadeamento de identificações, damos, anexo, dois mapas (n.º 5-A e 6), nos quais as correspondências "entre si" estão mais fáceis de serem notadas.

NOTA: muito depois desta obra, nosso querido "Pai-Preto" fez-nos psicografar sua "Lições de Umbanda (e Quimbanda) na palavra de um preto-velho", onde definiu, isto é, deu nome aos chakras, qualificando-os como "Núcleos-Vibratórios".

MAPA Nº 5-A

Mapa dos centros (Chakras) e suas respectivas identificações planetárias variantes da unidade ou linhas da Lei de Umbanda

Nome dos Centros vitais ou Chakras	Vibrações de cores atuantes pelas circunstâncias do Corpo Físico	Vibrações da Cor Atuante	Planeta Correspondente	Quantidade de pétalas Irradiantes Etéricas	Vibração ou Linha
Coronal	Branco deslumbrante com tons dourados no centro	Branco	Sol	48	Orixalá
Frontal	Amarelo vivo com laivos azuis	Amarelo	Lua	48	Yemanjá
Cervical	Azul violeta	Vermelho	Mercúrio	16	Yori
Cardíaco	Amarelo com cambiantes azuis	Verde	Júpiter	12	Xangô
Solar	Amarelo avermelhado com tonalidades verdes	Alaranjado	Marte	10	Ogum
Esplênico	Vermelho violeta vivo	Azul	Vênus	6	Oxossi
Sacro	Vermelho com tonalidades azuis	Violeta	Júpter	4	Yorimá

MAPA Nº 6

Das influências planetárias em relação às vibrações originais ou linhas

Vibração original	Mediador	Nota Mus.	Vogal	Cor	Dia	Planeta	Signo Zodiacal Dias Correspondentes
Oxalá	Gabriel	MI	I	Branco	Domingo	Sol	Leo 23-7 a 22-8 Câncer 21-6 a 22-7
Yemanjá	Rafael	SI	A	Amarelo	2.a feira	Lua	Gemini 21-5 a 20-6 Virgo 23-8 a 22-9
Yori	Yoriel	DO	E	Vermelho	3.a feira	Mercúrio	Sagitário 22-11 a 21-12 Piscis 19-2 a 20-3
Xangô	Mikael	SOL	Y	Verde	4.a feira	Júpiter	Áries 21-3 a 19-4
Ogum	Samuel	FA	O	Alaranjado	5.a feira	Marte	Escorpião 23-10a21-11 Taurus 20-4 a 20-5
Oxossi	Ismael	RE	H	Azul	6.ª feira	Vênus	Libra 23-10 a 22-10 Capricórnio
Yorimá	Yramae1	LA	U	Violeta	Sábado	Saturno	22-12 a 19-1 Aquário 20-1 a 18-2

Nota: certos estudiosos estranham os Orixás Yori e Yorimá. Isso é porque não sabem que os antigos Nagô cultuavam 401 Orixás ou Divindades, ditos como os da direita, os masculinos, que denominavam Orixás-Funfun e aos Orixás da Esquerda, os femininos, em número de 200, chamavam como os Ebora. Com o tempo esqueceram quase tudo e muitos até dos principais.

Umbanda de Todos Nós

Este mapa sofreu ligeira modificação.

Note-se que situamos o Signo de Aquário sobre Saturno. Alguns estudiosos – astrologia esotérica – já o deram para Urano. Não contestamos, mas Saturno influencia mais em relação ao nosso planeta Terra. É só.

Também existe uma correspondência considerada esotérica ou de tradição-oculta quanto aos Gênios ou Arcanjos em relação aos dias da semana com os planetas. Isso é duvidoso.

Cópia de cópias, por assimilação de uns sobre outros autores. Nós a fizemos, sob outro sistema: o da relação vibratória da cor, na nota musical com o planeta.

E ainda confrontado com o significado cosmogônico extraído da ciência ou Lei do Verbo que Saint-Yves provou em seu L'Archeomètre. Para isso, ele provou, na sonometria, que nosso estalão musical é incompleto, denominado, por isso, como "temperado", e revelou o correto ou o certo. Vejam suas obras se quiserem provas...

De posse dessas chaves, o Iniciante está com "todas as vias" de um Conhecimento que, posto em ação, lhe dará poderes incomuns e o capacita enfrentar o entrechoque das Forças Positivas e Negativas de qualquer procedência, inclusive o manejo das "FIXAÇÕES E PREPARAÇÕES" INDISPENSÁVEIS aos aparelhos umbandistas.

Torna-se, todavia, necessário saber "movimentá-las" e, naturalmente, neste capítulo de "orientação geral", não podemos entrar em "pormenores", pois estes são revelados "oral e praticamente" de acordo com o Grau próprio dentro de uma Escola de Iniciação exclusiva da Lei de Umbanda: Vamos, porém, na medida do possível, tentar esclarecer mais ainda.

Portanto, que falta ao adepto ou Iniciado-aparelho umbandista para seguir os Princípios, Fundamentos, Sistemas e Regras, tendo todas as identificações e correspondências? Falta apenas concatená-las de acordo com seu Dom e suas faculdades.

Mas, antes de tudo, ponha-se de lado esses tão comuns "cruzamentos descontrolados" de ervas, bebidas e similares, completamente sem nexo, precipitadores de variadas psicoses ou de fanatismos deprimentes, que tão mal situam o bom nome da Umbanda e de suas Entidades militantes, que jamais foram ou serão coniventes com estas "práticas".

Quando, comprovadamente, um indivíduo tem mediunidade, deve-se, em princípio, verificar qual a modalidade de seu Dom, para que VERDADEIRAMENTE sua faculdade seja bem orientada, dirigida e aproveitada. Então, qualquer que seja ela, mormente na "mecânica de incorporação", as regras que vamos abordar servirão para todas, mas, conforme já aludimos inúmeras vezes, nesta é que nos basearemos para a nossa finalidade.

Assim, de conformidade com o Mapa n.º 6 (Das influências planetárias em relação com as Vibrações Originais ou Linhas), identificamos logo a Vibração Original e demais "pontos básicos" correspondentes a um aparelho, inclusive a vibração planetária que influiu e influi sobre seu corpo astral e no próprio organismo.

Alarguemos as considerações sobre estas identificações. Sabemos que, possivelmente, muitos leitores e médiuns, ao analisarem este mapa, terão em mente a seguinte dúvida: estarão pensando que sendo do mês A, que é casa do Planeta B e, portanto, da Vibração C (do mapa), teriam de ter, na direção de seu mediúnico, Entidades da referida Vibração (na terminologia dos "terreiros" esta Entidade é o chefe de cabeça", o desenvolvedor, aquele que assume a responsabilidade direta sobre o "cavalo" etc.); no entanto, têm na direção de seu mediunismo Entidades de outra. Vibração.

A falta de esclarecimentos nesta questão vem dando margem para maiores confusões, interpretações e retardamento no desenvolvimento da maioria de pessoas que frequentam certos "terreiros", deslocadas nesses ambientes afins ao 7.º Grau do 3.º Plano, cujos dirigentes materiais e espirituais nem podem ainda ser qualificados nele, e ficam sujeitas às vibrações contrárias e "chamadas" a esmo, sem base, por falta do indispensável controle e conhecimento.

Assim, vemos criaturas que realmente têm uma faculdade mediúnica serem dirigidas para finalidades completamente diversas daquelas que possuem de verdade. Permanecem anos a fio, no "eterno roda-roda das curimbas", caindo aos trancos e barrancos, joguetes de sensações, sem incorporarem "coisa alguma" quando não, ficam recebendo fluidos que nunca se definem na infindável expectativa do Ser ou não Ser ...

Em consequência desse estado de coisas, nota-se o centro anímico do médium povoar-se de sugestões do ambiente, passando a criar para si próprio a imagem mental de um "guia ou protetor" que traduz apenas uma "forma" do seu ardente desejo de querer aquilo que não lhe é inato, dando-se então, a tão comum mistificação inconsciente, sem malícia, sem um fim preconcebido.

Para tentarmos reparar essa situação tão prejudicial aos que sinceramente desejam evoluir dentro de uma real Missão imposta pelo imperativo de seus carmas, convém repisar que a chave de "fixação e ligação" para qualquer uma das modalidades ou faculdades mediúnicas sempre foi, é e será dirigida por meio do corpo astral, porque nele é que se dá o ato de incorporação, forma de comunicação mais usada na Umbanda do momento, e motivo pelo qual estamos encaminhando o assunto para este objetivo.

Se é no corpo astral (o perispírito dos kardecistas) que se processa o mecanismo das incorporações, faz-se NECESSÁRIO QUE SE COMPREENDA, ANTES DE TUDO, QUE OS FLUIDOS VITAIS, AS SUBSTÂNCIAS AFINS, DEVEM ESTAR EM HARMONIA COM AS MESMAS DO CORPO ASTRAL DAS ENTIDADES

Umbanda de Todos Nós

QUE PRETENDEM USAR ESTE VEÍCULO, A FIM DE EXTERNAREM, PELA MÁQUINA FÍSICA DO APARELHO, SUAS VONTADES E SUAS INTELIGÊN-CIAS. Isso posto e compreendido, que falta ao aparelho para melhorar as condições naturais e dar comunicações mais perfeitas?

Duas coisas são básicas e Imprescindíveis de serem sabidas:

1.º) encontrar a Vibração Original CERTA, afim com sua Mente Espiritual, com sua própria essência, seu Ego superior, ou seja, sua Entidade de Guarda, como a força máxima que influi diretamente em seu Corpo Mental, este que também tem uma forma ovoide, resplandecente (composta de matéria mais sutil que a do corpo astral), veículo inicial da INTELIGÊNCIA DO ESPÍRITO, básico à coordenação de todo o Psiquismo Subsequente.

O corpo mental traduz a própria alma que dá o equilíbrio ao corpo astral. Este é o sustentáculo do corpo físico e reflete seus contornos;

2.º) encontrada a Vibração Original, será identificado o Planeta correspondente ao seu corpo astral, etérico e físico, veículos estes inferiores, expressões do corpo mental, cujo planeta uniu e influi diretamente na composição vitalizante deste mesmo corpo astral, que é ONDE A MEDIUNIDADE "ASSENTA" DIRETAMENTE, POR INTERMÉDIO DOS FLUIDOS APROPRIADOS, POR ONDE AS "FIXAÇOES E LIGAÇÕES" DOS FENÔMENOS ESPIRÍTICOS SE PROCESSAM, ISTO É, ONDE AS MANIFESTAÇÕES E INCORPORAÇÕES PROPRIAMENTE DITAS SE DÃO.

Sendo, portanto, neste corpo astral, que a mediunidade atua, para daí, por passividade deste, externar-se por meio do corpo físico, LÓGICO se torna que nele deva se processar a harmonia de fluidos com o corpo astral de uma Entidade atuante pela natural injunção do Dom.

Feita esta identificação pelo mapa n.º 6, os preceitos de segurança, firmeza etc. deverão obedecer à cor, dia e hora apropriados que correspondam ao planeta.

Em suma, fica assente que toda e qualquer fixação de forças, que desejamos imantar, deve ter sempre, como base, a Vibração original e o Planeta que influi na nossa vida orgânica. No entanto, vamos encontrar aparelhos que se situam em determinada Vibração, tendo como dirigentes práticos e militantes Entidades afins com outra Variante da Unidade.

Exemplo: um aparelho nascido no signo de Virgo ou Gemini, casas de MER-CÚRIO, tem como Vibração Original, YORI, ou seja, a LINHA que ordena os espíritos que tomam formas e maneiras de crianças, devido a seus graus de pureza, mas, por consequência karmânica, a Entidade que atua diretamente em seu medi-único, para efeito de resgate ou cobrança (a fim de equilibrar esse mesmo carma que ainda não deu boa aferição na Balança da Lei com sua Vibração de base), seja, digamos, um caboclo de OXOSSI.

Verifica-se, então, que esta Variante da Unidade, obedecendo à eterna Lei dos entrelaçamentos karmânicos, ainda não isentou o aparelho desses mesmos entrelaçamentos, ou seja, seu Espírito em evolução, a fim de que ele possa situar-se na irradiação ÚNICA e DIRETA de sua Vibração Original-Espiritual, por intermédio de seus expoentes, os Orixás, Guias e Protetores que dirigem a LINHA.

Assim, temos o "porquê" de um caboclo de Oxossi, em atividade por meio do mediúnico, dirigir todas as ações inerentes à prática e à execução num aparelho que tem em Yori sua Vibração Original.

Tudo exposto e bem entendido, salientamos que a chave principal na mecânica de incorporação, é o já citado corpo astral, que é a "coisa" propriamente dita, que necessita estar em harmonia fluídica, quer com a Vibração Original ou Entidade de Guarda do próprio médium, quer com a Vibração Original do Guia atuante, por necessidade ou cobrança kármica.

Assim, tornam-se necessários certos preceitos para o fortalecimento de uma aura propícia às manifestações do Guia Chefe ou dos auxiliares espirituais e, dessa maneira, os ditos preceitos devem obedecer, neste caso, à influência do Planeta, signo, dia, cor correspondentes à Vibração que rege essas Entidades numa combinação de Banhos (Ritualísticos, Litúrgicos etc.), defumadores, a fim de que os átomos afins vitalizantes se entrelacem, de modo a criar propriedades afins às suas fixações, ligações e exteriorizações pelo corpo físico ou máquina externa, visível, sensível e palpável.

Fica bem esclarecido que as fixações nos preceitos de Entidades de Guarda obedecem, pelos sinais riscados, pontos cantados, cor, dia, mês, única e exclusivamente à Vibração Original que situa pelo Planeta, o nascimento do aparelho.

As fixações para diferentes finalidades, como sejam: oferendas, trabalhos etc. devem obedecer à Vibração e ao Planeta em que estão situados, por afinidades, as Entidades protetoras do aparelho, através das quais são dirigidas estas fixações.

No caso anterior, em que explicamos o fato de um aparelho ter como Entidade dirigente, ou "chefe de cabeça", um Orixá, Guia ou Protetor que não seja de sua própria Vibração, o que é comum, o aparelho terá de preceituá-lo, quando houver necessidade, dentro das características da Vibração afim a este protetor, porém deverá ter em conta que os banhos de descarga necessários e as precipitações de fluidos vitalizantes para o corpo astral devem ser feitos em junção com as ervas correspondentes à sua própria Vibração (do aparelho), e, para isso, encontrarão na p. 272 os conhecimentos adequados.

E é por isso que, quando se pergunta a um simples caboclo ou a um humilde preto-velho, qual a nossa proteção, ele, na simplicidade de seu linguajar, diz que de frente, temos A, de costas ou de cabeça, temos B.

Umbanda de Todos Nós

Assim poderão todos seguir com regularidade estes princípios vitais obedecendo às classificações do Mapa n.º 5. Se fossemos explanar aqui as provas pelas quais coordenamos este mapa, teríamos de preencher um livro igual a este, mas desde já podemos asseverar que essas identificações se pautaram em um acurado estudo, principalmente por meio de nossa prática de dezenas de anos e ainda baseados nos ensinamentos diretos dos Orixás.

Cremos ter deixado ficar bastante claro que essas considerações estão em estreita ligação entre si, isto é, são os canais ou as correntes das "forças-vivas" manifestações da Unidade por suas Variantes.

Agora, abordaremos, embora de forma sucinta, as Fases da Iniciação de um aparelho umbandista. Esta Preparação ou Iniciação tem 3 Fases Teóricas ou Doutrinárias e 7 Práticas. As 3 Fases Doutrinárias são períodos necessários à educação do Iniciante pelos conhecimentos próprios ao seu grau-evolutivo, dentro de um dos 3 Planos Espirituais conjugados em 7 Graus em que esteja situado, de acordo com o Mapa n.º 4.

Se ele for qualificado, por exemplo, no Plano dos Protetores, deve ficar positivado ainda se sua afinidade afere no 5.º, 6.º ou 7.º grau deste plano, dada a importância que existe na imantação pelos fluidos afins para as respectivas "confirmações".

Esta identificação não é, conforme fazem certas associações, fraternidades etc. pela posição financeira ou por interesses diversos de seus dirigentes. São feitas dentro de um critério que não dá margem a falhas. Processa-se por meio da própria identificação da Entidade protetora que, incorporante, dará os sinais riscados da Flecha, Chave e Raiz pelos quais saberemos, com certeza, a sua classificação dentro da Lei de Umbanda e, por conseguinte, também o grau de seu aparelho.

É claro que nos referimos a um médium de verdade, sem o mental viciado e não deturpado. Um indivíduo que tem um mental inferior, um intelecto não desenvolvido; vivendo mais pela mente instintiva, pode ser médium, isto é, ter esta faculdade, esta qualidade, porém, JAMAIS o fato de TÊ-LA PODE INDICAR a existência de vibrações mentais, astrais, concepções, moral, costumes ADEQUADOS à criação de condições afins, os elementos fluídicos indispensáveis à atração ou aproximação de uma

Entidade Superior, ou seja, de um Plano ou Grau muito além do seu.

Em síntese, quem está no 7.º Grau não pode atrair Entidade do 3.º ou 2.º. Dentro do seu Grau, será iniciado, de conformidade com os conhecimentos intrínsecos a ele, mostrando-se lhe que somente a evolução espiritual o fará penetrar no grau imediato.

Se o iniciado não for médium de Incorporação, mas tenha uma das diversas modalidades conhecidas, mesmo assim, deve ter a assistência de uma Entidade atuante, e esta, ou por intermédio de um bom veiculo ou por meio do Guia Chefe da Tenda, ou, ainda, pela vidência, fará sua identificação.

Naturalmente deverão ser essas as formas precisas e positivas de nortear os dirigentes das Casas da Lei de Umbanda, mas, infelizmente, sabemos que essas identificações deviam começar primeiro pelos "dirigentes" ou identificadores, que, em maioria, estão com seus subconscientes atulhados de "pontos simbólicos", opondo tremenda barreira a seus protetores, neste objetivo.

Essas 3 fases doutrinárias abrangem um período nunca inferior a 49 meses e se entrosam com os Períodos de 7 em 7 meses das Fases Práticas, compreendidas assim:

1.ª Fase Doutrinária: do Batismo da Lei à 2.ª Confirmação
2.ª Fase Doutrinária: da 3.ª Confirmação à 5.ª
3.ª Fase Doutrinária: da 6.ª Confirmação à 7.ª inclusive a Preparação final.

Quanto às Fases Práticas, devem pautar-se por um absoluto critério e controle: daremos as "linhas mestras", pelas quais, os verdadeiramente capazes entrosarão os "outros pormenores" para completarem o "todo".

Já demonstramos como se identifica a Vibração Original do aparelho, seu Planeta etc. tudo isso em relação com o seu Chakra, Centro Vital ou Plexo. Assim, verificado em primeiro lugar qual o Centro Vital do aparelho que fornece mais fluidos nervosos à mediunidade, situado pelo Planeta, tem-se também a dita Vibração ou Linha.

Verificado que o Guia atuante – o "chefe de cabeça" – está situado na mesma Vibração Original Espiritual e Planetária do médium, tem-se logo, como base, o Centro ou Plexo correspondente, para ser mais ativado e por onde se "começa e se fecha" a primeira e a última Confirmação, isto é, o Batismo e a Preparação Final.

Verificado que a Proteção atuante[90] não está debaixo da Vibração Original e Planetária pelo nascimento do aparelho, neste caso, deve-se ativar os Dois Plexos ou Chakras, obedecendo-se a todas as características correlacionadas a ambos, e de forma mais acentuada, na atuante ou em função direta.

Todos os Chakras, Centros ou Plexos são gânglios nervosos que entram em maior atividade quando nos transes mediúnicos, porém, UM deles desprende maior energia vital de acordo com a Entidade incorporante ou atuante.

Veja-se, por exemplo, num bom aparelho, que o gasto de fluidos protoplásmicos faz-se sentir depois do transe, mesmo sem causar distúrbios sobre uma região do corpo físico, e isso pode ser notado pelos próprios médiuns, que, quando em carência de fluidos, ou melhor, quando notarem "sua mediunidade enfraquecida",

---

90 Esta Proteção atuante refere-se à exponente-espírito-guia-protetor etc.

Umbanda de Todos Nós

deverão sentir certas sensações de cansaço ou mal-estar na dita região em que este Plexo está situado, ou seja, onde este Chakra tem "assento".

As "ativações" desses Chakras, em grande parte, podem ser processadas por intermédio de Banhos e Defumadores apropriados.

Essas confirmações ou "fixações" deverão obedecer às seguintes diretrizes: inicia-se pelo ato de purificação e segurança, no qual o Iniciante vai tomar contato direto com as forças espirituais dentro de uma certa Magia e que fará assumir, de pronto imediata responsabilidade pelo Batismo da Lei. Este somente se faz uma vez e deve ser escolhido um dia positivo ou favorável do Planeta do aparelho no próprio signo. O local deve ser onde haja água corrente, de rio ou cachoeira. O material constará de um pano virgem (de cretone, morim ou linho, mas sem rendas ou quaisquer enfeites) de 100 x 700 cm, que será a "toalha de batismo propriamente dita"; e um outro pano, de iguais dimensões, também branco, de qualquer qualidade, que vai servir para fixações de sinais riscados, próprios ao desenrolar do ato, bem como servirá para receber a bacia, o pão, as flores, as velas e o vinho. A água da bacia que vai ser lançada sobre a cabeça do Iniciante deverá conter: 7 colheres de café do sumo de 3, 5 ou 7 ervas solares, 7 colheres de café de vinho puro e água, em quantidade não superior a 3 copos. Nesta mistura, pode-se despetalar 3 cravos brancos ou vermelhos.

Quando a corrente mental estiver formada, ao som de pontos cantados (pontos de batismo e da Vibração que vai ser invocada), dá-se ao Iniciante para beber a seguinte composição: em meio copo de água, 7 colheres de chá de vinho e 1 colher de chá do sumo de 3 ervas solares (arruda, hortelã e erva-cidreira) para precipitar calorias e fluidos.

Na toalha de batismo é onde realmente vão se processar as "fixações" mais importantes, pela magia da Lei de Pemba na "grafia dos Orixás", o sinal riscado ou "ideograma" do Chakra deve ser o primeiro a fixar-se: ele é fundamental.

Depois, para que não esmaeça, pode ser coberto com uma tinta especial da cor original do "Centro" do aparelho, de acordo com o Planeta e a Vibração Original (no caso de o Centro ser o Coronal ou de Orixalá, a tinta[91] pode ser de uma tonalidade bem clara de amarelo).

Da 2.ª à 6.ª Confirmação, todas se processarão na mesma toalha para as fixações dos Sinais Riscados dos Chakras correspondentes às Entidades ou às Vibrações que se forem firmando no médium por afinidade, por exemplo:

---

91 Pode-se também bordar no pano com linha na cor da vibração.

Para a **VIBRAÇÃO DE ORIXALÁ ou OXALÁ:** na mesma toalha, o Sinal riscado de base correspondente à Vibração Original. Pemba em amarelo desmaiado (a cor de origem é a branca, mas como a toalha também o é, usa-se uma tonalidade ligeiramente diferente, para sobressair).

As flores: cravos brancos e vermelhos.

Bebidas: vinho branco puro.

Preparo para a água da bacia: 3 copos de água, 7 colheres de café do sumo de 3, 5 ou 7 ervas solares e 7 colheres de café de vinho puro.

Para o aparelho beber no ato de fixação vibratória (para que a Precipitação de calorias influa sobre o seu corpo astral e vitalize os fluidos afins naturais) sob pontos cantados, dá-se ao Iniciado a seguinte composição: em meio copo de água, 7 colheres de café de vinho puro, 1 colher de café do sumo de 3 ervas solares (arruda, erva-cidreira, hortelã, arnica, erva-de-São-João etc. a escolher). Quando o aparelho é da Vibração de Orixalá, de acordo com o mapa n.º 6, levará em conta que o "ideograma" deve ficar precisamente no centro da toalha de batismo.

Esta confirmação deve ser executada à beira de água corrente (rio, cachoeira etc.) ou na mata, de preferência em locais onde existam muitas plantas floridas.

As oferendas devem ser de acordo com a Linha, semelhantes às do batismo, sendo indispensável o pão, o azeite puro e algumas folhas verdes de oliveira, dada a importância desses dois elementos, dos quais os Aparelhos Chefes devem ter plenos conhecimentos, quando procedem a essa "fixação" nos aparelhos que REALMENTE tenham como responsáveis diretos de seus mediúnicos, caboclos que se situem na Vibração original de Orixalá

Para a **VIBRAÇÃO DE YEMANJÁ:** a mesma toalha, o sinal riscado de base correspondente ao "ideograma" do Chakra da Vibração Original. Pemba na cor de origem (amarelo).

Flores: de qualquer qualidade.

Bebidas: vinho com anis.

Preparo para a água da bacia: 3 copos de água com 7 colheres de café do sumo de 3, 5 ou 7 ervas solares, 7 colheres de vinho com anis.

Para o aparelho beber no ato de fixação vibratória, sob pontos apropriados, dá-se a mesma composição do batismo, e o vinho levará essência de anis. Oferendas de acordo com a Linha. Esta Confirmação deverá ser feita na vibração do Mar.

Umbanda de Todos Nós

Para a **VIBRAÇÃO DE YORI:** na mesma Toalha, o Sinal riscado de base correspondente, ao "ideograma" do Chakra desta Vibração. Pemba na cor vermelha.

Flores: de qualquer qualidade, porém de pétalas miúdas.

Bebidas: vinho com mate açucarado.

Preparo para a água da bacia e para o aparelho beber no ato das mesmas qualidades e quantidades anteriores. Oferendas de acordo com a Linha. Esta Confirmação é feita em campo aberto, preferindo lugares altos.

Para a **VIBRAÇÃO DE XANGÔ:** na mesma Toalha, o sinal riscado de base correspondente ao "ideograma" do Crakra desta Vibração. Pemba na cor Verde.

Flores de qualquer qualidade.

Bebida: vinho com leite de coco.

Preparo para a água da bacia e para o aparelho beber no ato, nas mesmas quantidades e qualidades anteriores, variando só o leite de coco.

Oferendas de acordo com a Linha. Esta Confirmação é feita na cachoeira.

Para a **VIBRAÇÃO DE OGUM:** na mesma Toalha-Sinal riscado de base correspondente ao "ideograma" do Chakra desta Vibração ou Linha. Pemba na cor alaranjada.

Flores: de qualquer qualidade, mas de pétalas grandes.

Bebida: vinho com chá-preto.

Preparo para a água da bacia e para o aparelho, beber no ato nas mesmas quantidades e qualidades anteriores, variando apenas o chá.

Oferendas de acordo com a Linha. A Confirmação pode ser feita na Mata ou no Mar (verificar apenas se o caboclo da Vibração de Ogum tem maior afinidade por um ou outro elemento).

Para a **VIBRAÇÃO DE OXOSSI:** na mesma Toalha-Sinal riscado de base correspondente ao "ideograma" do Chakra desta Vibração ou Linha. Pemba na cor azul. Flores de qualquer qualidade.

Bebida: vinho com mel de abelhas.

Oferendas de acordo com a linha.

Esta confirmação é feita na mata.

Para a **VIBRAÇÃO DE YORIMÁ:** na mesma Toalha sinal riscado de base correspondente ao "ideograma" ou Chakra desta Vibração ou Linha. Pemba na cor violeta.

Flores de qualquer qualidade.

Bebida: vinho com café.

Preparo para a água da bacia e para o aparelho beber no ato das fixações vibratórias sob os pontos cantados e riscados nas mesmas quantidades e qualidades das anteriores, variando apenas com o café. Esta Confirmação é feita na Mata sob árvores frondosas.[92]

OBS.: três dias antes de se fazer cada uma dessas confirmações, o aparelho Iniciante abster-se-á de carnes, bebidas excitantes, relações sexuais, preocupações etc. Nestes dias de Preparo, pela manhã, em jejum, usará dos banhos próprios da Linha ou Vibração que vai ser firmada, em junção com ervas (4 para a sua própria e 3 para a que for firmar) e terá na devida conta que se a Entidade a ser firmada pertencer a uma das três linhas cujos Centros ou Chakras correspondentes sejam o Cervical, o Frontal ou o Coronal, os Banhos podem ser tomados da cabeça para baixo, porém os Banhos serão Ritualísticos, de conformidade com o seu preparo. Se as Linhas ou Vibrações estiverem relacionadas com os outros Centros, os Banhos serão os mesmos, mas do pescoço para baixo. Na parte da noite, usará Defumadores de ervas semelhantes às que serviram para os Banhos.

Quando dissemos, em cada item, "oferendas, de acordo com a Linha", por certo que deixamos de discriminá-las, uma vez que será mais conveniente cada aparelho perguntar a seu protetor ou ao guia-chefe da Tenda ou Cabana, porque dentro da própria Linha, as oferendas variam de acordo com as categorias, ou de plano, de grau em grau; no entanto, só começam a ter aceitação e serventia do 2º Plano ou 4º grau "para baixo", ou melhor, dai vão "se materializando" tanto quanto a penetração se faça em sentido descendente, até a transposição da "ponte" que leva à "terra a terra", ou seja, na Quimbanda, ou "planos opostos".

Naturalmente, quando nos referimos a oferendas, não se deve confundi-las com os chamados "despachos", inerentes aos sub-planos da Quimbanda, que se caracterizam por meio das "farofas", galos pretos, pipocas, dendê, menga (sangue), panela e alguidar de barro, alfinetes, bruxas de pano, rabadas, pano preto, marafa" e coisas similares.

Não! As oferendas dentro da Umbanda, mesmo as necessárias a certas finalidades no 3.º Plano (5.º,6.º e 7.º Graus), dos espíritos classificados como Protetores, são diferentes. No 1º Plano (3.º e 2.º Graus, pois o 1.º é o dos Orixás não incorporantes, Chefes de Legiões), os Orixás em suas atuações, dentro da Magia, usam outros sistemas de "movimentação de forças", e mesmo que o façam também,

---

92 Fizemos adaptações da "coisa" a uma situação existente. A natureza ou o evolutivo do indivíduo não "dá saltos".

Umbanda de Todos Nós

comumente, pelos sinais riscados ou "pontos", estes obedecem a fixações e regras diferentes, que dispensam tais oferendas...

Quanto à parte das "guias", isto é, colares, as apropriadas às entidades militantes incorporantes que servem de "pontos de apoio" dos aparelhos quando na magia, já dissemos algo sobre elas no Capítulo 5, mas tornamos a lembrar que esta parte de confecção de "guias" (colares, não de vidro ou louça, miçangas espalhafatosas, feitas ou compradas nas casas do gênero), é uma coisa muito séria, e só podem ser confeccionadas por orientação espiritual direta, clara e positiva, obedecendo a certos requisitos e exigindo, antes de tudo, que o aparelho tenha, de fato, uma proteção atuante. Fora disso, é "querer a luz do Sol antes que ele nasça"...

Daremos, agora, croqui da posição em que devem ficar os sinais riscados ou "ideogramas" das fixações de base sobre a Toalha de Batismo, que será a mesma da Preparação final, onde estes mesmos ideogramas devem ser firmados, obedecendo a uma ordem, de acordo com as afinidades.

Por exemplo: um aparelho nascido em 28 de julho está colocado sob o signo de LEO, ou seja, onde O SOL entra em seu domicílio, governando diretamente nesta fase. O Plexo correspondente é o CORONAL, cujos Chakra e "Ideograma" ainda se correspondem na Linha de Orixalá (ou Oxalá).

Partindo desta identificação, o Batismo tem como primeira "fixação riscada", pela "grafia dos Orixás", este dito "ideograma" (de Orixalá). Depois, vêm, por ordem de posições: Yemanjá, Yori, Xangô, Ogum, Oxossi, e Yorimá.

Eis, Portanto, os ideogramas:

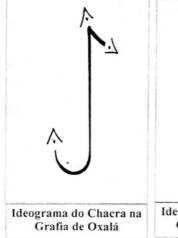
Ideograma do Chacra na Grafia de Oxalá

Ideograma do Chacra na Grafia de Yemanjá

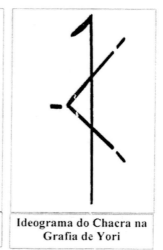
Ideograma do Chacra na Grafia de Yori

Ideograma do Chacra na Grafia de Xangô

Ideograma do Chacra na Grafia de Ogum

Ideograma do Chacra na Grafia de Oxossi

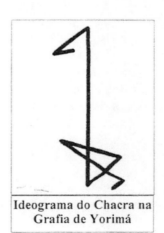
Ideograma do Chacra na Grafia de Yorimá

É claro que, além destes ideogramas, entrarão outros sinais de cada Linha ou Vibração Original, inclusive os sinais de FLECHA, CHAVE e RAIZ, de cada expoente militante e atuante no aparelho, pois que TRÊS são os "conjuntos" que identificam e classificam os ORIXÁS, GUIAS e PROTETORES, nos TRÊS PLANOS ou nos SETE GRAUS descendentes.

Cremos ter dado "muita coisa".

Somente um "leigo" terá dificuldade em processar ou entrosar as "restantes amarrações ou pormenores". Todavia, além do exposto, apresentamos mais um mapa, o qual servirá de orientação ou base para os que, dentro de uma missão, estejam em ligação constante com as variadas necessidades e aflições dos que procuram a Lei de Umbanda como lenitivo ou apoio em relação às condições karmânicas que se fazem ativas, desta ou daquela forma, pelas circunstâncias materiais intrínsecas ao mundo humano.

Como estas "necessidades" requerem vários meios de socorro, desde que somente no sentido de CARIDADE, é comum usarem a magia, mas é "comum também" servirem-se de certas práticas como "magia positiva", mas desorientada e inconscientemente, sobrecarregando os males já existentes em vez de aliviá-los.

Eis, portanto, uma tabela simples, pela qual, mesmo os Iniciantes, poderão produzir algo de benéfico:

Influência da Lua para as operações de Magia prática na Umbanda de acordo com a relação em graus, que ocupa em cada signo de 30 em 30 graus, ou seja, 30° x 12 = 360°

Áries
De 1 a 30 graus
(De 21-3 a 19-4)

De 21-3 a 31-3 – *Propício a todas operações — Indicado para a apresentação de "guias "Patuás "e pontos de segurança.*

De 1-4 a 11-4 – *Propício para "pontos de segurança " material e operações de magia para situações financeiras.*

De 12-4 a 19-4 – *Não propício a qualquer operação de Magia positiva.*

Taurus
de 30 a 60 graus
(De 20-4 a 20-5)

De 20-4 a 31-4 – *Não propício às operações de Magia para fins positivos. Influência negativa tendente a DESTRUIR e SEPARAR. Não indicado para confecção de "guias", patuás ou qualquer ponto de segurança.*

De 1-5 a 10-5 – *NÃO FAVORÁVEL ÀS OPERAÇÕES DE MAGIA.*

De 11-5 a 20-5 – *Favorável às operações de Magia Positiva – "guias", patuás e pontos de fixação e ligação.*

Gemini
de 60 a 90 graus
(De 21-5 a 20-6)

De 21-5 a 20-6 – *Favorável a todas operações de Magia para fins positivos. Excelente para preparação de "guias", patuás, pontos de segurança, fixações e ligações.*

Câncer
de 90 a 120 graus
(De 21-6 a 22- 7)

De 21-6 a 22-7 – *Não favorável às operações de Magia positiva. Influências negativas atuantes etc. Não indicado para "guias", patuás, ou qualquer ponto de segurança ou impulsionamento.*

Leo
de 120 a 150 graus
(De 23-7 a 22-8)

De 23-7 a 11-8 – *Não propício à Magia nem às fixações para fins positivos. Má influência vibratória.*

De 12 a 22-8 – *Propício a todas vibrações na Magia. Preparação de "guias", patuás, pontos de fixação e segurança para qualquer finalidade.*

Virgo
de 150 a 180 graus
(De 23-8 a 22-9)

Favorável à magia de fixação de "guias", patuás e pontos de ligação e segurança.

Libra
de 180 a 210 graus
(De 23-9 a 22-10)

Propício às operações de Magia para fins positivos.

Escorpião
de 210 a 240 graus
(De 23-10 a 21-11)

Não favorável às operações de Magia positiva.

Sagitário
de 240 a 270 graus
(De 22-11 a 21-12)

Propício às operações de Magia para fins positivos.

Capricórnio
De 270 a 300 graus
(De 22-12 a 19-1)

Favorável às operações de Alta Magia. Preparação de "guias", patuás e pontos de segurança, ligação e toda espécie de trabalho positivo.

Aquário
De 300 a 330 graus
(De 20-1 a 19-2)

Propício a operações de Magia' simples. Não influentes para trabalhos de penetração e profundidade.

Pisces
De 330 a 360 graus
(De 19-2 a 20-3)

Positivos às operações leves de Magia. Influente para confecção de "guias", pontos de segurança etc.

Observação Importante:

Não se faça nenhuma operação de Magia para fins POSITIVOS quando a LUA estiver no MINGUANTE e aproveite-se tanto quanto possível, sua fase CRESCENTE.

Opere-se, para certas finalidades, na Alta Magia, com as principais "FIXA-ÇÕES, PONTOS DE LIGAÇÃO, GUIAS E PATUÁS, SEMPRE que a LUA estiver em CONJUNÇÃO COM O SOL, fenômeno este que se verifica uma vez em cada mês.

3.ª PARTE

1.º CAPÍTULO
ESPÍRITO — LEI E MAGIA
(Os Elementos e os Elementares)

Antes de procurarmos esclarecer o que de confuso existe nas Interpretações sobre Espíritos, como "Elementais e Elementares", queremos suscitar na mente pensante do leitor "um estado de meditação" ao definirmos o que sentimos e sabemos da existência do Espírito.

O Espírito é e continuará sendo o Eterno Princípio Desconhecido — nunca poderá analisar a SI PRÓPRIO como a ESSÊNCIA INCRIADA.

Não nos é possível estabelecer a razão de ser do "porquê" somos incriados — a mais simples das lógicas grita dentro de nossa própria razão com a maior de todas as razões": se chegássemos a estabelecer a constituição dessa Luz-Inteligente, dessa essência livre em seu arbítrio, seria o mesmo que, provocar a autodesintegração... E as próprias Divindades, o próprio Zamby, o Supremo Iluminado Espírito, estremeceriam de angústia ao ver da inutilidade de todas as Leis que regulam as ascensões ka0rmânicas, não havendo, portanto, razão de ser na escala evolutiva, quando tal "compreensão" viesse demonstrar que poderíamos ser uma consequência da Lei e não esta, uma derivação nossa, o que é a pura realidade. Não se faz uma lei para depois se criar as causas e efeitos, mas sim, necessariamente, o contrário.

Uma Lei não pode engendrar a si própria, sem as causas que criam a necessidade da sua "razão de ser", sendo esta que lhe dá Origem, tornando-a uma consequência necessária; a conjugação de seu movimento inicial é gerada pela conexão de seus próprios elementos, até então inertes neste ilimitado e eterno Cosmos e que entram em atividade, obedientes a uma Força Básica coordenada por Princípios inteligentes, os quais não são ainda as forças cosmogônicas da natureza propriamente dita, porém, princípios VIVENTES dentro desta mesma natureza.

Pode-se compreender perfeitamente que esta Força, dirigida pelas Potências Espirituais, chama-se MAGIA, a qual alguns dão o nome de Teurgia a fim de defini-la em sentido pleno (TEURGIA é aquela "magia transcendental", própria dos Senhores da Luz Celeste e também dos ORIXÁS, que tudo pode interpenetrar, inclusive as "paralelas karmânicas", modificando até suas ações Ativas e Passivas).

Desta maneira, exemplifiquemos nossas concepções: Nós Espíritos Incriados, não somos Princípios indivisíveis das forças cosmogônicas, mas sim "viventes dentro delas", porém, os elementos destas mesmas forças não compõem a nossa realidade fundamental. Apenas são utilizados para o corpo mental, o corpo astral e daí ao físico ou humano.

Mas voltemos às considerações sobre a Magia.

A Magia transcende por si própria a definições ou concepções que possam querer limitá-la; ela não é apenas a "arte ou ciência do mago", é, digamos assim, ciência divina, que tem sua ação envolvente desde o Microcosmo até o Macrocosmo — é, segundo nosso alcance, o próprio Elo de expansão da Unidade, única força de base que faculta aos espíritos imantarem os elementos ou mônadas afins, para criarem "almas em si".

A MAGIA é considerada comumente como Teórica e Prática; diz-se de "Magia Teórica, a que se ocupa da parte doutrinal e filosófica, e Magia Prática, a que trata da parte experimental e científica"1.

Diz-se ainda: "considerada como um sistema de leis naturais, ou seja, como expressão de regras que determinam a consecução de acontecimentos em todo mundo, podemos considerá-la como Magia Teórica; considerada como uma série de regras que os humanos cumprirão com o objetivo de conseguir seus fins, pode chamar-se de Magia Prática"2.

Estamos de acordo com as quatro seguintes subdivisões da Magia, pois que, se adaptam bem dentro da Umbanda e se entrosam ainda na Quimbanda:

---

1 Ver a Obra *Magia Teúrgica.*

2 Ver a Obra *La Rama Dorada, de S. J. G. Frazer.*

"**1 – Magia Natural,** quando se trata da produção de fenômenos surpreendentes e aparentemente prodigiosos, servindo-se de atos e meios puramente naturais;

2 – Magia Cerimonial é a que se ocupa das cerimônias e operações pertencentes às obras, de invocações, evocações, conjuros e outros meios de apelo ao invisível e comunicações com ele;

3 – Magia Talismânica é aquela que trata da preparação de talismãs, amuletos e outras preparações análogas;

4 – Magia Cabalística é aquela que, partindo do conhecimento geral da Kaballa, trata das suas operações e processos práticos"3.

Que muitas de suas "forças e expressões" são conhecidas e usadas, disso estamos certos.

Tanto é que, quer na Umbanda, quer na Quimbanda, os espíritos militantes de acordo com o grau, ou plano, movimentam constantemente inúmeras destas "forças" e comumente o fazem, dentro de um sistema que lhes é característico e que se expressa por meio dos Sinais Riscados da Lei de Pemba.

Isto é, quando, geralmente, coordenam certas "forças ou movimentos" dentro da magia prática, o fazem veiculando— os pelos sinais riscados ou "pontos", simplesmente, ou com oferendas (ver o relativo a oferendas, no Capítulo Iniciação). Abordemos, então, a questão dos Espíritos Elementais e Elementares, quase desconhecida na prática e na realidade, e na, concepção dos magistas é muito confusa.

Discordamos, em parte, dos ensinamentos de Papus, baseado em outros, que cita, quando diz: "Podemos definir os 'elementais' como seres instintivos e mortais, intermediários entre o mundo psíquico e o mundo material".

Esta definição é uníssona com a tradição que nos diz, com Porfírio e Jamblico, e depois com Paracelso, Agripa e a própria Kabala, que os espíritos se dividem em mortais ou espíritos dos elementos (elementais) e imortais ou espíritos humanos (elementares), em diferentes estágios de evolução [4].

Em nosso lidar constante, de longos anos, com todas as facetas da magia, positivas e negativas, sempre procurando suavizar as agonias geradas de qualquer plano, temos lidado com esses ditos "elementais", e salvo provas em contrário, sabemos bem como são. Vamos defini-los conforme os conhecemos, máxime quando os vimos através de pacientes com os quais lidamos dentro desta Umbanda de todos nós: Os chamados "Espíritos Elementais" forrnam-se dos pensamentos baixos, que se assemelham, e se agrupam, atraindo, por afinidades, nos campos magnéticos e vibratórios, as substâncias

---

3 Ver a Obra *Magia Teúrgica.*

4 Ver *Magia Prática, de Papus.*

Umbanda de Todos Nós

astrais que se condensam com eles, tomando aspecto de seres esquisitos, servindo de intermediários entre o mundo astral e o material.

Não são, em realidade, Espíritos que se devam compreender como semelhantes ao espírito real, faculdade-pensamento, inteligência incriada, imortal, eterno, que um dia se elevará ao Espírito Supremo (Deus), ou ainda a faculdade que distingue o racional do que não o seja; estes elementais são vibrações do pensamento que se atraem, "por serem iguais", no astral inferior, formando conjuntos com determinadas formas, constituídos pela qualidade dos pensamentos emitidos.

Dessa maneira, gravitam em busca de ambientes propícios, mormente quando são gerados e alimentados do ódio, despeito, inveja, ciúmes, baixos desejos, ambições desmedidas, falsidade etc. sendo comum serem atraídos por uma dessas fontes afins, e é por isto que certos videntes, ou pessoas que, por um motivo qualquer, estão com o centro anímico excitado, veem essas figuras feias, esquisitas, de olhos fosforescentes, formas de cão com pescoço fino e comprido, que se encontram tão bem estampadas na obra de Paus.

Devemos lembrar que estes conjuntos-formas[5] são usados pelos magos negros.

Não confundir com estes pobres irmãos de subplanos, vulgarmente apodados de "macumbeiros", e que agem para certos fins, sempre e invariavelmente por meio de espíritos inferiores aos Exus, utilizando "despachos", invocações e raramente se servem da "presença incorporante" desses espíritos, não possuindo o menor conhecimento ou ideia de como se processam a imantação e o impulsionamento na magia dessas forças negativas, a vários propósitos.

Devemos avisar aos incautos e aos menos esclarecidos que tudo pedem a Exu, quando este está dominando diretamente na Quimbanda. isto é, quando o ambiente é "formado" sem a direção ou controle espiritual dos Orixás, Guias e Protetores da Lei de Umbanda, que, estes chamados elementais, são uma das "armas" dele (Exu), que é conhecedor da magia de atração e emite vibrações magnéticas de pensamentos tão fortes, quanto o conjunto-forma que deseja, "atraindo-imantando- enviando" para determinados objetivos essas forças, e comumente o faz, VEICULANDO-A a espíritos elementares (não confundir com elementais, ditos da natureza ou dos elementos) que estão em sua órbita de influência.

Em nosso apoio, vejamos o que diz a esse respeito, Elifas Levi: "ora, é preciso abordar, aqui, um dos segredos mais perigosos da Magia. É a hipótese mais que provável, das larvas fluídicas conhecidas na antiga Teurgia, sob o nome de espíritos elementares".

---

5 Ver *A Concepção de Yoga* — os pensamentos-formas.

Nós dissemos algumas palavras a respeito, em nosso "Dogma e Ritual da Alta Magia[6]"e o infeliz abade de Villars que havia brincado com essas terríveis revelações pagou com a vida sua imprudência.

Este segredo é perigoso, no que de perto se refere ao grande arcano mágico. Com efeito, evocar esses espíritos elementares, é ter o poder de coagular os fluidos por uma projeção de luz astral.

Ora, este poder assim dirigido não pode produzir senão desordens e desgraças, como o provaremos mais tarde.

Eis a teoria da hipótese com as provas da probabilidade: o espírito que anima a matéria, acha-se por toda a parte; ele se solta da gravidade, aperfeiçoando seu invólucro, que é sua forma.

Vemos, com efeito, a forma progredir com os instintos até à inteligência e à beleza; são os esforços da luz atraída pelos atrativos do espírito, é o mistério da geração progressiva e universal.

A lua é o agente eficiente das formas e da vida, porque ela é, ao mesmo tempo, movimento e calor.

Quando ela chega a fixar-se e polarizar-se ao redor de um centro, ela produz um ser vivo, depois ela atrai para aperfeiçoá-lo e conservar toda substância plástica necessária. Esta substância plástica, formada em última análise, de terra e água, foi com razão, chamada na Bíblia, de o limo da terra. Mas a luz não é o espírito, como creem os hierofantes indianos e todas as escolas da Grécia. Ela é simplesmente o instrumento do espírito.

Ela não é o corpo do "protoplastés", como faziam entender os teurgistas da escola de Alexandria; ela é a primeira manifestação física do sopro divino. Deus a criou eternamente, e o homem, à imagem de Deus, modifica e parece multiplicá-la.

Prometheu diz a fábula, tendo roubado o fogo do Céu, animou imagens de terra e água e é por este crime que ele foi encadeado e fulminado por Júpiter.

Os espíritos elementais, dizem os cabalistas, nos seus livros mais secretos são os filhos da solidão de Adão; nasceram de seus sonhos, quando aspirava pela mulher que Deus não lhe dera ainda.

Paracelso diz que o sangue perdido, quer regularmente, quer em sonho, pelos celibatários dos dois sexos, povoa o ar de fantasmas.

Pensamos ter indicado claramente aqui, segundo os mestres, a suposta origem dessas larvas, sem que haja necessidade de outros comentários.

Essas larvas têm, pois, um corpo aéreo formado de vapor de sangue. É por isso que elas procuram o sangue derramado e nutriam-se, outrora, das exalações dos sacrifícios.

---

6 Ver a Obra *História da Magia*, p. 106, de Elifas Levi.

Umbanda de Todos Nós

São os filhos monstruosos desses pesadelos impuros que se chamavam, outrora, os íncubos e os súcubos.

Quando eles estão bastante condensados para serem vistos, não é mais que um vapor colorido pelo reflexo de uma imagem; eles não têm vida própria, mas imitam a vida daquele que os evoca como a sombra imita o corpo.

Eles se produzem, sobretudo, ao redor dos idiotas e dos seres sem moralidade, que seu isolamento abandona a hábitos desregrados.

A coesão das partes de seu corpo fantástico sendo muito fraca, os faz temer o ar livre, o grande fogo e, sobretudo, a ponta das espadas.

Eles tornam-se, de alguma sorte, apêndices vaporosos do corpo real de seus pais, depois eles não vivem senão da vida daqueles que os criaram ou que os apropriam, evocando-os.

De modo, que se ferirem suas aparências de corpo, o pai pode ser realmente ferido, como a criança que ainda não nasceu é realmente ferida ou desfigurada pela imaginação de sua mãe.

O mundo inteiro é cheio de fenômenos que justificam estas revelações singulares e só por elas se podem explicar. E os Exus, que são em realidade?

São espíritos ainda na fase de "elementares", que não transpuseram o seu cicio de "ações passivas" e suas próprias ações-experimentais estão se constituindo em Causas e Efeitos, para serem atraídos à Corrente de Choque e Retorno, que os colocarão dentro das "ações ativas" ou seja em relação com as DUAS PARALELAS KARMÂNICAS.

Existem, encarnados, Multidões de Exus (espíritos elementares) em última fase de ascensão ou libertação deste ciclo.

Para melhor compreensão, vamos explicar o que em verdade se pode entender por Espíritos na fase de Elementares, imortais, e portanto, eternos.

Os espíritos Elementares formam-se em coletividades dentro de seus próprios ciclos, isto é, em vários estágios de evolução, e tudo fazem para constituir um karma próprio, e para tanto, acercam-se e envolvem-se nos efeitos karmânicos dos seus seme-lhantes, já encarnados ou desencarnados, que já constituíram um corpo astral mais acentuado ou amoldado pelas ações negativas e positivas das experiências diretas no mundo da forma.

Eles, os elementares, quando em primeiro estágio ou ciclo, atraem apenas por suas condições mentais, ou seja, por sua alma emotiva, as substâncias etéricas indispensáveis à formação de um corpo astral rústico, amorfo, este mesmo que Annie Bésant[7] cita, dizendo ser "uma massa amorfa de matéria astral, sem contorno e sem brilho, próprio de um homem fracamente evoluído, parecido com o corpo físico de seu possuidor...",

---

7 Ver *O Homem e Seus Corpos,* de Annie Bésant.

mas apenas não considerando que pode ser também de um espírito que nunca encarnou (conforme o estado geral da maior parte dos elementares).

Para serem "viventes na primeira forma humana", terão de criar condições ou ações precipitadoras no astral inferior, que facultem suas atuações ou penetrações no mundo da forma propriamente dito...

Essas condições são geradas pelo próprio livre arbítrio do espírito, quando sente a necessidade de se lançar nas regiões da forma, quer astral, quer humana, porque, antes mesmo de ocupar um corpo humano, é necessário que tenha o VEÍCULO APROPRIADO a esse fim, ou seja, um mediador.

Este mediador é denominado, por uns, de "plástico" e para outros corresponde ao corpo astral ou ao chamado perispírito dos kardecistas.

É preciso que se compreenda que o espírito tem esse mediador ou corpo astral rústico em FORMAÇÃO, antes mesmo de ocupar a primeira forma humana, apenas, por sucessivas encarnações, vai-se tornando mais perfeito, mais condensado, tomando as futuras e variadas "formas" em harmonia com a soma das experiências, ações, ou seja, ainda, a própria soma de seus karmas.

As condições são consequências do livre-arbítrio do espírito, que, desejando, atrai com sua própria vibração os elementos necessários à formação de uma "alma em si", isto é, as mônadas afins ou os átomos originais que lhes facultam os meios naturais indispensáveis a criar um corpo mental que age de conformidade com a vontade emitida, por que a alma propriamente dita é o conjunto de elementos mentais que forma a parte afetiva, dados e imantados pelo Espírito, para exteriorizar sua consciência até atingir a perfeição.

Quando esses elementos se tornarem desnecessários, irão integrar-se no "todo" de onde foram imantados.

Assim, depois de criar estes elementos iniciais, ele, o espírito, se precipita no mundo astral da esfera humana dentro da sua circunstância inferior ou incompleta, porque não tem, ainda, um resgate em plena consciência.

Passa então a viver dos "resíduos karmânicos" deixados pelos espíritos constituídos ou com karmas formados, nas suas ascensões evolutivas.

Esses resíduos alimentam o desejo e concorrem para a formação do corpo astral deste espírito simples, fornecendo-lhe melhores circunstâncias à penetração no mundo da forma que tanto deseja.

Uma vez conseguida esta primeira forma astral rústica, mais ou menos densa, fica à mercê de espíritos mais evoluídos ou experientes, porém dentro de um plano negativo, aos quais serve de instrumento para certos "trabalhos" positivos ou negativos, fascinado pela vontade ou pela "arte" do dominante. .

Umbanda de Todos Nós

É então que, de acordo com os campos magnéticos ou variantes vibratórios em que militam, adquirem dessas mesmas vibrações, as qualidades que os caracterizam, como sejam: FOGO – AR – TERRA – ÁGUA, ou Salamandras-Silfos-Gnomos Ondinas etc.

Então, vejam que é isso que vem sendo qualificado ou confundido com elementais, ditos espíritos da natureza, como se essa mesma natureza, de "motu-próprio", pudesse gerar espíritos ou seres inteligentes.

Tudo isso porque vincularam o termo espírito a larvas ou a criações anímicas, plasmadas voluntariamente ou não, pela vibração dos pensamentos no elemento natural ou fluídico astral.

São esses mesmos seres que gemem nas florestas, fazem assombrações, aparições, espantando a tudo e a todos. Queremos, nesta altura, fazer uma advertência, aos cegos, guias de cegos que, esses Elementares, são os veículos mais usados na magia negra ou Quimbanda, pelos Exus ou "espíritos quimbandeiros" que conhecem bem como lidar com eles, em fusão com as forças dos Elementais.

Pessoas curiosas ou que se arvoram em ocultistas, ou magistas, aferrados a fórmulas invocatórias encontradas nos livros mágicos, pretendem, dessa maneira, invocar tais "forças" sem saber que somente com essas indicações, estão plantando, em suas auras, as negras sementes das mais temíveis "larvas" que, no tempo propício, farão reação inapelável, sofrendo assim, estas pessoas, as consequências de suas loucuras.

Façamos outro aviso: esses eternos "giradores de baixos planos", irmãos que vivem pedindo e insistindo em "casos turvos e pessoais", estão criando por acréscimo, DUPLAS CAUSAS E DUPLOS EFEITOS, pois contribuem deliberadamente à construção de karmas pesados, endividando-se, assim, para imediatos ou futuros choques e retornos.

Este é todo o "mistério" que nos foi permitido levantar pela simples ponta do véu, embora alguns magistas, que escreveram sobre o assunto, tenham, propositadamente ou não, feito muitas confusões com certas tradições cabalísticas, sujeitas a erros de interpretação, que afirmam da existência de espíritos da natureza ou dos elementos com certos predicados, inteligentes, porém mortais.

E quanto aos tão citados Elementares, por certo que devem ter compreendido que antes de encarnarem vivem da natureza astral, ou seja, desta mesma onde absorve os primeiros elementos que lhes dão uma forma qualquer, forma de corpo astral, rústico, esse mesmo que eles vão dinamizando, até ficarem em estado de se ligarem a condição humana, mas até então, continuarão sendo os mesmos Espíritos, em essência, igual a de todos nós, incriados, eternos, faltando-lhes somente a experiência pela ação no mundo humano.

NOTA: Veja nossa obra *Umbanda e o Poder da Mediunidade* onde esse difícil tema está largamente desenvolvido, e definitivamente explicado, de forma simples, racional e verídica.

2.º CAPÍTULO
OS SETE PLANOS OPOSTOS
DA LEI DE UMBANDA
(Os Elementos e os Elementares)

É certo que o homem nunca temeu nem teme o Bem, e sempre respeitou, digamos, sempre teve pavor ao Mal. Com esse introito, passaremos a esclarecer, embora em linhas gerais, alguns aspectos da Quimbanda, porque o objetivo primordial deste livro, no momento, é dirigido, simplesmente, à Umbanda.

A palavra Quimbanda é a mesma Ki-mbanda (já referida no 1.º capítulo), e está formada pelo radical Mbanda, tendo sido aposto o prefixo Ki, significando: CONJUNTO OPOSTO DA LEI.

É composta de Sete Planos Opostas ou Negativos da Lei, geradores do equilíbrio entre o que está em cima e o que está embaixo, ou, em sentido esotérico, "uma paralela atuante".

Esta paralela, a Quimbanda, entrosa-se nas ações Circulares ou Envolventes do Karma-Passivo e equilibra-se com a outra "paralela atuante" que é a Umbanda, que se manifesta nas ações Angulares do Karma-Ativo.

A Quimbanda, no meio umbandista ou mesmo em seu próprio "habitat", é a coisa mais confusa e disparatada que se pode observar, tanto nas concepções, quanto nas práticas.

De modo geral, admitem dentro dela uma Linha das Almas (?) composta de "umuluns", espíritos que dizem ter uma forma apavorante, peludos como ursos brancos, usando cornos, etc., tendo como chefe (sic) um Santo, o S. Lázaro (qual dos 4 santos ou bispos do mesmo nome?).

Umbanda de Todos Nós

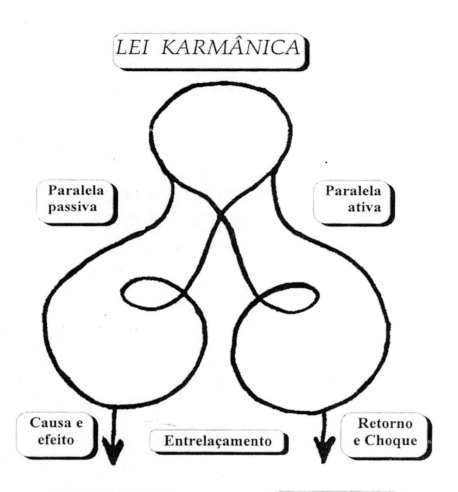

Admitem ainda a Linha dos cemitérios, constituída pelas 7 Legiões dos caveiras, chefiadas por João Caveira, e afirmam que os espíritos desta Linha têm a forma de um "esqueleto humano". (Obs.: é crença comum acreditarem ser esta Linha integrada por "almas aflitas, necessitadas, suicidas, queimadas, enforcadas, afogadas, etc.", enquanto que a já citada Linha das Almas compõe-se de "umuluns", que são espíritos ou almas cuja órbita ou campo de ação são os cemitérios).

Falam na Linha de Nagô, cujos espíritos integrantes chamam-se "gangas" e ainda de uma Linha de Mossurubi, composta de espíritos de pretos, tais como os dos Cafres, Zulus, Hotentotes etc.

A concepção mais arraigada está na Linha das Encruzilhadas, que dizem também "de Malei" ou de Exus.

Não podemos passar em branco a descrição que, genericamente, fazem dos Exus, os quais dizem "possuir na cabeça uma luz vermelha, como um archote, e quase todos portadores de cauda e chifres.

Uns têm pés e pernas de bode, chifres grandes ou pequenos, outros têm forma de morcegos, dê gorilas, usando capa preta de fundo vermelho e tridentes arredondados.

Nesta altura, temos de dissertar um pouco à margem, mas os assuntos são conexos.

Obedecendo à descrição retro, vemos que existe uma variedade de estátuas de Exus: A, B, C, D etc. à venda nas vitrinas e (que absurdo!) preceituadas em grande número de "terreiros de Umbanda". E deprimente ver como a ignorância gera o fanatismo, irmão gêmeo do fetichismo.

Causa espécie vermos milhares de criaturas, em pleno século XX, venerarem estátuas esquisitas, modeladas segundo as descrições citadas e apoiadas por "videntes" que, na maioria, devem ter confundido "larvas" diversas com os ditos elementais, vitimas, talvez, de seus próprios estados mentais ou alucinatórios, criando, assim, um conceito comum sobre Exus, quando o qualificam de "o homem de capa preta, o malvado, o homem da meia-noite, o compadre etc." pensando mesmo que eles sejam semelhantes à figuração mitológica do Diabo, com tridentes, cornos e pés de bode[1].

Em confirmação disso vemos o fato de estarem essas estatuetas colocadas em cercado de madeira, à entrada dos terreiros, cercadas de "iguarias e marafa", e que eles denominam "casa do 'seu' Exu".

Discordamos quase *in totum* destas teorias e práticas. Sabemos não expressarem a realidade.

---

1 Desde há muito que vimos pela palavra escrita ou falada condenando tal situação. Pois bem, o citado Frei Boaventura O.F.M. em conferência de 22 de maio do ano de 1960, fez desta "situação" o seu maior "argumento", supondo que estas práticas são da Umbanda.

Umbanda de Todos Nós

É possível que certos espíritos, na fase de elementares, possam apresentar-se sob aspectos horríveis, mas sem os referidos atributos que ornam a figuração do princípio do mal, adotada por algumas religiões.

Em realidade, os Exus, pela aparência natural de seus corpos astrais, SÃO BEM DIFERENTES. Suas emanações vibratórias são pesadas, perturbadores seus aspectos fluídicos, suas irradiações magnéticas causam sensações mórbidas e pavor.

Isto, sim, sabemos ser verdade.

São Espíritos, na fase de Elementares, que, no último ciclo (3.°)de libertação, podem ter várias encarnações, mas continuam necessitando precipitar, cada vez mais, o próprio karma, na ânsia de criar as ações e os efeitos que facultam a experimentação e consequentes conhecimentos, imprescindíveis, ao "verdadeiro despertar consciente do Ego" ...

Os Exus são tão necessários à Umbanda, como os serviçais aos patrões. Tudo na vida tem seus, veículos apropriados.

As mazelas, doenças, aflições, demandas, interesses materiais, os casos de ódio, de inveja, e mil outras coisas, que estão relacionadas mais com a mente instintiva, no mundo das sensações, são, em maioria, inerentes às vibrações "terra-a-terra". Tem de haver um paralelo afim, entre os desejos e as vibrações, para que os elementos propiciatórios produzam as condições no plano em que estão situadas.

Os Exus não são, como muitos pensam, seres irresponsáveis quanto ao sentido que damos ao bem e ao mal.

Para eles, esse conceito faz parte de variações necessárias ao equilíbrio da Lei Karmânica.

Em verdade, os Exus são obedientes aos "Senhores do Karma", cujos dirigentes no astral superior circunscrito às vibrações magnéticas do planeta Terra são os Orixás, que têm seus expoentes militando no astral inferior, ou seja, em ligação direta com o mundo da forma.

Nenhum ser encarnado ou desencarnado pode isentar-se do "movimento dirigido" da Lei, una e imutável.

Podemos usar o livre-arbítrio, prerrogativa necessária à expansão evolutiva do Ego, façamos o que quisermos, temos toda liberdade, mas nossas ações serão infalivelmente numeradas, medidas e pesadas dentro da Lei, e, para isso, elas virão como Efeitos que nos farão usar melhor deste mesmo livre arbítrio.

Sabemos existir, também na fase de Elementares, coletividades de Espíritos inferiores a Exu, os quais não têm nenhuma concepção quanto a Deus, Lei etc.

Não coordenados dentro das diretrizes desta Lei, mesmo sem o perceber, pela ação envolvente dos ditos Exus, que lhes facultam tantas circunstâncias quantas forem necessárias às experimentações, em consequência das quais a compreensão vai trazendo o discernimento que despertará pouco a pouco suas autoconsciências.

A palavra EXU, cremos, é corruptela ou correspondência fonética de "Yrschú", que de 55 séculos para cá vem encarnando o Princípio do Mal.

Yrschú, conforme já explicamos, foi o nome do regente que comandou o "schisma" indiano, que estremeceu o Mundo desta época, pois que serviu para destruir o Dorismo, suas Escolas, Academias, seus sábios e sacerdotes, tendo resultado de tudo isto o ocultamento dos Conhecimentos e das Ciências que hoje nos chegam aos "pedaços", com o nome de Ciências Ocultas etc.

A vibração malévola da Palavra Yrschú teve, logicamente, no espaço, seus afeiçoados, que encarnam nela os Princípios negativos, pois "assim como é embaixo, é em cima"...

Vamos agora situar a Quimbanda em seus Sete Planos Opostos, ou seja, em correspondência com as Sete Linhas da Lei de Umbanda.

Estes Planos Opostos são coordenados por Exus, e seguem as diretrizes da Numerologia da Lei de Umbanda: Seus supervisores são:

1.°) – Exu Sete Encruzilhadas;
2.°) – Exu Pomba-Gira;
3.°) – Exu Tiriri;
4.°) – Exu Gira-Mundo;
5.°) – Exu Tranca-Ruas;
6.°) – Exu marabô;
7.°) – Exu Pinga-Fogo;

Cada um destes Chefes coordena de cada plano mais 6 chefes, para formar 7 chefes de Legiões. Não verificamos, aí, o mesmo que na Umbanda, que começa pelo 1.° de uma Linha, que fixa sua vibração em mais 7, isto é, na Quimbanda, não há o UM, a Vibração Original. Inicia pelo 1.° de cada Legião que fixa suas vibrações em mais 7, ou então, começa pelos 7 de cada Plano, que fixam suas vibrações em 7 x 7, ou 49.

Vamos discriminar os nomes dos Chefes de Legiões da Quimbanda e as respectivas ligações destes na Umbanda:

1.°) EXU SETE ENCRUZILHADAS – Correspondência com a **VIBRAÇÃO DE ORIXALÁ.**

Este Exu supervisiona 7 Chefes de Legiões, que seguem as suas tendências ou ações afins dentro das circunstâncias ou do seu Ciclo, e é o intermediário direto entre este Plano e a Linha ou Vibração de Orixalá (ou Oxalá), e que além desta prerrogativa, ainda é o "elemento de ligação e serventia" do Caboclo

Urubatão, Chefe de Legião da Lei de Umbanda e Orixalá de 1.ª Vibração não incorporante.

Umbanda de Todos Nós

Regra geral e importante, extensiva a todos os demais "elementos de ligação e serventia" entre a Umbanda e a Quimbanda: compreenda-se que assim como o Caboclo Urubatão dá o seu nome, por afinidade ou por ordenação, a tantos exponentes militantes (prepostos) quantos se fizerem necessários dentro da expansão do "1 mais 7", a mesma situação acontece com o Exu Sete Encruzilhadas, que faz tantos Exus com seu nome, para "elementos de ligação e serventia", quantos forem necessários aos caboclos com o nome de Urubatão.

Os demais Chefes de Legiões, que fazem correspondências de "ligação e serventia" com os 6 restantes Orixás Chefes de Legiões, são:

1) – Exu Sete Encruzilhadas, com o Caboclo Urubatão;
2) – Exu 7 Pembas, com o Caboclo Ubiratan;
3) – Exu 7 Ventanias, com o Caboclo Ubirajara;
4) – Exu 7 Poeiras, com o Caboclo Guaracy;
5) – Exu 7 Chaves, com o Caboclo Aymoré;
6) – Exu 7 Capas, com o Caboclo Tupy;
7) – Exu 7 Cruzes, com o Caboclo Guarany.

2.°) EXU POMBA-GIRA – Correspondência com a **VIBRAÇÃO DE YEMANJÁ:**

Este Exu atua dentro das características anteriores, e além de ser o intermediário do Plano para a Linha, é o "elemento de ligação e serventia" da Cabocla Yara. Temos então:

1. – Exu Pomba-Gira, em ligação com a Cabocla Yara;
2. – Exu do Mar, em ligação com a Cabocla Oxum;
3. – Exu Maré, em ligação com a Cabocla Inhassã;
4. – Exu Má-Cangira2, em ligação com a Cabocla Sereia do Mar;
S. – Exu Carangola, em ligação com a Cabocla Estrela do Mar;
6. – Exu Gererê, em ligação com a Cabocla Nana Burucun;
7. – Exu Nanguê, em ligação com a Cabocla Indaiá.

Obs.: estas Caboclas são as 7 Chefes de Legiões da Lei de Umbanda, Orixás de 1.ª Vibração ou Grau, não-incorporantes.

---

2 Por um desses lapsos tão fácil de acontecer em obras de tal porte, não foi corrigido em edições anteriores o 4.° Exu intermediário que constava, erroneamente, como "Maria-Padilha".

3.°) EXU TIRIRI – correspondência com a **VIBRAÇÃO DE YORI:**

Este Exu atua dentro das características anteriores e além de ser o intermediário do Plano para a Linha, é o "elemento de ligação e serventia" de Tupanziinho.
Temos então as seguintes ligações:

1. – Exu Tiriri, para Tupanzinho;
2. – Exu Mirim, para Yariri;
3. – Exu Toquinho, para Ori;
4. – Exu Ganga, para Yari;
5. – Exu Lalu, para Doum;
6. – Exu Veludinho da meia-noite, para Cosme;
7. – Exu Manguinho, para Damião.

4.°) EXU GIRA-MUNDO – Correspondência com a **VIBRAÇÃO DE XANGÔ**
Este Exu atua dentro das características anteriores e além de ser o intermediário do Plano para a Linha, é o elemento de "ligação e serventia" de **XANGÔ-KAO.**

Temos a seguir as suas ligações:

1. – Exu Gira-Mundo, para Xangô-Kaô;
2. – Exu Pedreira, para Xangô Agodô;
3. – Exu Corcunda, para Xangô 7 Montanhas;
4. – Exu Ventania, para Xangô 7 Pedreiras;
5. – Exu Meia-Noite, para Xangô da Pedra Preta;
6. – Exu Mangueira, para Xangô da Pedra Branca;
7. – Exu Calunga, para Xangô 7 Cachoeiras.

5.°) EXU TRANCA-RUAS – Correspondência com a **VIBRAÇÃO DE OGUM.**

Este Exu atua dentro das características anteriores e além de ser o intermediário do Plano para a Linha, é o elemento de "ligação e serventia" de Ogum de Lei.
Temos, então, as seguintes ligações:

1. – Exu Tranca-Ruas, para Ogum de Lei;
2. – Exu Tranca-Gira, para Ogum Yara;
3. – Exu Tira-Toco, para Ogum Beira-Mar;
4. – Exu Tira-Teimas, para Ogum Matinata;

5. – Exu Limpa-Trilhos, para Ogum Megê;
6. – Exu Veludo, para Ogum Rompe-Mato;
7. – Exu Porteira, para Ogum de Malê.

6.°) EXU MARABÔ – Correspondência com a **VIBRAÇÃO DE OXOSSI.**

Este Exu atua dentro das, características anteriores e além de ser o intermediário do Plano para a Linha, é o elemento de "ligação e serventia" do Caboclo Arranca-Toco.

Temos a seguir, as seguintes ligações:

1. – Exu Marabô, para o Caboclo Arranca-Toco;
2. – Exu das Matas, para o Caboclo Pena Branca;
3. – Exu Campina, para o Caboclo Arruda;
4. – Exu Capa Preta, para o Caboclo Cobra Coral;
5. – Exu Pemba, para o Caboclo Araribóia;
6. – Exu Lonan, para o Caboclo Guine 3
7. – Exu Bauru, para a Cabocla Jurema.

7.° EXU PINGA-FOGO – Correspondência para a **VIBRAÇÃO DE YORIMÁ.**

Este Exu atua dentro das características anteriores e além de ser o intermediário do Plano para a Linha é o elemento de "ligação e serventia" do Pai Guiné.

Temos, então, as seguintes ligacões:

1. – Exu-Pinga-Fogo, para o Pai Guiné;
2. – Exu Brasa, para o Pai Arruda;
3. – Exu Come-Fogo, para o Pai Tomé;
4. – *Exu Alebá, para o Pai Benedito;*
5. – *Exu Bara, para o Pai Joaquim;*
6. – *Exu Lodo, para o Pai Congo de Aruanda;*
7. – *Exu Caveira, para Maria Conga.*

---

3 Desde algum tempo, o astral superior substituiu este nome por Caboclo Tupynambá.

Observação final:

Qualquer um desses Exus citados se chamado a uma positiva identificação pelos Sinais Riscados da Lei de Pemba pela FUNÇÃO e LIGAÇÃO que aqui estamos dando, por certo que o farão, por intermédio dos sinais de FLECHA-CHAVE e RAIZ, inerentes ao seu plano, no qual caracterizará ainda as suas ligações com os Orixás, Guias, e Protetores, dentro da harmonia dos 3 Planos e dos 7 Graus conjugados da Lei de Umbanda.

Os Exus entram em expansão, ou melhor, em contato influente, em 3 Subplanos, "terra-a-terra":

No 1.°, estão eles mesmos, isto é, todos os Espíritos que se situam na qualidade de Exus, no 3.° Ciclo dos Espíritos Elementares, mas na última fase de ascensão ou libertação.

No 2.°, vêm os Espíritos mais atrasados que se conhecem pelo qualificativo de Umulus, que estão no 2.° Ciclo da Fase de Elementares.

No 3.°, colocam-se os Espíritos mais rudimentares ainda que são classificados como Pagãos ou "rabos de encruza", e que estão situados no 1.° Ciclo da Fase de Elementares.

Em síntese: todos são Espíritos Elementares, em vários estádios de evolução, pois que o mistério dos TRÊS realiza-se em TRÊS Mundos, ou Planos, ou seja, o "Triângulo de cima reflete-se no Triângulo de baixo"...

Os Exus, como dissemos, são os principais intermediários entre a Quimbanda e a Lei de Umbanda.

Trabalham invariavelmente dentro da Magia, embora elementar, tendo sempre, como pontos de fixação, as oferendas dessa ou daquela forma e sabem usar da Lei de Pemba, no âmbito que lhes é próprio, sendo conhecedores dos sinais riscados inerentes aos seus círculos e todos se identificam pelas chaves características de Flecha-Chave e Raiz.

Na força dos verdadeiros sinais riscados é um fator tão importante da Umbanda para a Quimbanda, que jamais desobedecem a eles, quando realmente emanados por uma entidade militante, seja Orixá, Guia ou Protetor.

Quando, raramente, atrevem-se a isso são suspensos de suas atividades.

Os Orixás envolvem seus corpos astrais, dentro de uma magia superior, por vibrações magnéticas, que os atraem ou levam para determinado "plano-espaço", no qual ficam "estacionários"... E eles não querem isso, de forma alguma.

Os 49 Exus que estão situados como Chefes de Legiões, na Quimbanda, e as coletividades de espíritos afins a cada um deles, têm suas maneiras apropriadas de serem ofertados.

Umbanda de Todos Nós

Estas "oferendas ou sacrifícios" são de acordo com as suas sensações, tendências ou desejos, em relação com os campos magnéticos ou vibratórios em que suas ações fazem-se mais preponderantes.

Determinadas "comidas" e bebidas em mistura e qualidade dão as emanações propícias que geram o desejo e a consequente oportunidade de satisfazê-lo, e assim atraem as falanges e seus respectivos acompanhamentos de "larvas" astrais, mentais, elementais, que sugam, famintas, os seus átomos e calorias, principalmente se, nas "oferendas", existir sangue, álcool, azeites etc.

De forma que o chamado "despacho", da maneira como é feito normalmente, não reflete apenas o atraso ou a ignorância de quem o fez: tem, de alguma forma, um certo "valor".

Seria terrível que uma grande parte dos "quimbandistas" soubessem, de fato, traçar os "pontos riscados", ordenadores por seus caracteres negativos, de ações para esse ou aquele fim.

Não, esses que "despacham" "trabalhos" nas encruzilhadas, linhas férreas, cruzeiros dos cemitérios etc. o fazem de "oitiva", sem os conhecimentos precisos, haja vista que costumam dar rabada de boi com quiabos, para Xangô, em panelas ou alguidares de barro, ou postas de carne de carneiro com quiabos, que, num trabalho de pesquisa, chegamos à conclusão assim procederem baseados apenas numa lenda que Roger Bastide cita, como fonte a uma dissertação sobre a hierarquia dos ministros de Xangô, dizendo que "'Martiniano de Bonfim deu no Congresso Afro-Brasileiro da Bahia, as raízes místicas dessa organização.

O Grande Rei Béri havia submetido à sua autoridade diversos povos e diversos soberanos; dois guerreiros, porém, Timim e Gbonkà, sabendo que Béri, temendo a concorrência deles, pretendia assassiná-los, depois de lançarem uma acusação pública contra Béri, para provar a veracidade de suas afirmações, pediram ao povo que os submetessem a uma prova de fogo.

Isto foi feito.

Uma imensa fogueira é acendida no local. Dela, Timim e Gbonkà saem sem queimaduras.

Enquanto Béri, desmoralizado, desaparece numa tempestade de raios e trovões, transforma-se em "orixá", vem a ser Xangô.

Os ministros de Xangô, os "mangbá", instituíram o culto do "orixá", atribuindo-lhe, no céu, as mesmas preferências pessoais que denunciara na terra, por certos animais, como o carneiro, por certos comestíveis, como o quiabo etc. Daí, a divinização de Xangô. [4]

---

4 Ver *Imagens místicas do nordeste*, de Roger Bastide.

Porém, dissemos acima, que, de alguma forma, esses "despachos" têm valor, porém baseados apenas nos ambientes em que se processam, e vejamos o porquê: nessas casas que praticam ou pretendem praticar a Quimbanda, isto é, que estão integradas dentro deste Subplano ou Plano Oposto, embora seus dirigentes não tenham nenhuma real faculdade de "magos negros", a formação mental, as vibrações de seus frequentadores são de baixo plano espiritual ou negativos, ou seja, "sintonizam com as mesmas dos espíritos que, por semelhança e atração, ali imperam.

As coisas engendradas nesses ambientes raramente têm um veículo espiritual dirigido ou ordenado, mas podem ser impulsionadas pela natural formação de pensamentos baixos que encontram seus semelhantes no espaço que, seguindo essa impulsão dada no momento em relação com o que pensaram, isto é, com o objetivo pelo qual estavam sendo forjados, podem, em parte, atingir a finalidade maléfica.[5]

Exemplifiquemos assim: um indivíduo que procura um desses setores e pede determinado "trabalho" para esse ou aquele fim.

De acordo com o plano que procurou, as oferendas serão mais materializadas possíveis, mas que ele adquire prontamente com a melhor boa vontade, porque deseja ardentemente ver os "efeitos", necessita vencer o seu "caso".

A "babá" ou o "babalaô", por conhecimentos práticos, providenciam tudo que for necessário e, em dia e hora marcados, é feito o trabalho.

Achamos oportuno salientar que estes "conhecimentos práticos" são, atualmente, tão corriqueiros, que basta um curioso ou interessado percorrer certas regiões da antiga Guanabara e Estado do Rio, num dia de sábado, bem cedo e em menos de 3 horas, a pessoa se "diploma" neles.

Vai anotando a disposição dos "materiais", tais como: panos pretos e vermelhos, panelas, alguidares, farofas, velas, marafas, frangos pretos, mingaus com amendoim, dendê, e até pombos, fitas de várias cores, charutos, caixas de fósforos etc. e quando terminar, sabe como se faz, praticamente, um "despacho".

Mas voltemos ao exemplo: debaixo das vibrações negativas dos encarnados e desencarnados que ali estão, sempre para o mesmo fim, forma-se uma aura vibratória que, robustecendo o pensamento do próprio interessado direto, de "alguma forma, precipitam-se larvas e certos fluidos" que, possivelmente, irão ao encontro da vítima.

Se esta, por seu próprio Karma ou pelas condições morais e mentais deficientes, for sensível, passa a sentir muito do que foi "tramado" lá na Quimbanda.

---

5 "Todo lugar de reunião, todo salão que se acha ocupado, mais ou menos sob a influência de um estimulante, todo meio, seja qual for o seu destino convencional em que se mantém ou pratica nele algum comércio fraudulento, é um reservatório de pensamentos inferiores. A baixa corrente mental, invisível e real brota dele, assim como a água brota de uma fonte". (Prentice Mulford).

Umbanda de Todos Nós

Há pessoas que recebem, diretamente, "toda a coisa conforme foi engendrada".

Agora, uma observação para os "entendidos": aquele "despacho", ou melhor, aquela "carta" foi feita; usaram de certa qualidade de papel ou "envelope" e foi posta ao "correio" porém, pessimamente escrita, malfeita e não foi bem entendida, não se pode precisar qual sua real direção, qual seu intermediário, isto é, não levou "endereço certo, na grafia dos verdadeiros sinais, riscados" e, assim, não teve carteiro indicado para distribuí-la diretamente...

Imagine-se, então, se TODOS tivessem o poder ou conhecimento para fazê-la certo, para escrever os seus dizeres dentro das REGRAS, para que do "correio" fosse bem distribuída...

Em síntese, afirmamos que, em maioria, estes despachos que se encontram a cada passo, nada valem, porém alguns, de acordo com os ambientes, são forjados sob vibrações mentais negativas tão intensas, que criam "pensamentos-formas", geram larvas, que eles próprios impulsionam para o objetivo.

Se esses nossos irmãos "quimbandistas" soubessem que a METADE dessas larvas fica distribuída entre eles próprios e, em maior quantidade, com os dois cegos (um que pediu, outro que fez), desistiriam de lidar com essas coisas, mesmo que a ambição os tentasse.

A Magia chamada baixa ou negra, mesmo nesta parte rústica, elementar, quando realmente é coordenada pelos Exus, é vibrada ou autenticada dentro do que chamamos Lei de Pemba, pelos sinais riscados ou "pontos negativos" próprios e reconhecidos na Quimbanda. Estes sinais riscados são "forças de expressão" de uma Magia que ultrapassa explicações, não condizentes com o objetivo deste livro, pois queremos situar, como principal escopo a Umbanda e não a Quimbanda.

Não poderíamos, porém, deixar de dizer alguma coisa sobre ela, dentro dos limites impostos.

Queremos agora, para finalizar, tecer algumas considerações sore a palavra PEMBA, este pedacinho de giz bruto que, em si, carece de qualquer valor mágico.

Imagine-se que a ingenuidade, em grande parte do chamado meio umbandista, chega ao ponto de comover, quando se observa o comércio das pembas, ervanários e similares dotá-las de propriedades especiais, quando se lê nas embalagens das mesmas, avisos publicitários como "legítimas pembas africanas", ou "Dangola é uma fórmula de pemba puramente africana". "são usadas pelas tribos da África nos seus ritos religiosos, nos trabalhos de Umbanda etc."

E o preço sobe...

Há outras propagandas (legítimo direito comercial), que dizem ser originárias de tal montanha, feitas sob determinadas condições mágicas etc. Pois não é que grande maioria acredita piamente nisso, e faz questão de usar as "legítimas Pembas africanas ou as dangolas", porque, com elas, o "Ponto tem mais força"...

_238_   _W. W. da Matta e Silva (Mestre Yapacani)_

Irmãos: o que tem valor não são as supostas qualidades que afirmam virem imantadas nas Pembas.

O valor real ESTÁ nos caracteres dos sinais riscados, na "grafia dos orixás". Tanto faz escrever com giz comum ou com um pedaço de qualquer forma. Seria o caso de escreverem nas caixinhas:

"Legítimas Pembas de Cafarnaum", e entre parênteses, "Caverna do Diabo" – próprias para os trabalhos de Magia Negra... O preço seria assombroso.

E ainda: como nos referimos diversas vezes às estátuas de EXU, que são indispensáveis nas casinholas de inúmeros terreiros, apelamos daqui aos UMBANDISTAS CONSCIENTES, com mais cultura e conhecimentos, para que se forme um MOVIMENTO DE RENOVAÇÃO ESPIRITUAL, no sentido de esclarecer, no possível, aos outros irmãos que aceitando estas estátuas, envolvendo-as e relacionando-as a práticas cujo proveito ou consequência única, só podem gerar o entorpecimento da concepção, retroagindo seus mentais e seus espirituais ao mais bárbaro fetichismo.

Dizemos assim, porque estamos assistindo, no presente, a TROCA DO BEZERRO DE OURO, PELO DIABO DE BARRO OU GESSO... Embora saibamos não ser nos TRÊS PLANOS DA LEI DE UMBANDA QUE ESTAS COISAS TÊM ACEITAÇÃO E SERVENTIA, MAS SIM, ATUANTES NOS SEUS SUBPLANOS.

Dentro da Lei de Evolução, tudo faremos para cumprir a nossa parte, esclarecendo a todos que de alguma forma lá estejam, enganados ou MAL SITUADOS.

Adendo especial

Somente nesta edição (7.ª)entramos com Mais esta elucidação sobre as origens do termo Umbanda. Acabamos de reafirmar (desde a l.ª ed. de 1956) o conhecimento e valor dessa palavra misteriosa e milenar, nos primitivos Templos do Hymalaya, ou melhor, em todos os antiquíssimos e autênticos Santuários da ÁSIA, assim como pela Índia, China, Japão, Birmânia, Tibete, Sião, Turquestão e até nos Santuários dos povos de raça negra, como dos BANTOS, das margens do alto Nilo, no Egito.

Isso, é claro, no passado, há milênios...

A pesquisa histórica, antropológica, etnológica, etc. comprovou que, na realidade, o berço da raça negra foi mesmo na Ásia e não na África.

Aconteceu que esses negros bantos, durante séculos de incursões às regiões do centro e do sul africano, acabaram emigrando e se fixando nelas, premidos, também, por injunções políticas e religiosas.

Ora, justamente entre esses bantos, através de seus descendentes angolanos, foi que esse termo Umbanda ainda pôde ser detectado, muito embora, apenas nas narrativas de um "conteur" de lendas ou de tradições do passado.

Mas, esse termo ainda pode ser também detectado na pureza original da Mística Sagrada do Budismo Indiano. Vejamos, embora sucintamente...

Nossos estudos comparados sobre os trabalhos de vários autores que pesquisaram seriamente a história religiosa do Budismo nos levaram às seguintes comprovações: há cerca de 1.300 anos a.C.. já existia na índia uma doutrina substancial, dita como do Vedo – brahmanismo, muito semelhante àquela que o Buda veio consolidar como própria.

Mas o fato é que a pureza filosófica do Budismo seria encontrada na essência do brahmanismo de Krisna, escoimado, é claro, das arestas e das impurezas de uma hierarquia cheia de deuses e divindades, de altos e baixos escalões, criada por esse patriarca, mais a feição popular, ou seja, adaptada mais às linhas da crendice e da superstição...

Quanto à época do nascimento de Buda (o Sábio, nascido Príncipe Siddartha Gautama) existem controvérsias. Uns dão como no 4.° e 5.° séculos a.C..; Outros dão o ano 560 a.C.., e por aí vai.

Nós ficamos com o pesquisador e Iniciado Edwín Arnold, devido a uma série de fatores de correlações, o achamos mais seguro. Diz ele que o Buda nasceu 620 anos a.C. e sem dúvida alguma" nas fronteiras do Nepal, em Kusinagara, província de Udr, Índia, e morreu no ano de 543 a.C.

Siddartha, Gautama – o Buda era de família real, viveu entre prazeres até os 29 anos, quando afastou-se para a pobreza e foi estudar os brâhmanes, dos quais logo discordou, saindo para meditar na floresta, onde acabou encontrando, por Si, as linhas mestras de Sua Doutrina.

Pregou durante 45 anos, em várias regiões da Àsia, e morreu aos 77 anos. Antes de morrer, fez, num parque da cidade de Benares, um Sermão profundo de filosofia transcendental.

O Sermão da Montanha atribuído a Jesus é uma síntese substancial daquele; é só comparar.

Mas, quanto à Doutrina de Buda, aconteceu o surpreendente: durante os 3 séculos que sucederam sua morte, o Budismo propagou-se com tanta intensidade que chegou a superar a religião tradicional da Índia – o hinduísmo. Nesse domínio foi até os finais do 2.º século a.C.. Depois foi se apagando lentamente, até que foi esquecido, na própria Índia onde nasceu, isto é, lá não vingou.

Já no século XII de nossa era, imperava completamente o hinduísmo... Entretanto, muitas coisas da doutrina de Buda ficaram registradas em pergaminhos, em livros manuscritos etc. nos arquivos dos Templos ou dos Santuários, principalmente o mais autêntico de sua doutrina, num livro manuscrito no idioma Zend.

O Budismo estava apagado mesmo em toda Índia, quando um erudito religioso chinês, de nome HsuanTchang, deixou a China no ano 629 de nossa era e se dirigiu à Índia, por lá ficando 16 anos em pesquisas sobre o Budismo.

Recolheu dados, manuscritos e toda sorte de informações. Voltou à China e traduziu tudo, logo passando a ensinar e a pregar. Assim, daí por diante essa doutrina começou a florescer, tanto que, atualmente, domina mais de 600 milhões de crentes... Todavia, aconteceu o seguinte: a filosofia limpa que O Buda deixou, a pureza original de sua Mística Sagrada sofreu truncamentos, alterações e interpolações e ainda foi enfeitada com as flores da lenda, das crendices e do fetichismo.

Essas desfigurações surgiram mais por conta de Monges budistas chineses, interesseiros e politiqueiros. Degradações assim como essas que o próprio Buda condenava já há 3.700 anos: – Ah! Irmãos, irmãs, não espereis nada dos deuses implacáveis, oferecendo-lhes hinos e dádivas; não pretendais conquistá-los com sacrifícios sangrentos; não os alimenteis com frutos e pastéis; temos que procurar nossa libertação em nós mesmos etc.

Assim, já evidenciamos que o Budismo indiano tinha-se apagado na Índia, e ressurgido quase 8 séculos depois, na China, porém, com alterações.

Bem, nas alturas do ano de 1815/1816, um ocidental de nome Eugênio Bournoff (falecido em 1842), linguista, pesquisando o Budismo na Índia, lá num Templo de Benares, conseguiu em um de seus arquivos um livro manuscrito no idioma Zend (classificado nas chamadas línguas mortas) da, pura Mística Sagrada de Buda.

Aprofundou-se nesse idioma, interpretou e fez a tradução para o sânscrito e deste para o alemão.

Umbanda de Todos Nós

Daí foi que essa tradução, de alguma forma ou ligação, parou nas mãos do filósofo alemão Arthur Schopenhauer, que se apaixonando por essa pura doutrina, de Buda, fez imprimir um livrinho, e apresentou, assim, pela primeira vez na Europa, o Budismo como uma fé viva, isso logo no ano de 1819.

E mais ainda: Edwin Arnold, Iniciado e grande admirador do Budismo, pesquisando pôde confrontar essa tradução original do Zend – por meio dos escritos de A. Schopenhauer – com a narrativa de um dos raríssimos discípulos de Buda, que ainda pôde encontrar no Nepal, isso pelas alturas do ano de 1930, e logo depois publicou um livrinho na língua inglesa, sobre o Budismo indiano original.

Esse livrinho foi traduzido para o português, e publicado, em 1946, com o título de A LUZ DA ÁSIA, pela Empresa Editora "O Pensamento"...

Aquele que for um Iniciado, e tiver boa cultura esotérica, ao ler, meditar e analisar esse livrinho, verá logo que a Mística Sagrada do Budismo, em sua pureza original, tem três aspectos: o moral, o metafísico e o filosófico transcendental.

Para o nosso caso (das origens do termo Umbanda), basta transcrevermos, das páginas 18, 19 e 20, a narração misteriosa do nascimento do Buda:

"Quando veio a manhã e tudo isso foi contado os velhos áugures de cabelos brancos disseram. Este sonho é bom, o Sol está em Câncer; a rainha terá um filho, um menino divino, dotado de ciência maravilhosa, útil a todos os seres, que libertará homens e governará o mundo, se se dignar fazê-lo..."

*Deu então à luz, sem dor, seu filho, que tinha as formas perfeitas e os 32 sinais do nascimento bendito. Esta grande nova chegou ao palácio; porém, quando trouxeram o palanque de brilhantes cores para transportar a criança para casa, os portadores foram os quatro Regentes da Terra, baixados do Monte Sumerú, que escreveram as ações dos homens em placas de bronze; o Anjo do Oriente, cujos exércitos, vestidos de túnicas de prata, levavam escudos de pérolas; o Anjo do Sul, cujos cavaleiros, os **KUMBANDAS**, cavalgavam corcéis azuis e possuíam escudos de safira; o Anjo do Ocidente, seguido dos Nagas montados em ginetes cor de sangue; e, finalmente, o Anjo do Norte, rodeado dos seus Ykshads, cobertos de ouro, montados em seus cavalos amarelos, com escudos de ouro. E esses anjos, dissimulando o seu esplendor, desceram e tomaram os varais do palanquim, assemelhando-se aos seus portadores, por seus trajes e aspectos, se bem que fossem deuses poderosos etc."*

Então, basta pedirmos ao leitor-iniciado sua atenção para a frase e o termo "o Anjo do Sul, cujos cavaleiros, os kumbandas, cavalgavam corcéis azuis", etc.

Aplique sua visão e seu discernimento no sentido dessa mística figurada, dessa metafísica, ao analisar a frase, e o termo KUMBANDAS.

Basta que tenha também um relativo conhecimento de filologia e semântica. Aí está contido o termo Sagrado que nós pronunciamos, (em português, é claro) como UMBANDA.

Aí está, com todos os seus fonemas ou sílabas e correlações de letras. Vejam: uma Potência enviava suas divindades, os kumbandas, dominando elementos da natureza, os corcéis azuis.

Esses deuses podiam ser, por analogia e por assimilação, as mesmas divindades dos Bantos e até mesmo os Orixás dos Nagôs. Ali está, pelas traduções e adaptações semânticas, na pureza original do Budismo indiano, o termo UMBANDA, contido no termo Kumbandas, que assim foi adaptado — repetimos — pelas traduções devido à transposição de sons ou fonemas, *adaptações — naturais à pronúncia das línguas em que tentaram fixá-lo.*

No idioma Zend, quando um termo escrito tinha significado forte, sagrado, um mântra etc. era precedido por uma espécie de letra (sinal) prefixo, espécie de sílaba ou som emissivo-remissivo que, vocalizado, vinha a dar num som semelhante ao nosso K (cá).

Então, teria de ser pronunciada na sonância oriunda do Zend, assim: cáumbandaaa. Isso para ressaltar o nome ou sílaba sagrada, o AUM Védico Brahmânico, Budista etc.

Não está bem correto, os autores ou Escolas que mandam pronunciar OM.

Não entraremos em detalhes.

Mas podemos apontar o alto valor que tinha para os brâhmanes (e na alta magia) que o recitavam fervorosamente nessa prece: *"A UM, tatsa viturvarenyam/ Bhargo devasya Dhimahi/Dhiyo yo ra prachodayat".*

E explicavam que "a palavra AUM é uma sílaba sagrada, composta da gutural mais aberta A e da labial mais fechada M, reunidas por U, que se pronuncia forçando o som da garganta aos lábios". Esse AUM era considerado pelos brâhmanes como o símbolo mais geral de todos os sons possíveis — o Som — Brahma, o VERBO...

Para um rápido entendimento do leitor, daremos estes simples exemplos de transposições, adaptações e corruptelas: os Nagôs diziam Orissa com o SSA sibilado, manso e nós pronunciamos Orixá, com acentuação forte na sílaba XA; falavam Ogbôri e nós contraímos para Bôri; bem como diziam Irindiloguns e nós contraímos para Deloguns; do tupi-guarani basta citarmos os termos Nbborucayá, que é o mesmo que Maracujá; Mbaracá, o mesmo que Maracá; Yurema que é Jurema, Yacy que é Jacy; Payé que é o mesmo Pajé etc...

E finalmente: ao apontarmos o termo Umbanda, na pura mística do Budismo, não estamos dizendo que ele tenha se originado, exclusivamente, nele.

Não! O termo é Universal, e antes do chisma de Yrschú, há 8.600 anos era conhecido e venerado em todos os autênticos e antiquíssimos Santuários de todas as partes do mundo.

Umbanda de Todos Nós

Por exemplo (e acredite quem quiser e puder): todos os pesquisadores sérios, que estudaram a História do Brasil, a fundo, concluíram que Cabral não foi o primeiro que havia "descoberto" nosso país.

Daí, também, por força dessa pesquisa, colheram dados preciosos sobre o esplendor da antiga cultura dos tupinambás e tupi-guaranis da era pré-cabralina, mormente, de sua cultura esotérica e religiosa.

Seus sacerdotes e iniciados (pajés, morubixabas, tuxabas etc.) conheciam e praticavam com os mesmos poderes apontados nas iniciações de outros povos ou raças do mundo.

Concluíram que tinham uma sólida tradição esotérica, enfeixada no que era denominado como o tuya-baé-cuáá, — o mesmo que a Sabedoria dos Velhos (Payés). Pois bem, esses pajés também conheciam a sonância da palavra sagrada Umbanda (ou Aumbandã), pois a aplicavam sobre virgens selecionadas, que entravam em transe, a fim de profetizarem, quando induzidas por eles, através da percussão falada e cantada do termo sagrado macauam ou uacauam ou acauam...

Fortes vestígios comprobatórios do que acabamos de afirmar puderam, ainda, ser colhidos (vide C. Cascudo em "Antologia do Folclore Brasileiro", A. Mucci no livrinho "ACAUÃ" e Relatos, de B. Rodrigues e outros), sobre as reações provocadas pelo canto do Acauã.

O que constava?

"O Uacauã era tido como ave agoureira que, com seu canto longo, forte, formava ou sonorizava *ua-ca-uã* e terminava com uma espécie de gargalhada estrepitosa que comunicava e se apossava do espírito ou da mente das mulheres, obrigando-as a cantar, com ele, *as três sílabas* do seu nome-ua-ca-uã... Pegado pelo Acauã, diz-se como uma atuação nervosa.

Índias tapuias eram acometidas pelo canto do Acauã e ficavam prostradas, como em transe, pronunciando repetidamente: *ua-ca-uã... ua-ca-uã...*

"Acresce dizer que o canto dessa ave traduz três sons onomatopeicos. Então comparemos, simplesmente, por transposição e adaptações de sonâncias: uá-ca-uã--uã-ca-uã –aum-ban-dã...

Mística à umbanda
(W.W. Da matta e silva)

"Ó Senhora da Luz Velada, Umbanda de Todos Nós...

Ó Mãe Geradora da Eterna Magia, que acolhes em teu seio as lágrimas e gemidos de todos os desesperados e aflitos de todos os planos.

Ó Tu, que se reflete em Tua própria luz a dor nascente das causas e dos efeitos...

Em súplica vibramos nossos pensamentos de Tua Grande Lei e pedimos a teus Orixás, Guias e Protetores, irmãos que não mais resgatam na penumbra da forma... Intercedei por nós aos pés da cruz do Meigo Oxalá.

Imploramos ainda, por intermédio deles, aos Sete Espíritos de Deus, derramarem sobre todas as dores o conforto de Suas vibrações originais.

E dê-nos sempre esta Luz-força, que pedimos e sentimos, quando, na simplicidade de nossos Congás, um humilde Pai-Preto nos fala de Zamby, Estrela-Guia, Amor e Perdão...

Recebe portanto, Oh! Senhora da banda, a soma de nossas ações que pesam na balança de nossos renascimentos desde as noites da Eternidade..."

BIBLIOGRAFIA

1. – ABEL REMUSAT – *Mémoire sur Lao-Tsé.*

2. – ALLAN KARDEC – *Livro dos Médiuns.*

3. – ANNIE BESANT – *O Homem e seus Corpos.*

4. – ARTHUR RAMOS – *O Negro Brasileiro.*

5. – BIRON TORRES DE FREITAS e TANCREDO DA SILVA PINTO
    – *As Impressionantes Cerimônias da Umbanda* – 1955.

6. – CÍCERO SANTOS – Jornal *"O Caminho"* – 1955.

7. – DIAS SOBRINHO (J) – *Forças Ocultas, Luz e Caridade.*

8. – DONALD PIERSON – *Brancos e Negros da Bahia* – 1945.

9. – EDGARD ARMOND – *Mediunidade.*

10. – EDISON CARNEIRO – *Religiões Negras* – 1937.

11. – Candomblés da Bahia – 1943 e 1954.

12. – EDOUARD SCHURÉ – *Os Grandes Iniciados.*

13. – ELIFAS LEVI – *Dogma e Ritual da Alta Magia – História da Magia.*

14. – FABRE D'OLIVET – *Histoire Du Genre Humain.*

15. – JOSEFO NAVIO – *Guerra dos Judeus.*

16. – FAUCHÉ – (H), – *Le Ramayana* – 1864.

17. – FRANCISCO CÂNDIDO XAVIER – *Nos Domínios da Mediunidade.*

18. – FRAZER (S.J.G.) – *La Rama Dorada.*

19. – GEORGES LAKWORSKI – *L'Universion.*

20. – GILBERTO FREYRE e col. – *Estudos Afro-Brasileiros.*

21.– GONÇALVES FERNANDES – *Xangôs do Nordeste* – 1937.

22.– HELI CHATELAIN – *Folks Tales of Angola* – 1894.

23.– HENRI DURVILLE – *A Ciência Secreta.*

24.– IGLESIAS JANEIRO (J) – *La Cabala de Prediccion* – 1947.

25.– JOAO DO RIO (PAULO BARRETO) – *As Religiões no Rio* – 1904.

26.– LETERRE (A.) – *Jesus e Sua Doutrina.*

27.– LOURENÇO BRAGA – *Trabalhos de Umbanda ou Magia Prática.*

28.– MANOEL QUERINO – *A raça africana e seus costumes na Bahia* – 1917.

29. – MICHEL MANZI – *Le Livre de I'Atlantide*.

30. – .MOREUX – (Pde.) – *Cosmogonie dc Moises* – 1922.

31. – NEWLAND DORLAND – *The American Illustrated Medical Dictionary*.

32.– NINA RODRIGUES (R.) – *L'Animisme Fetiehiste des Negres Bahia* – 1900.
   – *Os Africanos no Brasil* – 1945.

33. – OSSENDOWSKI – *Homens, Bestas e Deuses*.

34. – PAPUS — *Magia Prática*.

35. – PEDRO GRANJA – *Afinal Quem Somos?* (Do Faquirismo Ocidental, de Paul
   Gibier).

36. – RAMALHO (J.A.C.) – *A Pequena Síntese*.

37. – RAMAYANA DE CHEVALIER – Apud *José Alvares Pessoa, em "Jornal de
   Umbanda"*, Fevereiro de 1955.

38– ROGER BASTIDE – *Imagens Místicas do Nordeste*

39– SAINT-YVES D'ALVEYDRE – *L'Archeomètre – Théogonie des Patriarches
   – Mission des Juifs — Mission de L'Inde en Europe, etc.*

40. – SANSON WRIGHT *Fisiologia Aplicada.40*

41. – WALDEMAR BENTO - *A Magia no Brasil*

42. – Ainda as seguintes Obras:

a) – Apocalipse

b) – Apocalipsis develado (EL)

c) – Orden Kabalística de La Rosa Cruz

d) – Congresso Brasileiro do Espiritismo de Umbanda – 1942

e) – *Enciclopédia Espaza*

f) – Escola oriental

g) – *A Yoga*

h) – *Êxodo*

i) – *Gênese*

j) – *Livro Védico*.

k) – *Magia Teúrgica (A)*

1) – *Col. Ciências Herméticas*.

m) – *Medicina (A)* — Idem.

LEIA TAMBÉM

Umbanda e o Meio Ambiente
Giovani Martins

Feitiços, Macumbinhas e MIrongas
Assipu Shafyra

Umbanda e o Podewr da Mediunidade
W. W. da Matta e Silva